Sammlung Göschen

Römische Rechtsgeschichte

Von

Dr. Robert von Mayr
Prof. an der Deutschen Universität Prag

II. Buch

Die Zeit des Amts- und Verkehrsrechtes

1. Hälfte: Das öffentliche Recht

Berlin und Leipzig
G. J. Göschen'sche Verlagshandlung G. m. b. H.
1912

Druck von Jul. Brandstätter (G. Neumann), Leipzig.

Inhalt.

Zweites Buch.

Die Zeit des Amts- und Verkehrsrechtes.

(Von der Schaffung der Prätur bis zur Regierung Hadrians.)

1. Hälfte: Das öffentliche Recht.

Erstes Kapitel: Die Quellen.

In der zweiten Hälfte des vierten vorchristlichen Jahrhunderts weicht das Dunkel, das die Anfänge Roms unseren Blicken verschleiert, hellerem Licht. Um diese Zeit setzen die Pontifikaltafel und die aus ihr entwickelten Annalen ein. Es ist die Zeit der Samniterkriege, über die wir an Diodors Bericht das erste zusammenhängende und genauere Stück römischer Geschichte in guter Überlieferung besitzen. Neben ihm sind auch für diese Zeit Livius und Dionysius von Halikarnaß unsere wichtigsten Quellen.

Livius (695—770 a. u. c. = 59 a. bis 17 p. Ch. n.) gibt in seinem Werk eine Darstellung der römischen Geschichte von Gründung der Stadt bis zum Tode des Drusus (745 a. u. c. = 9 a. Ch. n.). Von den 142 Büchern sind jedoch nur 35 auf uns gekommen, die im wesentlichen die Anfänge Roms (bis 461 a. u. c. = 293 a. Ch. n.) und die Zeit vom Beginne des zweiten Punischen Krieges (536/218) bis zum Jahre 587/167 zum Gegenstande haben. Durchwegs aus zweiter Quelle, namentlich aus Polybius und aus den späteren römischen Annalisten schöpfend, hat er zwar das zweifellose Bestreben, die Wahrheit zu sagen, ist er aber wegen seines Mangels an Quellenkritik doch nur mit Vorsicht zu benutzen.

Dionysius vollendete unter Augustus (7 a. Ch. n.) sein Hauptwerk, die *Ῥωμαϊκὴ ἀρχαιολογία* (Antiquitates Romanae) in zwanzig Büchern. Das polybische Geschichtswerk nach rückwärts ergänzend, behandelt er die Geschichte Roms von den Anfängen bis auf den Beginn der Punischen Kriege. Von den neun letzten

Büchern sind nur Bruchstücke und die Epitome erhalten. Sein Quellenkreis deckt sich ungefähr mit dem des Livius. Historisches Verständnis fehlt ihm völlig.

Das erste Ereignis römischer Geschichte, das von gleichzeitigen, allerdings griechischen Historikern behandelt wird, ist der Krieg gegen Pyrrhus (280 a. Ch. n.). Für die Zeit der Punischen Kriege bis zur Zerstörung Karthagos und Korinths (146 a. Ch. n.) treten des Polybius (um 205 bis um 120 a. Ch. n.) Historien als eine der wichtigsten Quellen hinzu. Nicht Literat von Beruf, sondern für das militärisch-politische Leben erzogen, wurde er, der Grieche aus Megalopolis, der nach der Schlacht bei Pydna (167 a. Ch. n.) als Geisel nach Rom kam und im Hause des Ämilius Paulus, des Siegers von Pydna, eine zweite Heimat fand, durch den langjährigen Aufenthalt in Rom und durch den Verkehr mit den leitenden Männern veranlaßt, das Eintreten Roms unter die Großstaaten darzustellen. Mommsen rühmt ihn als unübertroffenen „Quellenschriftsteller" des Altertums, der seine Aufgabe „mit großartigem Verstand, aber auch nur mit dem Verstand" erfaßte, und das allgemeine Urteil charakterisierte ihn bisher als ausgezeichneten Historiker, aber langweiligen oder kunstlosen Schriftsteller. Nunmehr tritt Wilamowitz dieser gemeinen Meinung entgegen. Er sei so wenig Künstler gewesen wie Forscher. In der griechischen Literaturgeschichte komme ihm nur ein bescheidener Platz zu. Immerhin wird man ihn nach wie vor zu den zuverlässigsten Quellen, namentlich für die Entwicklung des römischen Staatsrechtes rechnen dürfen.

An das Werk des Polybius schlossen Poseidonios (um 135 bis 46 a. Ch. n.) und Strabo (etwa 68 a. bis 20 p. Ch. n.) an. Das Werk des Poseidonios, das die Zeit bis in den Anfang des ersten Mithridatischen Krieges (88 a. Ch. n.) behandelte, ist uns nicht erhalten, bildet aber wohl wie das Strabos die wichtigste Grundlage der uns erhaltenen Darstellungen dieser Periode aus späterer Zeit (Diodor, Livius, Plutarch, um 46 bis nach 127 p. Ch. n., Appian, gestorben nach 160 p. Ch. n.). Nur Cassius Dio (um 155 bis um 225 p. Ch. n.) scheint seine mit dem Jahre 67 a. Ch. n. beginnende vollständige Darstellung für die ältere Zeit vornehmlich auf eine annalistische Tradition, die zwischen Livius und Dionysius steht, gestützt zu haben. Strabo war zugleich Historiker und Geograph. Sein älteres Werk, auf das er in der Geographie wiederholt Bezug nimmt, die ὑπομνήματα ἱστορικά in 43 Büchern, die die Zeit vor und nach Polybius, wahrscheinlich bis 27 a. Ch. n. behandelten, sind verloren gegangen. Nur seine Γεωγραφικά in 17 Büchern sind erhalten.

Als zeitgenössische Literatur sind Cäsars Kommentarien zum Gallischen Krieg und seine unvollendete Geschichte des Bürgerkrieges sowie Sallusts (C. Sallustius Crispus 87—34 a. Ch. n.), des ersten kunstmäßigen Geschichtschreibers der Römer, Schriften, deren umfangreichste, die Historien, freilich größtenteils verloren sind, besonders wertvoll.

Von der ansehnlichen historischen Literatur des ersten Jahrhunderts der Kaiserzeit in lateinischer und griechischer Sprache ist nur wenig auf uns gekommen, vieles gänzlich verschollen. Eines der wertvollsten Denkmäler dieser Zeit ist des Augustus gedrängte Aufzeichnung seiner Taten, Ämter, Ehren und seiner Zuwendungen an das römische Gemeinwesen, die am Eingange seines Grabes aufgestellt war und in Kopie und Übersetzung aus Ancyra in Galatien (monumentum Ancyranum) und aus Apollonia in Pisidien noch großenteils erhalten ist.

Des Valerius Maximus, eines Zeitgenossen des Tiberius, Anekdotensammlung (factorum ac dictorum memorabilium libri IX) ist für den Historiker nur wegen der guten Quellen, aus denen er geschöpft hat, von Wert. Dem Juristen bietet sie in den Rechtsfällen, die sie erzählt, manches brauchbare.

Hauptquellen dieser Zeit für die Nachwelt sind die Werke des Publius Cornelius Tacitus (etwa 55—120 p. Ch. n.), vor allem seine Historien, die die Zeit vom Jahre 69 p. Ch. n. bis zum Tode Domitians, und seine Annalen, die die Zeit vom Tode des Augustus bis zu dem Neros behandeln. Sie verbinden mit der vollendeten Kunst wirksamer Darstellung gewissenhafte und wahrhafte Geschichtsforschung. Von hohem Werte für die Kenntnis dieser Zeit sind auch die Werke seines jüngeren Freundes und Zeitgenossen Gaius Plinius Cäcilius Secundus (62—114), namentlich dessen Briefwechsel mit seinen Freunden und mit dem Kaiser Trajan. Dagegen entsprechen die Kaiserbiographien (von Julius Cäsar bis Domitian) Suetons (etwa 75 bis 160), eines auf griechischem wie lateinischem Gebiete gleichbewanderten Gelehrten, ihrem historischen Werte nach nicht ganz dem Ansehen, das sie im Altertum genossen. Immerhin bieten sie manches schätzbare, namentlich viel juristisches Material, besonders Auszüge aus amtlichen Quellen.

Für die nachfolgende Zeit haben wieder Griechen die Hauptarbeit geleistet. In erster Reihe stehen da der schon erwähnte Appian aus Alexandria, dessen Römische Geschichte in den letzten, allerdings nicht erhaltenen Büchern die Kaiserzeit behandelte, und Flavius Arrianus aus Nikomedia in Bithynien (um 95 bis 175), dem das

Hauptwerk über die Geschichte der Partherkriege zu danken ist. Eine zusammenfassende Darstellung der römischen Geschichte von Gründung der Stadt bis auf Elagabalus (222 p. Ch. n.) lieferte erst wieder Cassius Dio. Doch ist uns auch sein Werk nur zum geringsten Teil erhalten, zum größten Teil bloß aus Exzerpten und aus späteren Historikern bekannt, die es benutzt und fortgesetzt haben. Soweit eine Kritik seines Werkes möglich ist, scheint er der Überlieferung mit selbständigem Urteile, zuweilen mit Willkür gegenübergestanden zu haben.

Wir verfügen demnach für die hier in Betracht kommende Zeit über eine nicht unbedeutende, zum großen Teile zeitgenössische Geschichtsliteratur. Immerhin würde sie kaum zureichen, das Bild dieser Zeit so lebendig werden zu lassen, wie es für ihr volles Verständnis wünschenswert ist. Dazu dienen vor allem die reichen Reste der schönen und Fachliteratur, die ein günstiges Geschick uns außerdem erhalten hat. Dichter, Redner, Philosophen, Philologen, Geographen, Antiquare und Juristen liefern in ihren uns überkommenen Schriften Bausteine aller Art zur Wiederherstellung der antiken Welt. Auch die Rechtsgeschichte dieser Zeit gewinnt reiches Material aus diesen Quellen, zumal nirgends mehr als bei den Römern das gesamte öffentliche und Privatleben, das Denken und Fühlen der Gesamtheit und jedes Einzelnen von Rechtsvorstellungen durchtränkt war. Nur soweit sie als „Rechtsquelle", als Erkenntnisquelle des damaligen Rechtes in Betracht kommt, soll diese sonstige Literatur hier berührt werden.

Von den Dichtern verdient gerade einer der ältesten, T. Maccius Plautus (um 254—184 a. Ch. n.), das hervorragende Interesse des Rechtshistorikers. Seine Komödien, lateinische Bearbeitungen griechischer Vorbilder, sind reich an juristischen Anspielungen. Ob und inwieweit darin römische Rechtserscheinungen zu erblicken sind, ist freilich nicht immer leicht zu entscheiden. Es ist zumindest fraglich, ob in der Regel nur die Fabel des Stückes den Griechen entlehnt, aber „der ganze Überzug" „spezifisch römisch", oder ob nicht vielmehr im Zweifel griechisches Recht zu vermuten ist, das nur in das Gewand römischer Terminologie gekleidet oder mit römischen Vorstellungen verquickt ist. Die Komödien lassen sich weder schlechthin für die römische Rechtsgeschichte als Quelle verwenden noch kurzweg als Übersetzungen aus dem Griechischen verwerfen. Es muß vielmehr von Fall zu Fall, von Vers zu Vers untersucht werden, was griechische Vorlage, was römische Zutat sein mag. Ähnliches gilt um so mehr von den Komödien des P. Terentius Afer (189—159 a. Ch. n.), als er sich besonders eng an seine griechischen Vorbilder anschließt.

Unter den Fachgelehrten bringt schon der älteste, der uns bereits als Vater der lateinischen Annalistik bekannte M. Porcius Cato (234—149 a. Ch. n.) in seiner uns erhaltenen Schrift de re rustica auch dem Juristen wertvolle Aufschlüsse namentlich über die Anfänge des Miet- und Gesellschaftsvertrages. In der Folge bietet vor allem M. Terentius Varro (116—27 a. Ch. n.), ein Schriftsteller von wunderbarer Fruchtbarkeit und Vielseitigkeit, dessen literarische Tätigkeit sich fast auf alle Wissensgebiete seiner Zeit erstreckte, reiche Ausbeute auch für die Rechtsgeschichte. Namentlich seine „antiquitates" und seine „libri de iure civili" wären in dieser Hinsicht von unschätzbarem Werte. Doch ist uns von jenen nur ein dürftiger Rest überliefert, von diesen gar nur der Titel bekannt. Aber auch seine mehr oder weniger vollständig erhaltenen Werke de lingua latina und rerum rusticarum libri III enthalten manchen wertvollen Beitrag zur Rechtsgeschichte, namentlich Formulare von Sklaven- und Viehkäufen.

In Varros Spuren als Altertumsforscher wandelte auch der hochbetagt unter der Regierung des Tiberius verstorbene gelehrte Freigelassene M. Verrius Flaccus, dessen umfassendes lexikalisches Werk de verborum significatu eine reiche Fundgrube der wichtigsten Nachrichten über das römische Altertum bildet und neben Bruchstücken der Zwölftafeln und späterer Gesetze namentlich auch Auszüge aus älteren Juristenschriften bis auf Labeo und Capito herab sowie Notizen aus Varros Schriften übermittelt. Doch besitzen wir nur die zweite Hälfte des Auszuges, den ein jüngerer Grammatiker ohne besonderes Wissen, Sex. Pompejus Festus (in der Mitte des zweiten oder im dritten christlichen Jahrhundert?) veranstaltete, und einen von dem Priester Paulus Ende des achten Jahrhunderts verfaßten Auszug dieses Auszuges.

Unter den Grammatikern verdient das besondere Interesse des Juristen M. Valerius Probus aus Berytos, dessen Blütezeit in die Regierung Neros fällt. Er machte sich die kritische Behandlung klassischer Schriftsteller in der Weise der Alexandriner zur Aufgabe. Seinen wertvollsten Nachlaß bildet die wenigstens im Auszug auf uns gekommene Schrift de notis, eine Sammlung juristischer Abkürzungen, wie sie in den leges, plebiscita und senatus consulta, in den Legisaktionen und Edikten üblich waren.

Eine wertvolle Bereicherung der juristischen Quellen bietet auch der Antiquar A. Gellius (um 125—175) durch die Mitteilungen und Auszüge aus Juristenschriften, die er in seinen, trotz der allenthalben erkennbaren Kleinlichkeit und Beschränktheit des Verfassers, für viele Wissensgebiete und für die Kenntnis der Zeit überhaupt höchst wertvollen noctes Atticae überliefert.

Von der sonstigen Fachliteratur der Römer nehmen das Interesse des Juristen namentlich noch die Schriften der Feldmesser, der Agrimensoren in Anspruch. Die bedeutendsten literarischen Vertreter dieses Faches waren Frontinus (um 40—103), der unter Domitian sowie Hyginus, Balbus und Siculus Flaccus, die unter Trajan geschrieben haben und deren die Rechtsverhältnisse an Grund und Boden sowie die Grenzstreitigkeiten behandelnde Schriften uns in einer Sammlung aus späterer Zeit überliefert sind.

Die bedeutsamsten Aufschlüsse über das gesamte Kulturleben, über die politischen und Rechtsverhältnisse des Rom der Blütezeit verdanken wir jedoch dem literarischen Nachlasse Ciceros (106—43 v. Ch.). Eine geistig reichbegabte Natur, vielseitig und gewandt, von beweglicher Phantasie und leicht erregbar, verleugnete er zwar nicht die Fehler, die mit solchen Vorzügen Hand in Hand gehen, Empfindlichkeit, Eitelkeit, und Wankelmut, verdient aber doch wohl nicht die „durch Maßlosigkeit des Ausdruckes und unhistorische Gereiztheit" entstellte Verurteilung Mommsens. Allerdings verleitete ihn seine Leichtigkeit der Produktion, sein hervorragendes Talent, Fremdes in sich aufzunehmen und es innerlich verarbeitet in leicht fließender Sprache wieder von sich zu geben, rasch und viel und über alles mögliche zu schreiben, ohne daß die sachliche Gediegenheit mit seiner Formgewandtheit gleichen Schritt hielt. Das gilt vielfach gerade von den Schriften, die den Rechtshistoriker in erster Linie interessieren.

Seine Schrift de re publica verfolgt vorwiegend philosophische wecke, ist vornehmlich griechischen Vorbildern entlehnt, nur mit Beispielen aus dem römischen Rechtsleben verbrähmt und darf schon darum nicht ohne weiteres als Quelle römischer Geschichte und römischen Rechtes behandelt werden. Ähnliches gilt von dem unvollendeten Werke de legibus, das sich zwar ebenfalls vielfach an das römische Recht anlehnt, aber an Oberflächlichkeit und Unklarheit der Begriffe leidet. Bei seinen Reden ist vor allem nicht zu übersehen, daß man es zumeist mit „Prozeßschriften" zu tun hat, die nicht so sehr „das wirkliche Recht" als vielmehr den einseitigen Parteistandpunkt vertreten und darum ebensowenig kritiklos als Rechtsquellen benutzt werden dürfen wie etwa die Akten und Schriften eines heutigen Rechtsanwaltes. Überdies war Cicero als Jurist kaum mehr als ein unterrichteter Dilettant. Wie wenig er privatrechtliche Stoffe beherrschte, läßt sich noch heute an den reich mit Beispielen aus dem Privatrecht ausgestatteten Topica verfolgen. Seine juristischen Erörterungen sind daher stets nur mit Vorsicht hinzunehmen. Sachlich, namentlich für das Staatsrecht der Ciceronianischen Zeit, viel wertvoller sind des Quintus Asconius Pedianus (um 3 bis 88 p. Ch. n.) Kommentare zu Ciceros Reden. Als Historiker verfügte Cicero zwar über ein ungewöhnliches Maß geschichtlicher Kenntnisse. Doch war er zu sehr Politiker und Parteimann, als daß er ein objektiver Geschichtschreiber hätte sein können.

Sind schon Ciceros Gerichtsreden vom Juristen nur mit Vorsicht zu verwenden, so sind die Werke der späteren Rhetoren eine noch viel gefährlichere Quelle für die Erkenntnis des römischen Rechtes, weil sie ihre Rechtsfälle zumeist den Griechen entlehnen oder gar nur fingieren. Das ist namentlich auch bei M. Fabius Quintilianus (um 35—95), dem gefeiertesten öffentlichen Lehrer der Beredsamkeit die Regel. Immerhin darf die Bedeutung der Rhetorik für die Rechtsgeschichte gerade darum nicht unterschätzt werden, weil sie vielfach die Bekanntschaft der Römer mit griechischen Einrichtungen vermittelte und dadurch der römischen Rechtsentwicklung neue Impulse zuführte.

Zu der Reichhaltigkeit der überlieferten Profanliteratur — den Begriff als Kollektivbezeichnung der gesamtem nicht juristischen Literatur genommen — stehen die dürftigen Reste der Rechtsliteratur, die aus dieser Zeit auf uns gekommen sind, in auffallendem Gegensatze. Die damalige, keineswegs arme juristische Literatur ist mit wenigen Ausnahmen bis auf geringe, in spätere Werke aufgenommene Auszüge verloren gegangen. Der Grund ist wohl nichts weniger als Mangel an Interesse für die juristische Literatur, der ihren buchhändlerischen Vertrieb beeinträchtigt hätte. Das wäre im Widerspruche mit allem, was wir von der bedeutsamen Stellung der Rechtswissenschaft im römischen Staats- und Verkehrsleben wissen. Die Erklärung liefert teils der eigentümliche Gang der römischen Rechtsentwicklung, teils dieselbe Erscheinung, die das Verschwinden manches anderen wertvollen Literaturdenkmales verständlich macht, die Verdrängung des Originalwerkes durch seine Auszüge.

Die seit dem dritten christlichen Jahrhundert immer mehr überhand nehmende Sitte, die einzelnen Schriften der klassischen Juristen wie Gesetzestexte zu behandeln, führte wegen der Menge des Stoffes und wegen der Widersprüche dieser Quellen häufig zu Zweifeln und Willkürlichkeiten. Diesen Übelständen suchte die Gesetzgebung zu steuern, indem sie gewissen Werken den Vorzug gab, andere geradezu verwarf. Das geschah durch die sogenannten Zitiergesetze. Der Erfolg war zum Teile der, daß zahlreiche Werke ganz aus der Literatur verschwanden, andere, ziemlich die meisten, in Sammlungen vereinigt, paraphrasiert und durch verkürzte Bearbeitungen ersetzt wurden. Was damit begonnen war, das vollendete schließlich Justinians (527—565) erst noch eingehend zu würdigende Kompilation in ihren Digesten oder Pandekten. Sie sind eine Sammlung von Auszügen aus der gesamten juristischen Literatur, die, mit Gesetzeskraft ausgestattet, dieser gesamten älteren Literatur jede praktische Bedeutung raubte und sie damit dem Untergange preisgab.

Immerhin wäre, was auf diese Weise von der klassischen Rechtsliteratur erhalten geblieben, — eine Ordnung der also erhaltenen Bruchstücke nach Verfassern und Werken, die überhaupt erst eine Benützung der Digesten Justinians als Quelle der Rechtsgeschichte gestattet, gewährt jetzt Lenels Palingenesia iuris civilis (in 2 Bänden, 1889) — noch genug, um ein ziemlich vollständiges Bild der Rechtszustände dieser Zeit zu ermöglichen, hätte die Justinianische Bearbeitung nicht den für sie als Akt der Gesetzgebung freilich selbstverständlichen zweiten Zweck verfolgt, mit Hilfe der Literatur der Vergangenheit das Recht der Gegenwart, das Recht ihrer Zeit darzustellen. Dadurch ergab sich für sie die Notwendigkeit, die Texte nicht bloß zu kürzen, sondern auch im Sinne des damaligen Rechtes durch Zusätze und Änderungen umzugestalten. Diese Interpolationen oder, wie sie nach dem Haupte der Gesetzgebungskommission, nach Justinians Justizminister Tribonian auch genannt werden, diese emblemata Triboniani sowie Glosseme, d. h. erläuternde Bemerkungen, Glossen, die der gelehrte Besitzer einer Handschrift hinzufügte und die ein späterer Abschreiber aus Versehen in den Text mit aufnahm, als solche zu erweisen, und auf diese Art die Justinianischen Texte durch interpretatio duplex als Erkenntnismittel sowohl des justinianischen als auch des klassischen Rechtes zu verwerten, ist daher eine der wichtigsten und dankbarsten, aber auch gefährlichsten und verantwortungsvollsten Aufgaben der kritischen Rechtswissenschaft, die längst, nur zu oft mit blindem Eifer geübt, erst in neuerer Zeit unter Anwendung sachgemäßer, kritischer Methode gehörig erfüllt wird und damit eine völlig neue Epoche für die Erforschung des klassischen römischen Rechtes eröffnet hat.

Bei diesem Stande der Dinge gewinnen die spärlichen Bruchstücke der klassischen Rechtsliteratur, die unmittelbar auf uns gekommen sind, unschätzbaren Wert. Das Hauptinteresse gebührt den um das Jahr 161 der christlichen Zeitrechnung geschriebenen Institutionen (institutionum commentarii quattuor) des Gajus. Bis zum Beginn des neunzehnten Jahrhunderts nur aus Auszügen und aus einer in die lex Romana Visigothorum aufgenommenen, namentlich durch Weglassung des unpraktisch gewordenen Prozeßrechtes stark verkürzten Umarbeitung bekannt, wurden sie im Jahre 1816 von Niebuhr in der Bibliothek des Veroneser Domkapitels in einer vollständigen, zur Abschrift der Briefe des hl. Hieronymus wiederbenutzten Handschrift (codex rescriptus. Palimpsest) etwa des fünften Jahrhunderts entdeckt und seitdem durch wiederholte Nachvergleichung bis auf verhältnismäßig wenige Lücken vollständig entziffert. Sie stellen eine für Lehrzwecke bestimmte, durch Vereinigung des zivilen und prätorischen Rechtes zu einem Gesamtsystem ausgezeichnete Darstellung des Privat- und Prozeßrechtes der klassischen und der älteren Zeit dar, die um so wertvoller ist, als sie bereits auf eine ältere Vorlage zurückzugehen scheint, auf ein älteres, etwa der zweiten Hälfte des ersten oder spätestens dem Anfange des zweiten Jahrhunderts angehörendes Werk, das Gajus „durch Hineinarbeiten des neueren Konstitutionenrechtes und auch wohl durch Verbreiterung der Ausführungen" erweiterte. Ein (1898) in Autun entdeckter Palimpsest ist nicht, wie man anfänglich hoffte, eine zweite Handschrift dieser Institutionen, sondern nur eine aus der Mitte des fünften Jahrhunderts stammende Handschrift einer ziemlich wertlosen Schulparaphrase des Gajanischen Werkes.

Dieselbe lex Romana Visigothorum überlieferte uns einen überarbeiteten Auszug der „Sentenzen" (sententiarum libri quinque ad filium, vielfach, doch ohne Gewähr, sententiae receptae genannt) des Paulus, eines etwa 212 n. Ch. geschriebenen kurzgefaßten und doch vollständigen Handbuches des Privat-, Straf- und Prozeßrechtes, dessen Text sich überdies teilweise durch andere Quellen und durch gewisse Handschriften des westgothischen Gesetzbuches, deren Schreiber auch das vollständige Werk vor Augen hatten, ergänzen ließ.

Ein drittes, in einer Handschrift des zehnten Jahrhunderts auszugsweise erhaltenes und zum Teil aus andern Quellen ergänztes Werk der klassischen Jurisprudenz ist der unter der Regierung Caracallas verfaßte liber singularis regularum Ulpians. In der Anordnung und in zahlreichen Einzelheiten mit den Institutionen des Gajus übereinstimmend, ist er vielleicht aus diesen geschöpft oder geht er wahrscheinlicher auf dieselbe Urquelle zurück. In den erhaltenen Teilen behandelt er Personen-, Sachen- und Erbrecht.

Außerdem sind noch geringe Bruchstücke von Papiniani responsa, von Ulpiani institutiones und disputationes, ein Stückchen von Pomponii liber singularis regularum, ein Satz aus Modestini libri regularum und einige unbedeutende Fragmente juristischer Werke unbekannter Autoren erhalten.

Ihrer Entstehungszeit nach bereits einer späteren Periode, ihrem Inhalt nach aber doch noch der klassischen Zeit gehören an die nach ihrem Fundorte so genannten fragmenta Vaticana, ein im Jahre 1821 von Angelo Mai entdeckter Palimpsest, der Bruchstücke eines großen, etwa zur Zeit Konstantins angelegten Sammelwerkes von Auszügen aus Schriften des Paulus, Papinian und Ulpian, einer Schrift de interdictis und Kaiserkonstitutionen in systematischer Ordnung, aber in unveränderter und darum besonders wertvoller Gestalt bietet.

Darauf beruht auch der Wert der lex Dei quam praecepit Dominus ad Moysen überschriebenen sogenannten collatio legum Mosaicarum et Romanarum, die zwischen 390 und 438 entstanden, eine Gegenüberstellung von Sätzen des Pentateuch in lateinischer Übersetzung und von römischen Rechtssätzen aus Gajus, Papinian, Paulus, Ulpian, Modestin sowie aus einzelnen Kaiserkonstitutionen gibt.

Das jüngste Sammelwerk dieser Art ist die sogenannte consultatio (veteris cuiusdam iuris consulti de pactis), eine Sammlung von Gutachten eines (oder mehrerer?) Rechtsgelehrten über Fragen des Vertragsrechts an einen Anwalt. In der zweiten Hälfte des fünften oder im sechsten Jahrhundert in Gallien verfaßt, wurde sie von Cujacius aus einer seitdem wieder verschollenen Handschrift herausgegeben. Sie enthält Belege aus den Sentenzen des Paulus und aus den vorjustinianischen Konstitutionensammlungen.

Doch nicht bloß mittelbar, durch die Literatur ist uns das Recht dieser Zeit überliefert. Einzelnes, wenn auch nicht viel, ist uns in seiner ursprünglichen Gestalt erhalten geblieben. Von den erhaltenen Volksgesetzen sind elf Stücke einer Tafel, die auf der einen Seite eine lex (Acilia vom Jahre 631 a. u. c. = 123. a. Ch. n.?) repetundarum, auf der andern eine lex agraria vom Jahre 111 a. Ch. n. trägt, Reste der allerdings von Mommsen in ihrem Charakter als Volksgesetz bestrittenen lex Rubria aus der Zeit zwischen 49 und 42 a. Ch. n., die sich mit der Munizipalgerichtsbarkeit in Gallia cisalpina befaßt und wichtige Beiträge zur Lehre von der cautio damni infecti, von der operis novi nuntiatio, von der confessio in iure und von der defensio liefert, das nach seinem Fundort (Este) sogenannte fragmentum Atestinum (49 a. Ch. n.), ebenfalls von der Munizipalgerichtsbarkeit im zisalpinischen Gallien handelnd, aber wohl kaum einen Teil des Rubrischen Gesetzes, sondern einen Vorläufer davon darstellend, die tabula Heracleensis, die sogenannte lex Iulia municipalis, eine allgemeine Städteordnung aus dem Jahre 45 (a. Ch. n.) enthaltend, wie man mit Savigny trotz Mommsen annehmen darf, und ein bedeutendes Schlußstück der für Vespasian im Jahre 69 erlassenen lex de imperio die wichtigsten.

Die bemerkenswertesten leges datae, von einem Magistrat ohne Volksschluß erlassene Provinzial- oder Städteordnungen, die uns im Original überliefert sind, sind Reste der Stadtordnung von Tarent (zwischen 89 und 62 a. Ch. n.), die lex Ursonensis oder lex coloniae Iuliae Genetivae aus dem Jahre 44 (a. Ch. n.) für die Stadt Urso in Spanien, die lex Salpensana und Malacitana, Städteordnungen Domitians (zwischen 81 und 84) für Salpensa und Malaga.

Die wenigen inschriftlich erhaltenen Senatsbeschlüsse sind vorwiegend verwaltungsrechtlicher Natur. Erwähnt seien das S. C. de Bacchanalibus (168 a. Ch. n.) zur Unterdrückung der sogenannten bacchanalischen Verschwörung sowie die auf einer inzwischen wieder verloren gegangenen Bronzetafel vereinigten S. C. Hosidianum und Volusianum (zwischen 44 und 46 sowie 56 p. Ch. n.) gegen die Spekulation durch Kauf von Häusern auf Abbruch.

Die Kaiserkonstitutionen sind uns großenteils in den

erhaltenen offiziellen und nichtoffiziellen Rechtssammlungen überliefert, die als solche erst einer späteren Periode angehören und darum erst später näher zu würdigen sind.

Mannigfache Belebung und Ergänzung erfuhr die überlieferte juristische und Profanliteratur endlich durch das reiche Urkunden- und Aktenmaterial, das, von dem Zahne der Zeit verschont, durch glückliche Funde im Laufe der Zeit zu Tage gefördert wurde und namentlich jüngster Zeit durch die systematischen Grabungen auf ägyptischem Boden stetige fruchtbare Vermehrung erfährt. Neben Münzen, Vasen und Scherben aller Art, neben Inschriften, die zum Teil auch private Rechtsgeschäfte betreffen, bildeten bis vor kurzem die (zwischen 1786 und 1855) in einem siebenbürgischen Goldbergwerk ausgegrabenen mehr als vierzig Wachstafeltriptychen, die auf den vier Innenseiten Urkunden über Rechtsgeschäfte der verschiedensten Art (Kauf, Dienstmiete, Darlehen, Gesellschaft) aus der Zeit zwischen 131 und 167 enthalten, sowie die im Jahre 1875 in Pompeji im Hause des L. Cäcilius Jucundus gefundenen Wachstafeln, die meist Quittungen zum Gegenstand haben, das wertvollste rechtsgeschichtliche Urkundenmaterial. Nunmehr ist dieses Material durch die reichen Papyrusfunde in Aegypten, die eine sehr große Zahl von Urkunden, zum Teil aus vor- und nachrömischer, namentlich aber auch aus römischer Zeit zu Tage gefördert haben, erheblich vermehrt worden. Sie behandeln Rechtsgeschäfte aller Art, stellen sich aber vor allem vielfach auch als Stücke von Prozeßakten dar und werfen auf die Rechtszustände in den Provinzen ein ganz neues Licht. Sie lassen die Zusammenhänge zwischen griechischen und römischem Recht, die Entnationalisierung des römischen Reichsrechtes durch das nationale (griechische) Provinzial- (Volks-)recht deutlich verfolgen. Die Masse des Materials verbietet eine auch nur beispielsweise Aufzählung. Ihre in stetem Flusse befindliche systematische Publikation beschäftigt eine Reihe der namhaftesten Gelehrten auf juristischem und philologischem Gebiet.

Zweites Kapitel: Die Stände.

Mit dem Hortensischen Gesetze (467 a. u. c. = 287 a. Ch. n.) war der Ständekampf in Rom beendet, die Verschmelzung der Plebs mit den Patriziern vollzogen. Zwar werden noch in der Zeit der punischen Kriege einige wenige Geschlechter der römischen Bürgerschaft als patrizische bezeichnet, denen die große Masse der bürgerlichen Bevölkerung als Plebs gegenübersteht. Aber der Gegensatz entbehrte bereits in dieser Zeit politischer Bedeutung. Blieben auch zunächst noch einzelne Stellen in den Priester- und Beamtenkollegien den Patriziern vorbehalten, so besaßen sie doch als Stand keine Sonderrechte mehr. Sie hatten kaum eine andere Stellung als heute die Nachkommen alter Adelshäuser, die eine bevorzugte soziale Stellung einnehmen, aber staatsrechtlich ohne selbständige Bedeutung sind. An der Leitung des Staates nahmen die Angehörigen der reichen plebejischen Häuser nunmehr als ständige Mitglieder des Senates und als regelmäßige Inhaber der höchsten Staatsämter grundsätzlich denselben Anteil.

Nachdem der Erbadel seine anfängliche dominierende Stellung verloren hatte, bestand daher für die patrizisch-plebejische Bürgerschaft Rechtsgleichheit und es fehlte für einen privilegierten Stand, wie es vordem dieser Adel gewesen war, sowohl der Begriff wie die Bezeichnung. Doch verschwand diese eigentlich stets mehr nominelle als effektive Rechtsgleichheit noch in republikanischer Zeit. Es entwickelte sich daraus (oder war vielmehr, wie Mommsen es sehr zutreffend ausdrückt, von vornherein darin enthalten) ein doppelter Adel, der Erbadel der Nobilität oder, was später etwa dasselbe bedeutet, des Senatorenstandes aus der Magistratur und aus dem daraus hervorgehenden Senat und der Personaladel der Ritterschaft aus der Reiterei und aus dem daraus gebildeten Offizierskorps. Als äußeres Kennzeichen der beginnenden Scheidung kann die Sonderung der Sitze bei den Schauspielen gelten, die sich für die Senatoren im Jahre 560 der Stadt, für die Ritter wahrscheinlich in der Gracchenzeit vollzog. Staatsrechtlich stand zwar in dieser Zeit nichts mehr im Wege, daß auch der ärmste Bürger die höchsten Ämter bekleidete. Aber es blieb trotzdem faktisch eine seltene Ausnahme, daß ein Mann aus den unteren Schichten (homo novus) dazu gelangte

So trat allmählich an Stelle des ursprünglichen Gegensatzes zwischen Patriziern und Plebejern eine neue Gruppierung der Bürgerschaft in die drei Stände der Senatoren, der Ritter und der Gemeinfreien.

Die Nobilität — nobilis, ein namhafter Mann, wie nomen von noscere gebildet — knüpfte auch formell an ältere, noch aus der Zeit der Patrizier stammende Einrichtungen an. Die gewesenen Inhaber der höchsten ordentlichen Gemeindeämter begnügten sich nicht mit den ihnen selbstverständlich erwiesenen tatsächlich höheren Ehren. Sie nahmen vielmehr auch gewisse Ehrenrechte für sich in Anspruch, die teils durch Gesetz, teils durch Gewohnheit gewährleistet wurden und, während sie ursprünglich wahrscheinlich nur der eigentlichen Nobilität, den agnatischen Deszendenten der kurulischen Beamten zukamen, allmählich auf einen immer weiteren Kreis, auf alle Senatoren und Senatorensöhne, zum Teil sogar auf die Ritter und auf einfache Freigeborene ausgedehnt wurden. Augustus schuf dann einen rechtlich geschlossenen Senatorenstand, eine erbliche „Mitgliedschaft der ersten Kammer", indem er das Recht der Bewerbung um kurulische Ämter und den nach wie vor damit verbundenen Sitz im Senat auf die Nobilität, auf den Kreis der Familien beschränkte, deren Vorfahren solche Ämter bekleidet hatten. Doch konnte auch jetzt noch die Aufnahme in den Senatorenstand durch Erteilung des senatorischen Standesrechtes an junge Leute oder durch Aufnahme von Nichtsenatoren in eine der drei unteren Rangklassen des Senates erfolgen. Der senatorische Stand kam auch der Gattin und der agnatischen Nachkommenschaft bis zum dritten Grade zu.

Neben diesem Senatorenstande behauptete sich zwar zunächst noch die alte republikanische Nobilität. Aber die alten Familien starben rasch aus und wurden vor allem durch den in stetig steigender Zahl nachrückenden Beamtenadel erdrückt, so daß die Nobilität schon in der Zeit der Flavier ebenso verschwand wie der Patriziat in der späteren Republik.

Der Ritterstand war von Haus aus eine rein militärische Einrichtung, kein bevorzugter Stand, zumal das Pferd dem Reiter von staatswegen beigestellt wurde und jedem Bürger gewährt werden konnte. Die durch mancherlei Umstände veranlaßten Lücken des normalen Kontingentes nötigten die Heeresleitung jedoch bald, zu deren Ausfüllung solche Personen heranzuziehen, die ein eigenes Pferd besaßen. Für diesen Dienst auf eigenem Pferde bildete sich angeblich schon im Jahre 354 a. u. c., jedenfalls eine gewisse Zeit vor dem Hannibalischen Krieg ein bestimmter (Ritter-) Zensus aus, der bald auch für die wohl von jeher vornehmlich aus den vermögendsten Bürgern ausgewählten Inhaber von „Staatspferden" zur Anwendung kam. Dieser Zensus wurde durch ein Gesetz des Roscius (67 a. Ch. n.) für die Ritter mit 400 000 Sesterzen festgesetzt und erhielt sich auf dieser wahrscheinlich ursprünglichen Höhe auch in der Kaiserzeit. So dehnte sich der Begriff des eques allmählich von dem Inhaber des Staatspferdes auf den Reiter mit eigenem Pferd und schließlich auf den zum Reiterdienst qualifizierten, aber nicht dazu berufenen Bürger aus und wurde am Ende als faktisch erblich behandelt. Diese Umwandlung der militärischen Einrichtung in einen politischen Stand fand auch ihren terminologischen Ausdruck, insofern sich in der späteren Republik, wie bei uns Reiter und Ritter, der eques und der eques Romanus schieden.

Zunächst also durch den Zensus erworben, muß der Ritterstand, da die Schätzung mit einer Ausnahme von Sulla bis Augustus ruhte, in dieser Zeit an eine andere Voraussetzung geknüpft worden sein. Mangels einer Überlieferung sind nur Kombinationen möglich. Wahrscheinlich war es, wie die Quästur für den Senat, eine ohne zensorische Tätigkeit eintretende Voraussetzung. Unter dem Prinzipat war tatsächlich jeder Senatorensohn geborener Ritter. Das war vermutlich schon sullanische Ordnung. Seit dem Beginne des Prinzipates überwog und nach der Beseitigung der Zensur allein üblich war die auf Ansuchen gewährte Verleihung des Ritterpferdes durch den Prinzeps auf Lebenszeit, wobei nach wie vor das Vermögen berücksichtigt wurde, so daß auch jetzt noch das Ritterrecht durch Verminderung des Vermögens verloren ging. Sonst mußte das Ritterpferd nur strafweise oder bei Wechsel des Standes, wenn der Ritter Senator oder Zenturio wurde, zurückgegeben werden.

War zwar der Zweck auch der augusteischen Reorganisation des Ritterstandes zunächst bloß ein militärischer, so wurde dadurch doch zugleich dem senatorischen Erbadel ein auf kaiserlicher Verleihung beruhender Personaladel an die Seite gestellt und damit „die aus der republikanischen Zeit überkommene Rivalität der Geschlechtsaristokratie und des höheren Bürgerstandes den Interessen des Prinzipates dienstbar gemacht".

Die bevorzugte Stellung der Ritter äußerte sich vor allem in gewissen Ehrenrechten (goldener Ring, Purpurstreifen an der Tunika, Sondersitz im Theater). Sie waren, auch nachdem sie längst aufgehört hatten, als Truppe Dienst zu leisten, militärisch, in Turmen, organisiert. Auf Grund eines von C. Gracchus (632 a. u. c.) durchgebrachten Gesetzes erhielten sie das bis dahin den Senatoren vorbehaltene Geschworenenamt, das sie mit gewissen Unterbrechungen und Schwankungen bis ins zweite christliche Jahrhundert behaupteten.

Den Gedanken des C. Gracchus, dem herrschenden Geschlechtsadel einen mitherrschenden Stand an die Seite zu stellen, verwirklichte Augustus vollends, indem er die öffentlichen Stellungen überhaupt zwischen den beiden privilegierten Ständen teilte. Der Nachweis der ritterlichen Qualifikation und die Aufnahme in den Ritterstand wurden nun gesetzliche Vorbedingung für den Offiziersdienst, dieser unerläßliche Voraussetzung für den ritterlichen Zivildienst, der gewisse Statthalterschaften, namentlich Ägypten und die an Italien unmittelbar angrenzenden Bezirke (Norikum, Rätien u. a. m.), die nicht mit magistratischer Kompetenz ausgestatteten Militärämter und vor allem den Finanzdienst umfaßte. Die verschiedenen Bezeichnungen für diese Dienststellen gehen fast alle auf die beiden Kategorien des praefectus (ἔπαρχος) und procurator (ἐπίτροπος) zurück, die beide durch das im freien Belieben des Mandanten liegende Mandat charakterisiert waren. Seit dem zweiten Jahrhundert bildete sich, vornehmlich im Zusammenhange mit den umfassenden Reformen Hadrians, überdies neben der militärischen eine rein zivile Laufbahn der Ritter aus. Davon wird noch die Rede sein.

Doch nicht bloß als Staatsbeamte gelangten die Ritter zu Ehre und Ansehen. Sie widmeten sich auch dem Handel und der Industrie, um als Großhändler, Bankiers, Fabrikanten, Zollpächter, Direktoren und Mitglieder von Handelsgesellschaften und Vereinen zu kaufmännischen und anderen gewinnbringenden Zwecken große Vermögen zu erwerben. Auch legten die wohlhabenden des Standes ihr Vermögen vielfach in Grundbesitz an.

Die ungeheure Mehrzahl der Bevölkerung Roms, die man als den dritten Stand bezeichnen kann, bildete die plebs, worunter jetzt allerdings das Volk überhaupt, die Menge, der Pöbel zu verstehen ist. In dieser Menge stand der gewöhnliche Bürger neben dem Latiner und Provinzialen, der Freigeborene neben dem Freigelassenen. Auch innerhalb dieser Menge bestanden daher mancherlei, zum Teile tiefgehende Unterschiede.

Das Bürgerrecht wurde den Nichtbürgern, einzelnen wie Gemeinden, in den Anfängen dieser Periode fast vollständig gesperrt. Das ältere Verfahren, die unterworfenen Gemeinden der römischen einzuverleiben, hatte man, um die römische Bürgerschaft nicht zu sehr zu dezentralisieren, schon um die Wende des vierten Jahrhunderts der Stadt durch die Schaffung sogenannter Halbbürgergemeinden (civitates sine suffragio) ersetzt. In der Folgezeit wurden zwar einzelne Halbbürgergemeinden mit dem Vollbürgerrecht ausgestattet und zahlreiche entferntere Bürgerkolonien geschaffen. Aber seit der vollständigen Unterwerfung Italiens erhielt wahrscheinlich keine einzige italische Gemeinde mehr anstatt des bundesgenössischen das römische Bürgerrecht. Auch die Kaiser machten von dem durch sie der Volksversammlung abgenommenen Rechte der Verleihung des Bürgerrechts an ganze Gemeinden nur spärlichen Gebrauch. Ebenso wurde der Übertritt einzelner Italiker in das römische Bürgerrecht namentlich durch Beschränkung der rechtlich mit dem Halbbürgertum verknüpften Freizügigkeit erschwert. Er griff fast nur mehr für die latinischen Gemeindebeamten und für die bei Gründung der Bürgerkolonien durch besondere Begünstigung mitzugelassenen Nichtbürger Platz. Die häufigste Form der Verleihung des Bürgerrechtes war in dieser Zeit die durch den Feldherren, die, zuerst im Kimbrischen Kriege des Marius (653 a. u. c.) erwähnt, an Nichtbürger als militärische Auszeichnung erfolgte, in immer steigendem Umfange zur Anwendung kam und in der Kaiserzeit den ausgebreitesten Gebrauch fand, selbst während des aktiven Dienstes und als generelles Privileg, vor allem aber zum Zwecke des Eintrittes in eine Bürgertruppe, so daß die Aushebung für die Legionen auf sämtliche Städte des Reiches erstreckt und das Militärwesen zum guten Teil auf diese Bürgerrechtsschenkungen gegründet werden konnte. Während ferner dieses Feldherrnrecht in republikanischer Zeit immer auf besonderem Volksschlusse beruhte, übten es die Kaiser selbständig, kraft besonderer Klausel ihres „Kompetenzgesetzes" (lex de imperio) oder gar nur auf Grund der allgemein ihnen zugestandenen Machtvollkommenheit und wahrscheinlich auch Nichtsoldaten gegenüber, doch stets als Personalprivileg. Die allgemeine Bürgerrechtsverleihung durch Caracalla bedeutete einen Umsturz der bisherigen Verhältnisse, der eben der zweiten, der nachhadrianischen Kaiserperiode ihr eigentümliches Gepräge verleiht.

Der Bürger allein stand im Vollgenusse der politischen Rechte. Nur er besaß ein Recht auf Ämter und Heerdienst und Stimmrecht in der Volksversammlung, das Recht zur Teilnahme am Gemeinderat und an der Geschworenentätigkeit, die Fähigkeit zur Übernahme einer obrigkeitlich bestellten Vormundschaft. Äußerlich trug der Bürger seinen Charakter in der Tracht und im Namen zur Schau. Der bürgerliche Name, das Kennzeichen (nomen von noscere) bestand, von rechtswegen und seit es Geschlechter gab, aus drei Bestandteilen, aus der dem Sklaven und der Frau von Rechts wegen fehlenden, dem männlichen Bürger bei Anlegung der Männertoga beigelegten Individualbenennung (praenomen: Marcus), aus der Geschlechts- (nomen: Tullius) und Herkunftsbezeichnung (tribus: Cor[nelia tribu]). Dazu kam bei Gewaltunterworfenen der Name des Gewalthabers: M(arci) F(ilius). Erst in republikanischer Zeit trat als nicht notwendiger, besonders der Nobilität und den Freigelassenen eigentümlicher Bestandteil der Bei- oder Übername, das cognomen (Cicero) hinzu.

„Nur ein zurückgesetztes Bürgerrecht", nur „Halbfreiheit" genossen in gewissem Sinne die Freigelassenen (libertini; qui servitutem servierunt), selbst wenn sie durch die Freilassung Freiheit und Bürgerrecht erlangten. Libertinus im politischen Sinne war, wem durch Geburt der Makel der Sklavenherkunft von Rechts wegen anhaftete. Den Gegensatz bildete der ingenuus. Auch der Sohn des Freigelassenen — der Enkel scheint von jeher als ingenuus gegolten zu haben — hatte schon vor Beginn unserer Literatur aufgehört libertinus genannt zu werden. Wahrscheinlich trat diese Verengung des Begriffes des Freigelassenen anläßlich der Gleichstellung der Söhne von Freigelassenen mit denen Freigeborener im Stimmrecht (565 a. u. c.) ein.

Die Minderstellung des Freigelassenen äußerte sich bereits im Namen. Etwa bis in die erste Hälfte des siebenten Jahrhunderts der Stadt trug der Freigelassene statt des gewöhnlichen bürgerlichen Vornamens einen willkürlich nach der Heimat oder nach einer bestimmten Eigenschaft gewählten Namen. Auch noch später war ihm die Führung der in den alten Familien der Nobilität und Ritterschaft üblichen und erblichen cognomina untersagt. Wahrscheinlich kraft eines augusteischen Gesetzes mußte er das Pränomen des Freilassers annehmen. Auch mußte er neben dem Gentilnamen des Patrons das Gewaltverhältnis durch Anfügung des Individualnamens des Gewalthabers im Genitiv unter Beifügung seiner Eigenschaft als (gewesener) servus, erst seit dem sechsten Jahrhundert der Stadt als libertus ausdrücken.

Erst durch des Augustus Ehegesetz (736 a. u. c). erlangten die Freigelassenen das conubium mit Freigeborenen. Sie waren, vielleicht nicht rechtlich, aber doch faktisch ausgeschlossen von Verträgen mit der Gemeinde, von öffentlichen Verdingungen. Sie unterstanden wie Sklaven und Hauskinder der häuslichen Gerichtsbarkeit des Patrons. In der Ausübung des Stimmrechts standen sie anfänglich anscheinend den Freigeborenen gleich. Anläßlich der Neuverteilung der Bürger in Stimmbezirke, kurz vor dem hannibalischen Kriege (zwischen 520 und 534 a. u. c.), wurden sie jedoch aus den Tribus der Grundbesitzer ausgeschieden und in die vier sogenannten städtischen Tribus der nicht ansässigen Bürger eingereiht. Dabei blieb es, unbeschadet vorübergehender Änderungen und Milderungen dieses Zustandes, solang überhaupt die Komitien das Stimmrecht ausübten. Nicht viel anders war es mit ihrer Stellung im Heerdienst. Auch hier ursprüngliche Rechtsgleichheit, später, etwa seit der Mitte des fünften Jahrhunderts der Stadt, Heranziehung der Freigelassenen zum Legionsdienste nur im Notfalle. Vollends unter dem Kaiserregiment war Ingenuität unerläßliche Voraussetzung ebenso für den Dienst der Prätorianer und Legionäre wie bei den städtischen Kohorten und bei den Truppenkörpern peregrinischen Personalrechtes. Ausgeschlossen waren sie ferner in der Republik und unter dem Prinzipat von Ämtern und fast von allen Priesterstellen, grundsätzlich auch vom Ritterpferd und folglich selbstverständlich auch vom Senat. Ihr Bürgerrecht trat demnach im großen und ganzen nur auf dem Gebiete des Vermögens- und Prozeßrechtes zutage, auf dem sie in der Tat — gewisse Besonderheiten werden noch zu berühren sein — dem Vollbürger im wesentlichen gleichstanden. Diese rechtliche Minderstellung der Freigelassenen entsprach ihrer sozialen Wertung. Sie erklärt sich überdies daraus, daß die Freigelassenen wie die Sklaven mit der zunehmenden Ausdehnung des Reiches zumeist auch ein national fremdartiges Element darstellten. Zwar befanden sich gerade die freigelassenen Ausländer häufig im Besitze großer Reichtümer, die sie teils im Dienste vornehmer Häuser, teils als rührige und betriebsame Söhne der östlichen Länder durch kaufmännische und andere geschäftliche Unternehmungen erworben hatten. Aber trotzdem und zum Teil eben darum waren oder galten sie zumindest als der Typus des gemeinen, unverschämten, prahlenden Emporkömmlings. Als charakteristisches Merkmal ihrer Geringschätzung mag es gelten, daß wenigstens in der augusteischen Zeit der Freigelassene nach der Hofetikette nicht zur kaiserlichen Tafel zugezogen werden durfte, was freilich nicht ausschloß, daß gerade die Freigelassenen der Kaiser schon in den ersten zwei Jahrhunderten zu unverhältnismäßigem tatsächlichen Einfluß und Gewicht gelangten.

Denselben sozialen Rang wie der Freigelassene nahm der Klient ein, mochte er auch Freigeborener sein. Mit der ursprünglichen Klientel hatte die der spätrepublikanischen und der Kaiserzeit freilich kaum mehr als den Namen gemein. Der Klient war zwar noch immer Gefolgsmann seines Patrons. Aber sein Verhältnis zu ihm basierte nicht mehr auf dem Grundbesitze, sondern war ein Mietsverhältnis, dazu bestimmt, dem vornehmen Bürger das von der Sitte in immer steigendem Maße geforderte Gefolge von Schutzbefohlenen und Freunden zu sichern, das an jedem Morgen sein Atrium füllte, ihn bei jedem öffentlichen Auftreten begleitete. Der Schutzbefohlene wurde zum Günstling und Schmarotzer, der für eine meist geringe Entlohnung in Geld oder Speisung und für gelegentliche geringe Geschenke, geschmäht und verachtet, als Anhang des Patrons dessen Stellung im politischen und gesellschaftlichen

Leben stützte. Rechtlich bedeutete die Klientel so wenig eine Sonderstellung wie ehedem.

Die zunehmende Schärfe der Scheidung des römischen Bürgertums in streng getrennte Stände verdrängte jedoch keineswegs die Vorstellung der Einheit und Ausschließlichkeit des eigenen Staatswesens. Nach wie vor trennte auch den Bürger mindesten Rechtes eine weite Kluft von dem Nichtbürger, von dem Fremden, von dem Ausländer. Nach wie vor galt die Rechtlosigkeit des Ausländers als Regel. Nur erlitt diese schon in früher Zeit teilweise durchbrochene Regel immer mehr Einschränkungen und Ausnahmen.

Vor allem behauptete der Latiner seine ihm schon vorlängst eingeräumte Sonderstellung, wenn auch andrerseits seine Geringwertigkeit gegenüber dem römischen Bürger nicht bloß noch in Ciceros Tagen, sondern sogar noch von Tacitus und selbst zu Mark Aurels Zeiten betont wurde. Schuld daran mochte sein, daß der von Haus aus dem Römer stammverwandte Latiner im Laufe der Zeit aus einer nationalen Figur zu einem politischen Begriffe wurde. Schon in der früheren Republik scheint eine Anzahl ursprünglich peregrinischer Gemeinden in die latinischen eingereiht worden zu sein. Nach dem Bundesgenossenkriege wurde bekanntlich sämtlichen selbständigen peregrinischen Gemeinden des zisalpinen Galliens latinisches Recht verliehen. Ähnliches geschah in der Folge immer häufiger. Im Laufe der Zeit wurde den Peregrinengemeinden des Westens überhaupt das latinische Recht verliehen und die Romanisierung des Okzidentes zum guten Teil auf diesem Wege vollzogen. Diese „künstliche, von Rom verliehene Latinität" der latinischen Munizipien mit ihren cives Latini, der autonomen Bundesstädte, die sich freilich ihr autonomes (Privat-) Recht immer aus Rom selbst geholt haben dürften, war überhaupt die einzige, die die Kaiserzeit noch kannte.

Die dem Bürger einer latinischen Gemeinde als solchem Rom gegenüber zukommende Rechtsstellung wurde durch die Auflösung des Latinischen Bundes nicht wesentlich berührt, blieb im großen und ganzen dieselbe wie ehedem. Der Latiner genoß commercium und conubium und vor allem das Privileg, durch Ansiedlung in Rom das Vollbürgerrecht zu erwerben, wie umgekehrt der Römer durch Übersiedelung in eine Latinergemeinde Latiner wurde. Doch wurde dieses Privileg nach mancherlei Schwankungen durch Volksschluß (Licinisch-mucisches Gesetz? 659 a. u. c.) aufgehoben, was freilich den Bundesgenossenkrieg entfachte und die Verleihung des römischen Bürgerrechts an sämtliche Latiner veranlaßte. Schon das Acilische Gesetz (631/2 a. u. c.) und noch Gajus in der Mitte des zweiten Jahrhunderts der christlichen Zeitrechnung kennen ferner das sogenannte minus Latium, den Erwerb des römischen Bürgerrechtes durch Bekleidung der höchsten Gemeindeämter in einer latinischen Stadt. Das nur von Gaius erwähnte maius Latium, die Erstreckung des Privilegs auf die Mitglieder des Gemeinderates, war vermutlich eine der späteren Maßregeln zur Hebung des verfallenden Munizipalwesens. In der späteren Republik und in der Kaiserzeit wurde dem Latiner überdies die Gewinnung des Bürgerrechtes durch mancherlei andere Umstände ermöglicht. Es konnte ihm als Anklägerbelohnung im Quästionenprozeß, zur Belohnung für Förderung der Kinderzahl oder für Verdienste um die Verpflegung der Hauptstadt zufallen. Während jedoch ehedem, jedenfalls noch in gracchischer Zeit, wahrscheinlich bis zum Bundesgenossenkrieg, die Erlangung des römischen Bürgerrechtes das frühere aufhob, römisches und latinisches Bürgerrecht inkompatibel waren, behielt seitdem, jedenfalls seit Augustus der Latiner, der das römische Bürgerrecht erwarb, trotzdem auch sein altes Heimatsrecht.

Die sogenannten Latini Iuniani, eine noch näher zu betrachtende Gattung von Freigelassenen, waren überhaupt nicht Latiner, sondern Halbfreie, römische Halbbürger. Denn latinisches Personalrecht gab es nur als Ausfluß des einzelnen latinischen Stadtrechtes. Latinisches Bürgerrecht ohne Beziehung auf eine bestimmte Stadt latinischen Rechtes ist ein Unding. Erst die spätere Kaiserzeit scheint, vielleicht durch die irreführende Bezeichnung dieses hybriden Institutes verleitet, ein an keine einzelne Stadt geknüpftes latinisches Personalrecht statuiert zu haben. Wenigstens ist es wahrscheinlich, daß seit Hadrian den für die Flotte ausgehobenen Peregrinen solches latinisches Personalrecht verliehen wurde.

Neben dem Latiner begann auch der Fremde, der Peregrine, der Provinziale eine immer wichtigere Rolle zu spielen, seitdem Rom die Grenzen seiner Herrschaft über Latium und Italien hinaus zu erstrecken, sich zur Weltmacht zu entwickeln begonnen hatte. Freilich achtete der römische Nationalstolz nächst den Leuten von unfreier Abstammung die Bewohner der Provinzen am geringsten. Noch des Augustus politisches Testament enthielt neben anderen Ratschlägen für seine Nachfolger auch den, mit dem Bürgerrecht sparsam zu sein, um den Abstand zwischen Bürgern und Provinzialen nicht zu vermindern. Namentlich gegen die Orientalen empfand man überdies „zum Teil den auf der Verschiedenheit der Rasse beruhenden Widerwillen". Doch auch den Bewohnern der westlichen Provinzen gestand man erst spät und mit großem Widerstreben die Rechte zu, die die Italiker längst besaßen. In der Tat erfolgte die Romanisierung der Gallier, Spanier und Afrikaner nur sehr langsam, während sie im Osten überhaupt nicht durchführbar war.

Die zunehmende numerische und wirtschaftliche Bedeutung der Fremden führte notwendiger Weise zu einer eingreifenden Korrektur ihrer Rechtsstellung. Nach ältester Rechtsanschauung rechtlos, erlangte der Fremde (hostis, peregrinus) schon frühzeitig durch Freundschaftsvertrag Roms mit seinem Heimatstaat oder mit ihm als Einzelindividuum, doch auch dann mit Wirkung für seine Erben, Anerkennung der Freiheit und des Eigentums, Prozeßstandschaft, die Fähigkeit, vor einem römischen Gerichte Rechtsschutz zu suchen, und Vertragsfreiheit. Dieses materielle Recht war zwar anfänglich Gegenstand des jeweiligen Freundschaftsvertrages. Doch bestand wohl von jeher ein Bestreben nach gewisser Gleichförmigkeit. Aber erst die Schaffung einer eigenen Fremdenprätur (512 a. u. c.) für die in Rom zu entscheidenden Prozesse zwischen und mit Nichtbürgern ermöglichte die Entwicklung eines eigenen „gemeinen" Fremdenrechtes. Dabei machte es für den einzelnen keinen Unterschied, ob er Angehöriger eines unabhängigen oder eines irgendwie dauernd an Rom gebundenen Gebietes war. Das konnte von Einfluß sein auf die Stellung des römischen Rechtes in seiner Heimat

— darauf ist noch zurückzukommen —, änderte aber nichts an seiner Stellung als Fremder in Rom.

Eigentümlich war nur die Rechtsstellung des dediticius, dessen, der zwar Freiheit und Rechtsschutz der römischen Gemeinde genoß, aber weder der römischen noch einer anderen Gemeinde angehörte, also die Stellung eines ohne anerkanntes Personalrecht im römischen Staat lebenden Nichtrömers einnahm. Er entbehrte politischer Rechte und Pflichten. Privatrechtlich war er vom ius civile ausgeschlossen, auf die nach ius gentium zulässigen Rechtsgeschäfte beschränkt, seit es ein solches gab. In dieser Rechtslage befanden sich natürlicher Weise die Gesandten und Geiseln fremder Staaten ohne Vertragsrecht. Künstlich und strafweise wurde diese Sachlage für Personen mit bleibendem Domizil und faktischer Zugehörigkeit zu Rom geschaffen, namentlich durch strafweise Entziehung des römischen Bürgerrechts für Bürgergemeinden (peregrini dediticii) und für eine gewisse Gruppe von Freigelassenen (liberti dediticii, dediticiorum numero). Die jüngste Forschung hat ferner dargetan, daß diese Personenklasse, wenigstens in der Kaiserzeit, nicht bloß aus Angehörigen weniger, besonders zurückgesetzter Nationen bestand, daß sich vielmehr der Begriff des dediticius mit der Unterwerfung unter das tributum capitis, die Kopfsteuer, deckte, die in den orientalischen Provinzen von den Römern für die gesamte nichtgriechische Bevölkerung von früher her übernommen wurde und mit gewissen Ausnahmen auch für Afrika, Britannien und Judäa galt.

Ebenso gemischt wie die Gesellschaft des dritten Standes war schließlich auch das stetig zunehmende Korps der Sklaven, deren rechtliche Stellung zwar unverändert blieb, deren soziale Lage aber mancherlei einschneidende Änderung erfuhr. Vor allem steigerte sich die Zahl der Sklaven infolge des wachsenden Reichtums sehr erheblich. Der Großgrundbesitz bediente sich jetzt zur Bewirtschaftung seiner Güter fast ausschließlich der Sklaven. Sklaven waren vorwiegend auch die industriellen Arbeiter. Doch nicht bloß Handarbeit beschäftigte die Sklaven. Sie waren als Geschäftsführer, Künstler, Lehrer auch die geistigen Mitarbeiter ihrer Herren. Die verschiedene Qualifikation der Sklaven führte allmählich auch zu einer bemerkenswerten Differenzierung ihrer Stellung im Hause. Die Entwicklung der Großwirtschaft hob das Zusammenleben des paterfamilias mit seinen Knechten auf. Der Sklave wurde seinem Herrn entfremdet. Die familia rustica, die Schar der Ackerknechte, hörte auf, im Familienverbande zu stehen. Unzuverlässigkeit der diesem Kreise angehörenden Sklaven, harte Gesinnung der Herren und ihrer Verwalter gegen sie war die Folge davon. Die familia urbana, die städtische, häusliche Sklavenschaft, stand zwar dem Herrn näher. Aber auch ihre Lage wurde teils durch ihre Verwendung teils durch ihre persönliche Berührung mit dem Herrn unsicher und häufig beklagenswert. Ausnahmen wie das Verhältnis zwischen Cicero und Tiro bestätigen nur die Regel.

Die spätere Stoa von Seneca an lehrte dagegen im Gegensatz zu Aristoteles, der den Sklaven als ein Stück des lebenden Inventars und die Sklaverei als im „Naturrecht" begründet ansah, und dem Varro und Cicero gefolgt waren, daß der Anspruch aller Menschen auf Freiheit derselbe, der Unterschied zwischen Freien und Sklaven äußerlich und zufällig, die wahre Freiheit nicht etwas zivilrechtliches, sondern etwas sittliches sei, daß daher jeder die Bedingung seiner Freiheit in der Hand habe, der Sklave frei, der Freie unfrei sein könne. Diese Theorie wurde vielfach in gebildeten Häusern maßgebend und fand zum Teil auch rechtliche Anerkennung, indem man dem Sklaven bis zu einem bestimmten Grade gewisse Persönlichkeitsrechte (Ehe, Verwandtschaft, Eigentum, Testier- und Korporationsfähigkeit) zuerkannte. Andererseits schränkten die Ausdehnung des Reiches und dessen Organisation zwei Hauptquellen der Sklaverei, Kriegsgefangenschaft und Menschenraub, erheblich ein. Der Sklave wurde wieder ein wertvolleres Gut. Auch übten die politischen Verhältnisse eine nivellierende Wirkung auf den dritten Stand. Sklaven und Freigelassene wurden Beamte des kaiserlichen Hauses. Der freie Bürger war dagegen vielfach genötigt, seinen Unterhalt durch Arbeit zu erwerben, und stand dem Prinzeps (dominus) als Untertan gegenüber. Endlich äußerte das Christentum, längst bevor es Staatsreligion wurde, seinen Einfluß auf die Behandlung der Sklaven. Alle diese Umstände wirkten zusammen, die Stellung der Sklaven in der Kaiserzeit wieder wesentlich günstiger zu gestalten als die des Sklaven der Republik.

Drittes Kapitel: Geistige und materielle Kultur.

Das Rom der Samniterkriege war noch Agrarstaat. Wohl war die Gemeinwirtschaft längst verschwunden, die Idee des Privateigentums auch schon auf Grund und Boden übertragen, ja im Gegensatze zur germanischen Rechtsauffassung fast jeder Unterschied zwischen den Rechtsverhältnissen an der Fahrhabe und am liegenden Gute verwischt, die „Mobilisierung" des Grundeigentums in der

Ausdehnung der Eigentumserwerbsform für Mobilien (mancipatio) auf Grund und Boden verwirklicht. Immerhin war es doch dieser mobilisierte private Bodenbesitz, der die Zugehörigkeit zu den Tribus, die politischen und militärischen Rechte und Pflichten bestimmte.

Die politische Führung Roms lag in dieser Zeit in den Händen der Großgrundbesitzer, die sich damals bereits nicht mehr nach Patriziern und Plebejern schieden. Das als eigentlicher Träger der Gemeindesouveränität erscheinende Volk der Komitien und Konzilien war die Bauernschaft. Die städtische Bürgerschaft war in die vier städtischen Tribus zusammengepfercht, während die Bauernschaft neunundzwanzig. seit 241 (a. Ch. n. = 513 a. u. c.) sogar einunddreißig Stimmbezirke bildete. Die Erhaltung und Vermehrung einer wehrfähigen Bauernschaft blieb daher auch jetzt eine der wichtigsten Aufgaben römischer Staatskunst. Diesem Zwecke dienten die Gründung römischer Kolonien, die Ansiedelung und Ausstattung römischer Bürger mit ausreichenden Bauernhufen auf der eroberten feindlichen Feldmark, und die „Viritanassignation", die Zuweisung anderer Teile der eroberten Feldmark an römische Bürger als freies Privateigentum nach Köpfen, wodurch es zum Teile gelang, jüngere Söhne und Proletarier aus der Hauptstadt wieder zu wehrfähigen Gliedern des Gemeinwesens zu machen.

Ein großer Teil des jeweils neugewonnenen Gebietes, namentlich weiter entfernte und abgelegene Landstrecken blieben jedoch als ager publicus im Besitze des Staates. Sie wurden teils verpachtet, teils gegen eine mäßige Abgabe jedem, der wollte, einstweilen zur Okkupation freigegeben. Der Erwerber erlangte dadurch nicht Privateigentum. Er befand sich nur in einem von der Staatsverwaltung geduldeten (occupatio) oder verwaltungsrechtlich geregelten (ager vectigalis) Besitzstande. Darum beschränkte sich sein Rechtsschutz auch auf den Schutz gegen rechtswidrige Störungen seines Besitzstandes (possessio), um dem die Ernte zu sichern, der das Feld im ruhigen Besitze bestellt hatte. Damit hängt vielleicht die Jahresfrist bei den Interdikten zusammen, die zwar vermutlich nicht aus der possessio am ager publicus hervorgegangen sind, aber doch wohl hier ihr Vorbild fanden.

Diese Rechte am ager publicus waren es vor allem, die zur Ausbildung des Großgrundbesitzes beitrugen. War es doch nur reichen Leuten, die über große Mittel und über zahlreiche Arbeitskräfte verfügten, möglich, davon Gebrauch zu machen. Dazu kam, daß gerade den reichsten, den senatorischen Häusern von jeher durch das Herkommen, seit 220

(a. Ch. n. = 534 a. u. c.) durch ein freilich oft umgangenes Gesetz (lex Claudia) die Beteiligung an Geld- und Handelsgeschäften untersagt war. Sie waren daher geradezu angewiesen, ihren wachsenden Reichtum in Grundbesitz anzulegen. Ein unter Tiberius (33 p. Ch. n.) zustande gekommener Senatsschluß verpflichtete sie sogar dazu für zwei Drittel ihres (Bar-?) Vermögens. Auch die Verpflichtung des Vormundes, Mündelgelder in erster Linie zum Ankaufe von Grundstücken zu verwenden, muß auf dieselbe Tendenz zurückgeführt werden.

Die Unterwerfung des karthagischen Gegners und der durch die veränderte Weltlage herbeigeführte materielle Aufschwung ermöglichten ein ständiges Fortschreiten auf der Bahn der Kolonisierung und Landanweisung bis in die Mitte des zweiten vorchristlichen Jahrhunderts. Dann aber trat als Folge der „plötzlichen Erschließung aller Mittel eines üppigen Genußlebens" der Verfall ein. Als eine der bemerkenswertesten ökonomischen Äußerungen dieses Zersetzungsprozesses kann die durch die steigende Anziehungskraft der Großstadt veranlaßte Verschiebung der Bevölkerungsverhältnisse, die Verödung der italischen Landgemeinden gelten. In weiten Gebieten Italiens fing der Ackerbau an, nicht mehr zu rentieren. Kampanien und das Pogebiet drückten die Getreidepreise Latiums und der Gebirgslande so, daß der Bauer hier nicht mehr wirtschaften konnte. Ganz Italien erlag schließlich der Konkurrenz des überseeischen Getreides, erst Siziliens, dann Afrikas, in der Kaiserzeit namentlich Ägyptens. Der Ackerbau wurde daher vielfach in Wein- und Ölbau oder zur Weiden- und Viehwirtschaft umgewandelt. Die Folge davon war ein Rückgang der freien Landbevölkerung. Denn dieser wirtschaftliche Umschwung vernichtete nicht bloß zahlreiche selbständige Existenzen, da die Viehwirtschaft noch viel mehr den Kleinbetrieb zu Gunsten des Großbetriebes zurückdrängte, sondern machte auch zahlreiche Arbeitskräfte beschäftigungslos, die bisher als Pächter und Taglöhner ihren Lebensunterhalt verdient hatten.

Ein zweiter, nicht weniger bedeutsamer Umbildungsfaktor, war die bereits angedeutete Entwicklung des Großgrundbesitzes. Der Kleinbauer konnte schon an sich nicht konkurrieren, so daß er vielfach geradezu genötigt war, seinen Grundbesitz loszuschlagen und sich als Prekarist, als possessorisch geschützter, aber nur auf Widerruf geduldeter Besitzer seines bisher freien Eigens in die Abhängigkeit des Großgrundbesitzers zu begeben oder gar nur als colonus, als Arbeiter und besitzloser Pächter in dessen Dienste zu treten. Überdies entzog die immer mehr um sich greifende Sklavenwirtschaft, die, durch Krieg und Menschenraub gerade in dieser Zeit wesentlich gefördert, den Gutsherrn billige und vom Kriegsdienste befreite Arbeitskräfte gewährte, dem freien Bauern vollends die Existenzmöglichkeit.

Diesen Übelständen trat das sogenannte Liziniſche Ackergesetz entgegen, das, wenn es überhaupt Anspruch auf Echtheit machen darf, doch jedenfalls zwei Jahrhunderte später anzusetzen ist, als die Überlieferung will (etwa zwischen 232 und 167 a. Ch. n.). Es bestimmte, daß niemand mehr als fünfhundert Morgen Staatsland in Besitz haben, nur eine beschränkte Zahl Vieh darauf halten dürfe und einen Teil seiner Knechte aus freien Leuten nehmen müsse. Aber das Gesetz blieb wirkungslos, weil es leicht zu umgehen und für den kleinen Mann, der nicht daran denken konnte, freies Land zu okkupieren, von vornherein wertlos war. Bald darauf (134) zeigte der große sizilische Sklavenaufstand, zu welchen Gefahren die Sklavenwirtschaft führte. Der Zensus des folgenden Jahres wies einen Rückgang der Bürgerzahl um zehntausend für die letzten fünf Jahre aus. Der Spanische Krieg hatte den römischen Heeren die schimpflichsten Niederlagen bereitet. Unter solchen Zeichen versuchte es der Volkstribun Tiberius Gracchus, die Wehrkraft Italiens durch Neuschaffung einer lebenskräftigen, ackerbauenden Bürgerschaft wieder herzustellen, indem er die Erneuerung des Lizinischen Gesetzes und die Verteilung der dadurch frei werdenden Gründe in kleinen Ackerlosen unter das städtische Proletariat beantragte (lex Sempronia, 134). Er bezahlte jedoch seine Tat mit dem Leben (133). Das Gesetz selbst wurde zwar kurze Zeit zu praktizieren versucht, aber bald außer Übung gesetzt. Nicht erfolgreicher war der Versuch seines jüngeren Bruders Gajus, der ebenfalls mit dessen Ermordung (121) endete. Im Gegenteil. Alsbald wurde die von Tiberius verbotene Veräußerung der angewiesenen Ländereien wieder gestattet und die vorerst noch darauf gelegte Abgabe — wahrscheinlich durch eine lex Thoria — aufgehoben, schließlich durch die inschriftlich erhaltene lex agraria vom Jahre 111 (a. Ch. n. = 643 a. u. c.) gar alles in Privatbesitz befindliche Staatsland in freies Eigentum verwandelt.

Damit war die Agrarfrage völlig verschoben. Die freie, grundbesitzende Bevölkerung war nun nicht mehr imstande, das Heer zu stellen. Darum schuf Marius (107 a. Ch. n.) das aus dem besitzlosen Proletariat (capite censi) angeworbene Volksheer. Darum war es fürderhin nicht mehr die Aufgabe der Agrargesetzgebung, Bauern zu schaffen, damit man aus ihnen Soldaten ausheben könne, sondern umgekehrt Land zu beschaffen, das unter die ausgedienten Soldaten als Altersversorgung verteilt werden konnte. Diese Politik führte schließlich zur Verödung Italiens durch die Bürgerkriege, die mit der Austreibung der Bevölkerung aus blühenden Städten endigten, um deren Besitzungen unter die Truppen zu verteilen. Der Bauer erhielt sich zwar nach wie vor der Zahl nach auf beachtenswerter Höhe, aber dem sozialen und ökonomischen Gewichte nach bedeutete er nichts mehr gegenüber dem Sklavenbesitzer.

Dieser Prozeß der Aufzehrung des Kleinbesitzes durch den Großgrundbesitz, der schon in der Republik im Gange war, setzte sich in der Kaiserzeit stetig fort und begünstigte immer mehr die unwirtschaftliche Art des Betriebes, die mehr auf die Menge als auf die Qualität der Erzeugnisse Bedacht nimmt. Eine Auffassung, die schon Cato beherrschte, aber in der Kaiserzeit immer mehr an Boden gewann. Sie sah in dem Eigentum an Grund und Boden nicht anders als in der Fahrhabe ein Objekt kaufmännischer Ausbeutung. Privatrechtlich fand sie in der völligen Gleichstellung des unbeweglichen Gutes mit der Fahrhabe ihren kapitalistischen Ausdruck.

Auf diesem Wege wurde der Adel immer mehr landsässig, der kleine Mann in demselben Maß in die Stadt gedrängt und der ökonomische Ruin Italiens unaufhaltsam. Fruchtlos war die strenge Ehe- und Kindergesetzgebung des Augustus, die das Urrömertum fördern, die Gesellschaft auf eine neue Grundlage stellen wollte und sich eben darum nicht als organischer Bestandteil in das Rechtssystem einzufügen vermochte. Die beim jeweiligen Regierungsantritt üblichen Geldgeschenke und Steuernachlässe erwiesen sich allemal nur als augenblickliche Notbehelfe. Die von Nerva und Trajan geschaffenen Alimentenstiftungen, die Übernahme unbemittelter Kinder in staatliche Fürsorge und Erziehung mit Hilfe stark fundierter und durch wiederholte Stiftungen vermehrter Kapitalien, konnten nur der Not weniger steuern. Vergeblich war die Förderung der freien Landarbeit durch den Kolonat, der an Stelle der Ackersklaven immer mehr und mehr den freien Kolonen, den erblich auf dem Gute sitzenden, zwischen Kleinbauer und Taglöhner ungefähr die Mitte haltenden abhängigen Landwirt setzte. Ihren charakteristischen Ausdruck fand die zunehmende Verödung des Landes schließlich in dem Edikte des Kaisers Pertinax (193), das in ganz Italien und in den Provinzen jedem gestattete, unbebaute und verödete Äcker, selbst wenn sie dem Kaiser gehören, in Besitz zu nehmen und durch Bebauung als eigen zu erwerben.

Um so mehr wirkte die Stadt mit ihren materiellen und sozialen

Vorteilen, mit der Aussicht auf raschen Gewinn, auf lohnende Beschäftigung und auf unentgeltliche Versorgung auf die Landbevölkerung wie ein Magnet. Dem ökonomischen Aufschwung entsprachen daher eine stetige räumliche Ausdehnung der Stadt und das zunehmende Wachstum der Bevölkerung. Schon Sulla sah sich genötigt, das pomerium für die Bebauung frei zu geben. Unter Augustus bestand bereits ein Kranz von Vorstädten um die servianische Mauer, der die Altstadt an Ausdehnung übertraf. Claudius, Nero, Vespasian, Titus und Trajan schoben das pomerium weiter hinaus. Dieser Raum war überdies viel dichter bevölkert als unsere modernen Städte und, wenn auch die Bevölkerungszahl Roms mangels genügend zuverlässiger Anhaltspunkte viel umstritten ist, so dürfte sie sich doch wohl zwischen 700 000 und einer Million bewegt haben. Unter dieser Bevölkerung überwogen zwar allezeit die Freien, da Rom nie Industriestadt war, die Unfreien daher fast lediglich Dienstpersonal darstellten. Auch dienten verschiedene Maßregeln wie das Ansiedelungsverbot der lex Aelia Sentia (757 a. u. c.) für dediticii in Rom dazu, das ärgste Gesindel von der Stadt fernzuhalten. Immerhin nahm die Entnationalisierung der Stadtbevölkerung durch den ununterbrochenen Zuzug Fremder immer mehr zu. Diese Durchsetzung mit fremden Elementen, die sich noch in der späteren Republik mehr auf natürlichem Wege, vornehmlich durch Ansiedelung auswärtiger Kaufleute und durch Freilassung fremdländischer Sklaven vollzog, wurde überdies von manchen der ersten Kaiser geradezu begünstigt. Caligula stand zum Beispiele dem italischen Wesen förmlich fremd gegenüber. Er zog die Ägypter heran. Unter Claudius traten Etrusker und Kelten, also zwar nicht Orientalen, aber doch mit dem Orient in lebhafter Handelsbeziehung stehende Völker in den Vordergrund. Neros Gunst genossen vor allem die Syrer. Übermächtig wurde in diesen Zeiten bereits auch die Stellung der Juden als Kaufleute.

Die Übervölkerung führte naturgemäß auch zu einer unverhältnismäßigen Steigerung der städtischen Bodenwerte. Darum blühte die Bauspekulation. Darum war die „Mietkaserne" (insula) eine der beliebtesten und erträgnisreichsten Kapitalsanlagen. Darum verkaufte man Häuser auf Abbruch, um das Material mit Gewinn weiter zu verkaufen, so daß diesem Mißbrauch wiederholt (S. C. Hosidianum aus der Zeit des Claudius; S. C. Volusianum, 56) entgegengetreten werden mußte.

Den empfindlichsten Nachteil der Großstadt bildete jedoch die zunehmende Verteuerung aller Lebensbedürfnisse, zumal die noch ungenügend entwickelte Verkehrstechnik an sich schon die regelmäßige Verproviantierung der Städte erschwerte. Selbst die Gefahr einer Hungersnot war daher in Rom keine Seltenheit und die wichtigste Sorge war stets die Versorgung der Hauptstadt mit billigem Brotkorn. Deshalb gewährte Claudius jedem Latiner das Bürgerrecht, der die Stadt sechs Jahre lang durch ein größeres Schiff mit Getreide versorgte. Darum förderten die Kaiser die Bildung wirtschaftlicher Assoziationen für die Getreidelieferung nach Rom. Vor allem sollten aber die schon frühzeitig als Mittel der politischen Beeinflussung eingebürgerten und zuerst von Gajus Gracchus zur gesetzlich geregelten Einrichtung ausgestalteten Getreidespenden (largitiones frumentariae) der ärgsten Not steuern. Sie erreichten dieses Ziel natürlich niemals vollständig, trugen dagegen wesentlich bei zur Steigerung des städtischen Proletariats, zur Entvölkerung des flachen Landes und damit zum Ruin des Kleinbauern. Trotzdem mußte auch Augustus den Plan aufgeben, sie abzuschaffen. Sie blieben vielmehr bis in die späte Kaiserzeit bestehen, nur daß im dritten Jahrhundert Brotverteilungen an ihre Stelle traten.

Die „Verstadtlichung" des Wirtschaftslebens begünstigte andererseits die Entwicklung von Handel und Verkehr, deren Aufschwung bereits mit dem Hannibalischen Kriege begann, infolge der Verwüstungen des zwanzigjährigen Bürgerkrieges und der dadurch bedingten Erschütterung des Wohlstandes zwar wieder nachließ, aber bereits unter den ersten Kaisern in die ruhigen Bahnen steten Fortschrittes einlenkte. In dieser Hinsicht wirkten verschiedene Momente zusammen. Die zunehmende Sklavenzahl steigerte die häusliche Produktion und regte zum Handel an. Das Zusammenströmen des Reichtums der ganzen Welt in Rom eröffnete dem Handel ein fruchtbares Feld. Die Reform des Geldwesens (458 a. u. c. = 296 a. Ch. n.), durch die das mächtig gewordene Rom eine für ganz Italien vorbildliche Währung (denarius = 10 as; sestertius = $2^1/_2$ as) schuf und das „Münzregal" für ganz Italien, nach dem endgültigen Sturze Karthagos, für den ganzen Westen in Anspruch nahm, sicherte Rom geradezu die wirtschaftliche Vorherrschaft, die sich der Goldwährung des Ostens gegenüber allerdings erst durchzusetzen vermochte, als Rom selbst nach vereinzelten vorausgegangenen Versuchen unter Cäsar endgültig zur Gold- oder eigentlich Doppelwährung überging (aureus = 100 Sesterzen). So ist die Welthauptstadt Rom in der Kaiserzeit ein Verkehrs- und Bankplatz ersten Ranges, sein Weltreich ein ungeheures Wirtschafts- und Freihandelsgebiet geworden. Die Großkaufleute (mercator) verwendeten jedoch als Zwischenhändler (negotiator) vor allem Sklaven und Freigelassene. Daraus ergab sich, wie überall, wo die Konkurrenz der Sklaven in Betracht kam, eine gewisse Geringschätzung des Kaufmannsstandes. Erst der zweite Stand, der der Ritter durfte Handel treiben. Aber dennoch fand die Bedeutung des Handels Anerkennung in einer vielfachen Förderung des Handels und der Kaufleute von Staats wegen: Verleihung des Bürgerrechts, Abschwächungen der lex Papia Poppaea zu ihren Gunsten u. a. m. Die Markt- und Handelspolizei wurde in die Hände besonderer Beamter, der Ädilen, später auch des Stadtpräfekten gelegt.

Mit der Ausdehnung des Handels ging eine entsprechende Ausbildung der Handelstechnik, eine angemessene Organisation der Produktion und des Exportes schon seit den Zeiten der ausgehenden Republik Hand in Hand. Der Kaufmann kam in die fernen Länder nicht mehr bloß, um dort zu holen, was sie zufällig besaßen, sondern diese fremden Völker paßten ihre Produktion immer mehr dem Handelsbedürfnis an. Umgekehrt begannen die Handelszentren des Reiches, sich der Exportindustrie für diese Gegenden zuzuwenden. Dem Bedürfnisse nach Vergesellschaftung und Verzweigung des Betriebes, das in der zunehmenden Bildung von Handelsgesellschaften und in der Gründung von Zweigniederlassungen an den verschiedenen Handelsplätzen zum Audrucke kam, trug der Prätor durch Anerkennung gewisser handelsrechtlicher Vertretungsverhältnisse (actio institoria, exercitoria) und in mancher anderen Richtung Rechnung. Einzelne Rechtssätze und ganze Rechtsinstitute wurden wenigstens zunächst für den Handelsverkehr geschaffen. Andere blieben allezeit auf den Handel oder auf die Kaufleute beschränkt. Wenn es trotzdem nicht zur Ausbildung eines selbständigen Handelsrechtes kam, so war der Grund wohl in erster Linie der, daß das Vorherrschen des Hausbetriebes mehr Rechnungs- als Rechtsverhältnisse zwischen den Parteien erzeugte, und daß der kaufmännische Geist des römischen Rechtes überhaupt ein besonderes Handelsrecht entbehrlich machte.

Dem Aufschwunge des Handels entsprach die Entwicklung des Verkehrs. Ein großartiges Straßensystem umspannte allmählich das ganze Reich. Wegkarten und Stationsverzeichnisse erleichterten den Verkehr in hohem Grade. Die Staatspost war zwar erst eine Schöpfung der Kaiser. Aber das Privatfuhrwesen war schon längst vorher hoch entwickelt und genossenschaftlich organisiert. Die Gasthäuser waren allerdings in der Regel dürftig und das Wirtsgewerbe verrufen und mißachtet, was den Prätor zur Aufstellung besonders scharfer Haftungsgrundsätze für die Wirte veranlaßte (receptum nautarum usw.). Für den Handel kam vor allem der überseeische Verkehr in Betracht, der damals bereits auf hoher Stufe stand. Seiner Eigentümlichkeiten wegen erheischte er die besondere Aufmerksamkeit der Gesetzgebung, die hier an bewährte Vorbilder, namentlich an das rhodische Seerecht anknüpfte. Ein Zeugnis dafür ist nicht nur die sogenannte lex Rhodia de iactu. Vielmehr erklärte Augustus geradezu das rhodische Seerecht als subsidiäre Rechtsquelle und Tiberius bestätigte angeblich die rhodischen Seegesetze. Der Handel Roms selbst blieb übrigens allezeit vorwiegend Import. In demselben Maß, in dem es sich zum Zentrum eines großen Reiches entwickelte, trat es als Handelszentrum immer mehr zurück. Handels- und Industriestadt war es niemals. Produktion und Export waren vielmehr in erster Linie Sache der Provinzen.

Nur eine untergeordnete Rolle spielte auch jetzt noch das Gewerbe, die freie Lohnarbeit. Sie stand nach wie vor weit hinter der Hausindustrie zurück. Die Deckung des Bedarfs im eigenen Hause war und blieb das Ideal der römischen Hauswirtschaft. Die Vereinigungen freier Handwerker, Gewerbegenossenschaften, „Zünfte" gehören zwar zu den ältesten Erscheinungen des römischen Wirtschaftslebens. Aber ihre Bedeutung war in republikanischer Zeit nie sehr groß. Augustus erstreckte seine reformatorische Tätigkeit auch auf das Zunftwesen, indem er es durch eine lex Iulia der Konzessionspflicht unterwarf. Dabei blieb es nicht bloß für Rom, sondern kaiserliche Mandate und Senatsbeschlüsse dehnten diese Norm wahrscheinlich auch auf Italien und die Provinzen aus. Im Interesse der Hebung der Produktion sahen sich die Kaiser in der Folge veranlaßt, die Handwerkerinnungen mit mancherlei Vorrechten auszustatten. Insbesondere scheint die Zugehörigkeit zur Zunft Voraussetzung des Gewerbebetriebes gewesen, Gewerbefreiheit nicht anerkannt worden zu sein. Doch hinderten die Sklavenkonkurrenz und die soziale Geringschätzung der gewerblichen Arbeitstätigkeit, die eben damit zusammenhing, daß Kleinhandel und Gewerbe meist von Sklaven und Freigelassenen, wenn auch sehr häufig mit Kapital und Gewinnanteil des Patrons betrieben wurden, eine gedeihliche Entwicklung des Kleingewerbes und wirkten ungünstig zurück auf die Ausgestaltung des Arbeitsrechtes (locatio conductio u. a. m.).

Alles in allem läßt sich daher als charakteristischer Zug dieser Wirtschaftsperiode der Kapitalismus erkennen. Der Übergang von der Natural- zur Geldwirtschaft hatte sich längst vorher vollzogen. Schon Appius Claudius (312 a. u. c. = 442 a. Ch. n.) führte wahrscheinlich die Umrechnung der Zensussätze in Geld durch. Bald darauf (324/430) erfolgte die gesetzliche Umwandlung der Multen in Geld. Der Formularprozeß stellte bereits die condemnatio pecuniaria als Regel auf. Doch erst jetzt fing der Kapitalbesitz an, seine überragende Rolle im Wirtschaftsleben zu spielen. Nur war die Art der Geldanlage von den heute dafür üblichen Formen durchaus verschieden. Die Möglichkeit, Geld verhältnismäßig sicher unterzubringen, war viel beschränkter. Es gab keine Staatspapiere, keine öffentlichen Kreditanstalten, keine Börse. Auch das Inhaberpapier war dem damaligen Verkehre fremd. Immerhin war das Wertpapier nicht ganz ausgeschaltet. Ein solches stellte die pars, der Anteilschein der Publikanengesellschaften dar, der das Recht auf den Betriebsgewinn bedingte. Er lautete jedoch auf Namen und war zwar durch Umschreibung übertragbar, setzte aber wie die Aktie die Zugehörigkeit zur Genossenschaft voraus, die von der Wahl der Genossen abhing. Das entzog diesen Papieren die Funktion der allgemeinen Geldanlage und förderte andererseits die Ringbildung des Großkapitals. Zur allgemeinen Geldanlage für kleine Leute eignete sich eher der Ankauf gewisser Ämter (tribus, decuria, militia), die zwar auch die Aufnahme in eine Korporation voraussetzten, aber anscheinend weder eine Vorprüfung noch eine Wahl verlangten. Sie sicherten eine staatliche Rente ohne bemerkenswerte Dienstleistung und bildeten in der Tat wie andere Forderungen einen Gegenstand des Handels, der sogar einen gewissen Kurswert besessen zu haben scheint.

Fehlte ferner zwar die Einrichtung von Sparkassen vollständig, so war andererseits doch die Hingabe von Bargeld an eine Bank zur Aufbewahrung auf beliebigen Widerruf gegen niedrige Zinsen sehr verbreitet und ein wesentliches Hilfsmittel des Verkehrs. Sie geschah teils zur Sicherung gegen Feuers- und Diebsgefahr (depositum irregulare), vor allem auch als Grundlage eines Anweisungsverkehres durch Vermittlung der Bank (curare pecuniam; solvit qui delegat) oder zur Thesaurierung. Damit findet die weitreichende Entwicklung des Bankwesens dieser Zeit ihre Erklärung. Das Gewerbe der argentarii bildete einen der wichtigsten Erwerbszweige, der sich wegen seiner Bedeutung der besonderen Staatsfürsorge erfreute. Die Bankiers waren zur Buchführung und zur Vorlage ihrer Rechnungen verpflichtet. Das Geschäft mit dem Bankier stand unter besonderem prätorischen Rechtsschutz (receptum argentarii). Die wichtigste und verbreitetste Form der Geldanlage war und blieb jedoch der Grundstückskauf. Daneben bildete die Zinsleihe, das Darlehen, den zweiten Brennpunkt der Geldwirtschaft. Diese Verhältnisse verfehlten naturgemäß auch nicht ihren Einfluß auf die Rechtsordnung, auf die Ausgestaltung des Arbeitsvertrages, auf das Zinsrecht, auf die Grundsätze für die Verwaltung fremden Vermögens (Vormundschaft, Stellvertretung) u. a. m.

Die eigentümliche Gestaltung der wirtschaftlichen Verhältnisse war schließlich auch bestimmend für die Ausbildung des Steuerwesens. Wo der Volksreichtum vornehmlich im Grundbesitze konzentriert war, mußte auch die Steuerverfassung in erster Linie auf den Grundbesitz greifen, zumal die Personalsteuer nach den damaligen Anschauungen als die schlechteste und des freien Mannes unwürdigste Art der Besteuerung galt. Es ergaben sich daher nur drei regelmäßige Einnahmequellen für den Staat: die Erträgnisse des Gemeindelandes, Abgaben der unterworfenen Gebiete und indirekte Steuern. In der Tat bildete die Abgabe für Benutzung des italischen Gemeindelandes, namentlich die Bodenabgabe vom ager publicus die älteste und allezeit die bedeutendste Steuer (vectigal). Der Provinzialboden galt staatsrechtlich überhaupt als Eigentum des römischen Volkes, mochte er nun dem bisherigen Eigentümer belassen, römischen Kolonisten zugewiesen oder als vererbliches und veräußerliches Gut an Private verkauft oder in die Verwaltung des Staates genommen werden. Daraus ergab sich von selbst die Abgabenpflicht der Provinzialen, die teils als Zehent (tributum soli), teils als feste, von dem Bodenertrag unabhängige Grund- oder Vermögenssteuer (tributum capitis) in Geld oder Naturalien zu leisten war (stipendium).

Außerordentlicher Geldbedarf wurde durch eine außerordentliche Vermögenssteuer (tributum) von den römischen Bürgern aufgebracht. Die dem zensurierten Gesamtvermögen der Bürgerschaft proportionale Steuersumme (tributum ex censu) wurde vom Senat festgesetzt und dem einzelnen Bürger nach Maßgabe seines steuerbaren Vermögens vorgeschrieben. Angeblich schon in der Königszeit üblich, jedenfalls seit der Einführung des Truppensoldes (348/406) ordentlich organisiert, war das tributum seit dem Triumph des Ämilius Paulus nach der Eroberung Mazedoniens (587/167), wenn auch nicht gesetzlich aufgehoben, so doch tatsächlich beseitigt und der römische Bürger — demnach seit 665/89 ganz Italien — seitdem von direkten Abgaben ganz befreit. Möglicherweise stellte übrigens das tributum von jeher nicht eine Steuer, sondern ein Zwangsanlehen, eine „schwebende Schuld" vor, die in Raten zurückgezahlt wurde. Die Monarchie machte auch den Römer und Italiker zum Untertanen, der infolgedessen die Staatslasten mitzutragen hatte. Diesen Gedanken verwirklichte Augustus, indem er (6 p. Ch. n.) eine allgemeine Erbschaftssteuer (vicesima hereditatis) schuf.

Unter den indirekten Abgaben, die im Altertum als die einzige, mit der bürgerlichen Freiheit vereinbare, regelmäßige Auflage betrachtet wurden, nahmen die erste Stelle die Zölle ein. Zölle (portoria) waren in Italien allgemein und altherkömmlich, beschränkten sich aber seit Cäsar auf einen Einfuhrzoll für fremdländische Waren. Für die Provinzen wurden an der Reichsgrenze feste Zollschranken errichtet. Doch bestanden auch innerhalb des Reiches größere Zollgebiete.

Indirekte Abgaben schienen den Kaisern besonders geeignet, auch Rom und Italien steuerpflichtig zu machen. In diesem Sinne führte Augustus nach den Bürgerkriegen die centesima rerum venalium, eine Warensteuer für Auktionen und Marktkäufe (oder Käufe aller Art?) und eine besondere Abgabe für Sklavenkäufe (quinta et vicesima venalium mancipiorum) ein. Schon längst (397/357) bestand die vicesima libertatis bei Freilassungen als fünfprozentige Abgabe vom Werte des freizulassenden Sklaven.

Die Steuerausschreibung war Sache der obersten Gewalten, des Königs, des Senates und unter seiner Autorität der Zensoren, des Prinzeps. Die Steuereinhebung wurde immer mehr und mehr eigenen Genossenschaften (societates publicanorum), Kapitalisten vornehmlich aus dem Ritterstand, im Lizitationswege gegen eine Abschlagssumme jeweils auf ein lustrum in Pacht gegeben. Die Einnahmen flossen in den Staatsschatz (aerarium), der sich seit Augustus, entsprechend der Teilung des Reiches zwischen Senat und Kaiser, in die Staatskasse (aerarium) und kaiserliche Kasse (fiscus Caesaris) schied, von welch letzterer wiederum das patrimonium Caesaris, die Privatkasse, das persönliche Vermögen des Kaisers zu trennen ist. Doch verwischte sich der Unterschied immer mehr und mehr, da alle diese Kassen faktisch unter der Disposition des Kaisers standen.

Dem allgemeinen Aufschwung der materiellen entsprach schließlich auch ein solcher der geistigen Kultur. Tritt doch gerade in Zeiten fortschreitender wirtschaftlicher Entwicklung auch das geistige Element immer mehr in den Vordergrund. Darf daher zwar der

Einfluß des allgemeinen Geisteslebens, namentlich der Philosophie auf die Durchbildung des Rechtes nicht überschätzt werden, so darf doch auch dieses Element als Faktor der Rechtsgestaltung nicht außer Ansatz bleiben. In dieser Hinsicht machte sich zuerst mit vollem Gewichte der griechische Einschlag geltend. Während die Latinisierung der westlichen Reichshälfte wenigstens bis zu einem gewissen Grade durch die zuerst von Gajus Gracchus mit Energie verfochtene Kolonisation der römischen Provinzen mit italischen Emigranten gelang, behauptete der Osten nicht bloß seinen griechischen Charakter, sondern drängte ihn auch dem angestammten Römertum in stetig zunehmendem Maß auf. Selbst die italische Revolution, die sonst alle nichtlatinischen Nationalitäten Italiens aufsog, ließ die Griechenstädte unberührt. Mit der vollständigen Latinisierung Italiens hielt die steigende Hellenisierung gleichen Schritt. Griechische Bildung wurde in den höheren Schichten der italischen Gesellschaft tonangebend. Griechische Kunst und Literatur, griechische Gymnastik und Schauspielkunst beherrschten das kulturelle Leben Roms. Das massenhafte Eindringen griechischer Kaufleute und Sklaven gab schließlich sogar dem italischen Proletariat eine hellenische Färbung. Dieser charakteristische Zug zum Hellenismus drückte namentlich auch der Religion und Philosophie seinen Stempel auf. In der Philosophie war es vor allem die Schule der Stoa, die ihre Lehre mit der römischen Religion zu einer neuen Staatsphilosophie und -religion verschmolz und, wie sich noch im einzelnen zeigen wird, griechischen Rechtsgedanken Eingang in das römische Rechtsleben verschaffte, das alte Volksrecht vielfach in ihrem Sinn umgestaltete.

Viertes Kapitel: Das staatliche Leben.

Das Hortensische Gesetz setzte dem Ständekampf ein Ende. Plebs und Populus waren seitdem eins. Die Verfassung war zwar nach wie vor durch die Dreiteilung der Gewalten zwischen Magistratur, Senat und Volk(sversammlung) charakterisiert. Aber die tatsächlichen Machtverhältnisse verschoben sich immer mehr zu Gunsten der Magistratur, zu Ungunsten des Volkes und schließlich auch des Senates.

Die Kuriatkomitien hatten schon längst vorher ihre praktische Bedeutung fast völlig eingebüßt. Dagegen behaupteten zunächst nicht bloß die Zenturiat- und Tributkomitien ihre Zuständigkeit in Gesetzes-, Gerichts- und Wahlangelegenheiten, sondern es traten ihnen seit dem Hortensischen Gesetz überdies die concilia plebis als gleichberechtigter Faktor zur Seite. Die im großen und ganzen konkurrierende Kompetenz der drei Versammlungen, die sogar nicht selten elektiv nebeneinander gestellt wurden, weil die Form der Versammlung für den Ausfall der Abstimmung weit weniger entscheidend war, als oft angenommen wird, erfuhr jedoch, nachdem sie sich in den ersten Zeiten wenigstens formell stetig erweitert hatte, gegen Ende der Republik eine allmähliche Einengung, um unter dem Prinzipate völlig abzusterben.

Zuerst ging dem Volke die Gerichtsbarkeit verloren. Zunächst schränkten die seit dem siebenten Jahrhundert der Stadt nachweisbaren quaestiones perpetuae, durch Volksschluß eingesetzte Spezialgerichte, die ermächtigt waren, ohne Berufung an das Volk endgültig zu entscheiden, das Provokationsrecht ein. Der Wirkungskreis dieser Gerichte wurde dann namentlich durch Sulla erweitert und fest bestimmt. Eine förmliche Abschaffung der alten Ordnung erfolgte jedoch in republikanischer Zeit überhaupt nicht oder doch nur vorübergehend. Erst unter dem Prinzipate verschwanden auch die letzten Reste des Provokationsrechtes.

Den gleichen Weg ging das Wahlrecht der Komitien. Ursprünglich vielleicht wie jeder Volksschluß nur Annahme oder Ablehnung des Vorschlages des wahlleitenden Beamten, war das Wahlrecht in historischer Zeit freie Initiative der Gemeinde, indem sie nicht bloß entschied, ob sie den oder jenen, sondern auch, wen sie wählen wolle. Auch bestand gerade auf diesem Gebiete stets eine scharfe Kompetenzgrenze, insofern die Magistrate des Gesamtvolkes allezeit von den Komitien, die höheren von den Zenturien, die niederen von den Tribus, die plebejischen dagegen vom concilium plebis gewählt wurden. Aber auch dieses Wahlrecht hat den Untergang der Republik nicht überdauert. Unmittelbar nach des Augustus Tod (14 p. Ch. n.) übertrug Tiberius, einer von Augustus schriftlich hinterlassenen Weisung folgend, die Wahlen der ordentlichen Magistrate dem Senate. Tum primum e campo comitia ad patres translata sunt, berichtet Tacitus.

Am längsten behauptete sich das Gesetzgebungsrecht der Volksversammlung. Schon in republikanischer Zeit wurde es zunächst für dringliche Sachen und unter Vorbehalt der Genehmigung durch die Komitien, dann durch Sulla für Dispensationen von Komitialvorschriften ohne diese Beschränkung dem Senate zugestanden. Der Prinzeps nahm ferner von vornherein die Entscheidung über Krieg und Frieden und den Abschluß von Staatsverträgen für sich in Anspruch, wobei er zwar dem Senate noch eine gewisse Beteiligung einräumte, dem Volke dagegen jede Einflußnahme entzog. Im übrigen scheint nur den Volkstribunen die Gesetzesinitiative schon von Augustus genommen worden zu sein. Davon abgesehen wandelte die Gesetzgebung anscheinend noch unter des Tiberius Regierung die alten Bahnen. Wenigstens kennen wir noch Volksschlüsse aus dieser Zeit: die lex Iunia Petronia (19 p. Ch. n.), die lex Visellia (24 p. Ch. n.), die lex Iunia Vellaea (26 p. Ch. n.?). Aber schon in den letzten Regierungsjahren des Tiberius, spätestens kurz nach seinem Tode übernahm der Senat auch diese Funktion der Volksversammlung, ohne daß jedoch eine förmliche Änderung der Kompetenz eintrat. Denn noch die Kaiser Claudius, Vespasian und Nerva bedienten sich gelegentlich der alten Form und die lex de imperio, das „Bestallungsgesetz" für den Prinzeps wurde, solang es überhaupt üblich war, anscheinend stets im Auftrage des Senates an die Komitien gebracht.

Alles in allem war es daher zwar angesichts der Ohnmacht von Volk und Senat nicht mehr als Schönfärberei loyaler Staatsrechtslehrer, wenn man in der Übertragung der Wahlen und der Gesetzgebung an den Senat einen Beweis für die Fortdauer der Volkssouveränität, in der Kriminalgerichtsbarkeit des Senates das regenerierte iudicium populi finden wollte. Verkehrt wäre es aber, diesen Wandel der Dinge ausschließlich den Machtgelüsten des Prinzipates aufs Kerbholz schreiben zu wollen. Die Volksversammlungen gingen vielmehr in erster Linie an der Unnatur der Verhältnisse zu Grunde. Für den Stadtstaat berechnet, konnten sie für das Weltreich schon deshalb nicht ausreichen, weil bereits längst nicht mehr der bessere, sondern gerade der schlechteste Teil der Berechtigten den Ausschlag gab. War es doch bei der zunehmenden Ausdehnung des Reiches der nichtstädtischen Bevölkerung immer weniger möglich, an den immer häufigeren Volksversammlungen teilzunehmen.

Diese Verhältnisse wirkten auch auf die Stellung des Senates zurück. Seiner zunehmenden Bedeutung in der historischen Zeit der Republik entspricht ein jähes Sinken seiner Machtbefugnis unter dem Prinzipat. In der Republik zunächst nur wie ehedem eine beratende Körperschaft war es in Wirklichkeit der Senat, der den Staat regierte. Seit der lex Ovinia (um 442/312) nicht mehr durch die Konsuln, sondern durch die Zensoren im Zusammenhange mit der Schätzung (nicht von Fall zu Fall) ernannt, waren die Senatoren, obwohl damit die Lebenslänglichkeit des Amtes grundsätzlich abgeschafft, den Zensoren die Möglichkeit gegeben war, die Senatsliste jedesmal zu erneuern, trotzdem schon deshalb nicht von der Willkür des Zensors abhängig, weil nur die nota censoria, die durch das „Sittengericht" ausgesprochene Unwürdigkeit dem Zensor das Recht gab, einen Senator aus der Liste zu streichen, und weil andererseits der Zensor, soweit nicht dieses zensorische Rügeverfahren eingriff, verpflichtet war, wie die gewesenen Senatoren zu bestätigen, so die in den Senat zu berufen, die vorher eines der senatsfähigen Ämter bekleidet hatten. Der Kreis dieser Ämter erweiterte sich stetig, insbesondere nachdem das villische Gesetz (574/180) die Ämterfolge fixiert hatte. Galt das Privileg erst nur für Konsuln und Diktatoren, so scheint es auf die Prätur gleich bei deren Errichtung, im Anfange des sechsten Jahrhunderts auch auf die kurulischen Ädilen übergegangen, in der gracchischen Zeit den plebeiischen Ädilen, durch das plebiscitum Atinium (vor 652) den Volkstribunen, seit Sulla schließlich auch den Quästoren zuteil geworden zu sein. Damit gewann der Senat wenigstens mittelbar die Gestalt einer gewählten Körperschaft, einer ersten Kammer, die aus ehemals vom Volke gewählten Beamten bestand. Sulla war es auch, der nicht so sehr durch die außerordentliche Kreierung von dreihundert neuen Senatoren (672/82) zur Ausfüllung der durch den Bürgerkrieg gerissenen Lücken, als vielmehr durch die automatische Verbindung des Senatssitzes mit der zugleich auf zwanzig Stellen gebrachten Quästur eine regelmäßige Ergänzung des Senates anbahnte, die eine ziffermäßige Normierung der Senatorenzahl ausschloß. Cäsar verfolgte diese Tendenz als Diktator weiter, indem er ohne Rücksicht auf eine Normalzahl Senatorensitze vergab und die Zahl der senatsfähigen Quästoren verdoppelte. Augustus kehrte zwar wieder zu den sullanischen Zahlen zurück, traf aber doch keinerlei Maßregel für die Einhaltung der alten Normalzahl.

Die Kompetenz des Senates war in dieser Zeit an sich dieselbe wie vordem. Er übte das interregnum, die Leitung des Staatswesens in Ermangelung der dazu berufenen Oberbeamten, und die freilich immer mehr zur Formalität herabsinkende auctoritas patrum. Vor allem war er aber der eigentliche Mittelpunkt der Regierung. Denn der Senat vermochte zwar wie die Bürgerschaft nur in Gemeinschaft mit dem Magistrate zu handeln. Auch der Senat war nur beratende Behörde. Aber die Beamten vollzogen ebenso in der inneren Verwaltung wie im Finanzwesen, ebenso auf militärischem Gebiete wie in den auswärtigen Angelegenheiten zumeist nur die Weisungen des Senates. Er war oberste Verwaltungs- und Regierungsbehörde. Dieses faktische Übergewicht, wodurch das Beschlußrecht der souveränen Gemeinde zur Formalität herabgedrückt, das Verfügungsrecht der Magistratur in allen wichtigen Angelegenheiten an die Einwilligung des Senates gebunden erscheint, fand bereits unter Sulla seinen verfassungsmäßigen Ausdruck: die Beseitigung der Zensur wenigstens als regelmäßiger Funktion machte den Senator tatsächlich unabsetzbar.

Diese Machtstellung des Senates erreichte scheinbar ihren Höhepunkt in der bis auf Diokletian festgehaltenen augusteischen Verfassung, die sich äußerlich geradezu als Teilung der Gewalt zwischen Prinzeps und Senat darstellt, insofern sich der Senat mit dem Kaiser in die richterliche Gewalt teilte, die oberste Verwaltung der sogenannten senatorischen im Gegensatze zu den kaiserlichen Provinzen führte und das aerarium im Gegensatze zum fiscus verwaltete, wenn auch von Anfang an der Prinzeps nicht bloß tatsächlich, sondern auch rechtlich ein unter Hadrian zuerst scharf ausgeprägtes Übergewicht besaß. Diesen scheinbaren Höhepunkt stellt es dar, daß unter dem Prinzipate die nach republikanischer Auffassung von rechtswegen den Komitien vorbehaltenen Befugnisse, an denen der Begriff der souveränen Staatsgewalt haftete, Gesetzgebung und Wahl der Magistrate, offiziell auf den Senat übergingen. Tatsächlich vollzog sich aber in dieser Zeit eine Rückbildung, insofern der Senat, wie ehedem dem Könige, so nun dem Prinzeps gegenüber eine vorwiegend unterwürfige Stellung einnahm.

Im Behördenwesen nahm die schon in frührepublikanischer Zeit begonnene Auflösung der Ämter in selbständige Geschäftskreise ihren Fortgang. Die bedeutsamste Erscheinung dieser Art, die dieser ganzen Periode der Rechtsgeschichte ihre eigentümliche Signatur verleiht und sie von der vorausgehenden scharf scheidet, vollzog sich in der Schaffung der Prätur (387/367). Ihre Schöpfung als drittes ständiges Oberamt, wenn auch minderen Ranges und Rechtes, war wohl, zumal die Prätur anscheinend von Haus aus den Plebejern zugänglich war, es faktisch freilich erst ziemlich später (417/337) wurde, nicht so sehr eine Frucht des Ständekampfes, als vielmehr dem Wunsch entsprungen, die Konsuln im Interesse der Verwaltung zu entlasten. Die umfassende Tätigkeit der Konsuln im Felde ließ es als wünschenswert erscheinen, sie nach Möglichkeit auf das militärische Kommando (imperium militiae) zu beschränken und für die Geschäfte des Friedens, namentlich für die Zivilgerichtsbarkeit ein anderes Organ zu schaffen. Das kam schon in der wohl zugleich mit der Schaffung des Amtes durch ein Gesetz ausgesprochenen Norm zum Ausdruck, daß der Prätor nicht länger als zehn Tage von der Stadt abwesend sein sollte. Daher auch die wohl uralte, nicht erst im Gegensatze zu dem viel später (512/242) geschaffenen praetor peregrinus üblich gewordene Bezeichnung des Prätors als praetor urbanus.

Der Prätor war Kollege, freilich Kollege zweiten Ranges der Konsuln, gleich ihnen eponym, mit auspicium und imperium, ius agendi usw. ausgestattet, doch ihrer Disziplinargewalt (coercitio) unterworfen und ohne Interzessionsrecht ihnen gegenüber, wie sie in der Amtsdauer auf ein Jahr beschränkt, durch Wahl der Zenturiatkomitien, seit dem Übergange des Wahlrechtes an den Senat wie alle anderen

Beamten durch die des Senates berufen. Eigentümlich war und blieb dem Amt auch nach Schaffung der Fremdenprätur und weiterer Präturen der Mangel der Kollegialität in seiner auf die Zivilgerichtsbarkeit beschränkten Spezialkompetenz, die dadurch naturgemäß erhöhte Bedeutung erlangte. Abgesehen von dieser noch zu erörternden Spezialkompetenz, die ihn zum obersten Zivilrichter machte und ihn berechtigte, die Entscheidungsnormen, von denen er sich leiten lassen wollte, öffentlich bekannt zu machen (ius edicendi), nahm der Prätor als Oberbeamter auch an der allgemeinen Kompetenz teil, doch zumeist nur vertretungs- und aushilfsweise. Als staatsrechtliches Ereignis würde die Schaffung der Prätur vor allem die Trennung der Justiz von der Verwaltung, die Verselbständigung der streitigen Zivilgerichtsbarkeit (iurisdictio contentiosa) bedeuten, wenn diese in der Tat zugleich den Konsuln entzogen worden wäre. Doch ist das fraglich, vielleicht nur tatsächlich geschehen.

Das wachsende Bedürfnis der Rechtspflege, vor allem auch die Ausdehnung des Fremdenverkehres führte einundein halbes Jahrhundert später (um 512) zur Schaffung einer zweiten Prätur, des praetor peregrinus (praetor qui inter peregrinos — in der Kaiserzeit inter cives et peregrinos — ius dicit). Wie alle römischen Zivilbeamten mit städtischer Kompetenz ausgestattet, war er jedoch nicht unbedingt an die Hauptstadt gebunden. Wenige Jahre später (527?) erforderte die Verwaltung der zwei eben (513 und 516) erworbenen ersten Provinzen, Siziliens und Sardiniens, zwei neue Oberbeamte in Gestalt zweier weiterer Prätoren. Bald darauf (557) kamen infolge der Eroberung Spaniens noch zwei hinzu. Die wachsende Zahl der Provinzen und die Schaffung eigener Kriminalgerichtshöfe steigerte die Zahl der Prätoren allmählich auf acht unter Sulla, auf zehn, vierzehn und sechzehn unter Cäsar, um unter Augustus vorübergehend wieder auf acht zu sinken, aber noch unter dessen Regierung und unter seinen Nachfolgern auf zwölf, vierzehn und schließlich gar auf achtzehn zu steigen. Überdies bildete sich schon seit der Gracchenzeit, da die Zahl der jährlich zu besetzenden Ämter die der jährlich gewählten Beamten erheblich überstieg, die Prorogation der Ämter aus, die Verwendung der gewesenen Prätoren (und Konsuln) auch im nächsten Jahre, die Erstreckung der Amtsdauer auf zwei Jahre, die Umwandlung des Jahresamtes in ein zwei- oder mehrjähriges.

Der Mangel der Kollegialität, der Begriff der Spezialkompetenz schloß, anders als beim Konsulat, Vereinbarung der Prätoren über die Geschäftsteilung unter einander aus. Hier war Losung um die Kompetenz (sortitio provinciarum) das einzig mögliche. Ergab sich daraus von selbst eine scharfe Scheidung der örtlichen Kompetenz zwischen Provinzial- und städtischen Prätoren, so leidet es doch auf der anderen Seite keinen Zweifel, daß in Rom der Fremdenprätor auch in Prozessen Recht sprach, in denen eine Partei Bürger war. Zumindest seit den julischen Prozeßgesetzen stand es den Bürgern in Rom frei, einverständlich zwischen dem Gericht des Stadtprätors und dem des Fremdenprätors zu wählen. Sonst hätte die zunehmende Ausdehnung des Bürgerrechts in der Zeit von Augustus bis auf Caracalla die Zahl der Prozesse vor dem Stadtprätor stetig vermehren, die vor dem Fremdenprätor in demselben Maße verringern müssen. Vielleicht hat gerade diese Vorschrift des julischen Gesetzes den vorerwähnten Wechsel in der Bezeichnung des Fremdenprätors veranlaßt.

Im Anschluß an die Schaffung der Prätur wurden ferner den zwei plebejischen zwei — nach dem ihnen gewährten, den plebejischen Ädilen versagten Gerichtsstuhl (sella curulis) sogenannte — kurulische Ädilen an die Seite gesetzt (388

a. u. c.). Ihre Stellung ist nicht leicht zu bestimmen. Sie waren nicht einfach Kollegen der bisherigen Ädilen. Sie bildeten nicht ein gemeinsames Kollegium mit ihnen. Sie waren aber auch nicht bloß gleichnamige, sonst grundsätzlich anders geartete Amtsorgane wie etwa der tribunus plebis und der tribunus militum, sondern zwar formell verschieden, aber im großen und ganzen mit gleicher Kompetenz ausgestattet. Darum trifft wohl Mommsen das richtige mit der Vermutung, daß man diesen Weg wählte, um die plebejisch-revolutionäre Einrichtung der Ädilität, deren formelle Beseitigung nicht ohne Gefahr gewesen wäre, innerlich umzuwandeln und dem Staatswesen der geeinigten Gemeinde zu assimilieren. Dafür spricht der Umstand, daß auch das neue Amt schon im zweiten Jahr ebenfalls den Plebejeren zugänglich wurde. Diese Ädilen waren selbstverständlich Jahresbeamte. Sie gingen aus der Wahl der Tributkomitien hervor. Als Beamten niederer Ordnung fehlte ihnen das ius agendi cum populo und die volle Gerichtsbarkeit. Eine solche stand ihnen nur zu, soweit es ihre besondere Kompetenz, die Markt- und Straßenpolizei, erforderte.

Mit der Schöpfung der Prätur und der kurulischen Ädilität ist die Entwicklung des römischen Behördenwesens so ziemlich abgeschlossen. Was etwa außerdem noch an geringfügigen Ämtern bestand und in der Folge geschaffen wurde, kommt zumindest für die Rechtsgeschichte nicht wesentlich in Betracht. Wie aber die einzelnen Ämter, angefangen vom Konsulat bis herab zur Ädilität, zum Teil unter heftigen Kämpfen entstanden, so blieben die inneren Unruhen, die das römische Gemeinwesen während der ganzen republikanischen Zeit durchwühlten, auch nicht ohne Einfluß auf die staatsrechtliche Stellung dieser Ämter. Äußerte sich die Wirkung der Ereignisse — auf Einzelheiten kann und soll hier nicht eingegangen werden — anfänglich in einer zunehmenden Demokratisierung der Verfassung, so haben die kriegerischen Nöte des zweiten Punischen Krieges diese demokratische Bewegung zum Stillstande gebracht und die Herrschaft des Senates entschieden. Die wachsende Schwierigkeit und Fülle der Geschäfte, die eine Volksversammlung nicht mehr übersehen konnte, verlegten das Schwergewicht der Staatsangelegenheiten von selbst in den Senat, aus dem die Beamten hervorgingen und in den sie nach Vollendung ihres Amtes zurückkehrten. Dieser Rückschlag in die Aristokratie erreichte unter Sulla seinen Höhepunkt. Der Ausgang der Republik ist charakterisiert durch eine ausgesprochene Optimatenherrschaft, als deren bezeichnendster Ausdruck die Aufhebung der Zensur gelten kann, die, von Sulla faktisch beseitigt, zwar wieder auflebte, doch nur mehr ausnahmsweise zur Anwendung kam. Das natürliche Ende war die Autokratie in Gestalt von Cäsars Diktatur. Aus dem Kompromiß dieser cäsarischen Autokratie mit dem sullanischen Senatsregiment erwuchs die augusteische Staatsordnung, der Prinzipat.

Der Prinzipat trat ins Leben nicht als das Ende und in Widerspruch zu der republikanischen Verfassungsordnung, sondern vielmehr als deren Wiederherstellung und im Gegensatze zu den seit zweiundzwanzig Jahren herrschenden außerordentlichen Gewalten, zu der Diktatur Cäsars und zu dem Triumvirat rei publicae constituendae. Darum ist die neue Ordnung staatsrechtlich keineswegs als Monarchie aufzufassen, eher als Dyarchie, als Herrschaftsteilung zwischen Senat und Prinzeps als Vertrauensmann der Gemeinde. Nur darf man sich nicht verhehlen, daß das nicht mehr als eine formelle und offizielle Auffassung ist, innerlich ebenso haltlos wie die Charakterisierung der durch das Senatsregiment ausgezeichneten spätrepublikanischen Zeit als Selbstregierung der freien Bürgerschaft. Immerhin wollte der Prinzipat die republikanischen Verfassungsformen nicht aufheben, sondern nur durch den Hinzutritt der kaiserlichen Verwaltung ergänzen und stützen.

Der Prinzipat ruhte wie die frühere Republik auf der Volkssouveränität. Alle Gewalten im Staat übten nicht eigenes Recht, sondern stellvertretend das des Volkes. Der Prinzeps war nur ein Beamter mehr und zwar ein Beamter, dessen Machtfülle ihn nicht über die Verfassung stellte, sondern mit einer in die Verfassungsordnung eingefügten und fest umschriebenen Kompetenz. Vor allem unterstand auch der Prinzeps dem Gesetz. Er konnte nur wie jeder andere durch den Senat von dem oder jenem Gesetze dispensiert werden. Erst seitdem das Dispensionsrecht auf den Prinzeps selbst übergegangen war, konnte er auch zu seinen eigenen Gunsten davon Gebrauch machen Darum war später ein vom Prinzeps vollzogener Rechtsakt wirksam auch im Widerspruche mit dem Gesetze, weil er die Dispensation in sich trug: princeps legibus solutus. Strafrechtlich verantwortlich war der Prinzeps von jeher wie jeder römische Magistrat nur dem übergeordneten Beamten, also während seiner Amtsdauer überhaupt nicht, als lebenslänglicher Beamte daher nur im Falle der Amtsniederlegung oder -entsetzung oder nach seinem Tode. Wie jeder Beamte war er ferner unverletzlich. Einen eigenen Amtstitel führte er nicht. Als Eigennamen bediente er sich — hierin vorbildlich für alle Zeiten — ausschließlich des Kognomens. Seine Machtstellung beruhte formell allezeit auf der Vereinigung zweier republikanischer Gewalten, der tribunizischen und der prokonsularischen. Sie wurde daher auch durch zwei gesonderte Übertragungsakte erworben, regelmäßig aber schon durch die Erwerbung der prokonsularischen Gewalt und durch die daran haftende Annahme des Augustusnamens begründet.

Eine formale Wahlqualifikation gab es für den Prinzipat

ebensowenig wie für jede andere außerordentliche Magistratur. Eigentümlich war ihm und ohne Ausnahme festgehalten wurde die Lebenslänglichkeit des Amtes. Die tribunizische Gewalt war schon vor Konstituierung des Prinzipates (718 a. u. c.) dem späteren Herrscher auf Lebenszeit übertragen worden und dabei blieb es ein für allemal.

Der Prinzipat ruhte wesentlich auf dem prokonsularischen Imperium. Die tribunizische Gewalt wurde immer erst nach, oft erst geraume Zeit nach dem Regierungsantritt, bisweilen gar nicht erworben. Sie war jedenfalls nur Konsequenz der Erwerbung der höchsten Gewalt, nicht diese Gewalt selbst. Die tribunizische Gewalt empfing der Prinzeps von der Bürgerschaft. Das imperium nahm er sich wie der republikanische Imperator selbst auf Aufforderung des Senates oder der Truppen. Damit war von selbst die auch aus der stets festgehaltenen staatsrechtlichen Auffassung des Prinzipates als Magistratur fließende Unvererblichkeit des Prinzipates gegeben, die hier nicht einmal durch das mit dem ordentlichen republikanischen Oberamte verbundene Designationsrecht ersetzt war. Der Prinzeps besaß nur die Möglichkeit, einen an sich unverbindlichen, aber faktisch meist ausschlaggebenden Vorschlag für die Nachfolge zu machen und diesen Vorschlag, wenn er nicht dem eigenen Sohn oder Enkel galt, durch Adoption des Anwärters zu verstärken.

Ein imperium schlechtweg kannte das römische Gemeinwesen nicht. Der imperator mußte Konsul, Prokonsul, Prätor oder Proprätor sein. Unter diesen Imperien war das des Prokonsuls das höchste, darum für den Prinzeps geboten. Es gewährte ihm den ausschließlichen Oberbefehl über alle Truppen und über das gesamte Provinzialgebiet; doch nur militärische und daher, wenigstens in der Theorie, von Rom und Italien ausgeschlossene Gewalt, Macht-, aber nicht Rechtsstellung. Darum bedurfte der Prinzipat, da er in die Formen der alten Verfassung gefaßt werden sollte, der festen Verknüpfung einer ihrer obersten Magistraturen mit dem imperium. Das war die tribunizische Gewalt. Als die höchste mit dem Prinzipat notwendig verknüpfte bürgerliche Magistratur war und blieb sie namentlich in formaler Beziehung der rechte und volle Ausdruck der Herrschergewalt. Sie gewährte Interzessions- und Koerzitionsrecht, doch frei von zeitlichen und räumlichen Schranken und ohne Bedrohung durch kollegialische Interzession. Nach ihr zählte denn auch der jeweilige Herrscher seine Regierungsjahre.

Nur kraft dieser tribunizischen Gewalt übte der Prinzeps auch das Recht der Initiative in der Gesetzgebung, solange diese überhaupt eine Rolle spielte. Spezialklauseln des Bestallungsgesetzes (lex de imperio), das ihm diese Gewalt übertrug, waren es ferner wohl, kraft deren er später zum großen Teile das bis dahin dem Senate vorbehaltene Dispensationsrecht übte und leges datae (Stadtrechte, Bürgerrechtsverleihungen u. a. m.) erließ.

Als Oberbeamter genoß er auch das Recht der mündlichen und schriftlichen Verhandlung mit dem Senat (oratio principis). Als Obermagistrat stand ihm ferner das ius edicendi zu.

Trotz alledem war der Prinzeps zunächst nur ein Beamter neben den anderen. Die übrigen Ämter blieben bestehen und wurden nach wie vor durch Wahl, erst des Volkes, seit Tiberius des Senates, besetzt. Der Prinzeps nahm aber, anfangs als Konsul, also als wahlleitender Beamter, aber auch nach Aufgabe des Konsulates neben dem Konsul das Recht für sich in Anspruch, die Wahlqualifikation des Einzelnen zu prüfen. Daneben entwickelte sich ein Kommendationsrecht, ein für die Wahlkörperschaft bindendes Empfehlungsrecht des Regenten, das sich, bereits Augustus (727 a. u.

c.) eingeräumt, in der Verfassung des Prinzipates behauptete. Damit trat gewissermaßen an Stelle der Wahl die Ernennung durch den Prinzeps. Nimmt man dazu, daß allen Beamten seit der Annexion des imperium durch den Prinzeps die Militärgewalt fehlte, so erscheinen sie durchwegs als untergeordnete Zivilbeamte, die vollkommen vom Prinzeps abhängig waren.

Aus demselben Grund ist die Dyarchie hohler Schein, seit die Zusammensetzung des Senates in die Hand des Prinzeps gelegt war, was seit Domitian der Fall war.

Der Prinzeps behielt sich zwar endlich nur einen Teil der Verwaltung vor, indem er die Finanzverwaltung und die Provinzen mit dem Senate teilte. Er besaß jedoch kraft seines prokonsularischen Imperiums von Anfang an ein Übergewicht, das auch in den seiner unmittelbaren Einflußsphäre entzogenen Zweigen der Verwaltung den Ausschlag gab, zumal es ihm noch im ersten Jahrhundert, unter Neros Regierung, gelang, vollständiger Herr des Staatsschatzes zu werden.

Diese Machtfülle des Prinzeps schloß von vornherein den Gedanken einer allgemeinen Stellvertretung des Herrschers aus. Die Verfassung des Prinzipates kannte niemals eine Reichsregentschaft. Immerhin gab es eine offizielle Stellung, mit der regelmäßig ein wesentlicher Einfluß auf das allgemeine Reichsregiment verbunden war, die von Augustus erst nach fünfundzwanzigjähriger Regierung ins Leben gerufene Stellung des Kommandanten der Garde, des praefectus praetorio. Dieser Präfekt war schon deshalb der geborene Vertreter des Imperators, weil das imperium auf der Einheitlichkeit der Militärgewalt ruhte, die in der hauptstädtischen Gardetruppe ihren vornehmsten Ausdruck fand. Ursprünglich wenigstens formell unselbständiges Werkzeug des Prinzeps, erlangte er immer mehr, nicht bloß auf militärischem Gebiete, sondern auch auf dem der Zivilverwaltung und der Rechtsprechung die eines stellvertretenden Organes.

Andrerseits erheischte die umfassende, alle Gebiete des Reichsregimentes beherrschende Aufgabe des Prinzeps Unterstützung durch eine stets wachsende Zahl von Hilfsorganen. Diese kaiserlichen Hilfsbeamten unterschieden sich von den mit staatsrechtlich, wenigstens theoretisch unabhängiger Kompetenz ausgestatteten, gewählten Beamten dadurch, daß sie lediglich in den vom Prinzeps zu verwaltenden Geschäften Verwendung fanden. Sie dürfen aber auch nicht mit den für den kaiserlichen Privatdienst bestimmten Sklaven und Freigelassenen des Prinzeps verwechselt werden. Sie gehörten vielmehr nach dem allezeit festgehaltenen, nur ausnahmsweise verletzten Grundsatze, daß die vom Kaiser für die öffentlichen Angelegenheiten verwendeten Personen nicht als persönliche Diener des Kaisers anzusehen seien, daß das Amt die ehrende Beschäftigung des Freigeborenen sei, dem Senatoren- oder Ritterstand an, wurden aber von Anfang an vom Prinzeps nach eigener Wahl und ohne bindende Befristung als Einzelbeamte ernannt. Für sie galt von Haus aus weder Volkswahl noch Annuität noch Kollegialität. Ihre Kompetenz wurde willkürlich vom Prinzeps bestimmt. Er konnte jederzeit nach seinem Ermessen neue Hilfsämter errichten. Weil aber die Kaiser diese Hilfsbeamten grundsätzlich nur dem Senatoren- und Ritterstand entnahmen, entwickelte sich von selbst auch auf diesem Gebiet eine Ämterhierarchie, die bald der staatlichen an Bedeutung nichts nachgab.

Nicht bloß die Personen, die Verhältnisse selbst waren es, die zu diesem allgemeinen Umschwung der Verhältnisse drängten. Was für den Stadtstaat gepaßt hatte, war dem Weltreiche nicht mehr angemessen. Darum machte sich dieser Umwandlungsprozeß immer mehr auch im Verhältnisse der einzelnen Glieder zum Reiche geltend.

Die ursprüngliche Gauverfassung (pagi), in der die italischen Völker ehedem gelebt hatten, ist schon in republikanischer Zeit verschwunden. Die beiden Gesetze, durch die Cäsar die munizipalen Verhältnisse Italiens und des zisalpinen Gallien ordnete (lex Rubria, 49 a. Ch. n.; lex Iulia municipalis, 45 a. Ch. n.), erwähnen die pagi überhaupt nicht mehr. Die Grundlage der Verwaltung bildete vielmehr schon damals die Stadtgemeinde, nicht bloß in Italien, sondern auch in den Provinzen, zumal in den Ländern griechischer und phönikischer Kultur das städtische Leben schon längst in vorrömischer Zeit das Übergewicht erlangt hatte. Auch das römische Weltreich war stets nur die Gesamtheit einer Anzahl unter der Vormacht Roms zusammengefaßter, mehr oder weniger selbständiger Stadtgemeinden. Nur ausnahmsweise wurden vordem dynastisch regierte Gebiete auch unter römischer Herrschaft nach den Grundsätzen königlicher Verwaltung regiert. In erster Linie gilt das von Ägypten.

Die einzelne Stadt war im Verhältnisse zu Rom entweder civitas foederata oder municipium. Municipium, Halbbürgergemeinde, civitas sine suffragio waren zunächst die römische Kolonie und die Latinerstadt seit der siegreichen Beendigung des Latinerkrieges (416/338). Seitdem war das auch die Organisationsform für die ferneren italischen und außeritalischen Eroberungen. Die Munizipalbürger waren Römer in privatrechtlicher Hinsicht. Das Munizipium war ohne Autonomie, doch von einheimischen Behörden geleitet. Im Gegensatze dazu besaß die civitas foederata Autonomie, eigene Verwaltung und Gerichtsbarkeit, Freiheit vom Legionsdienste, nur die Verpflichtung, Hilfstruppen zu stellen.

Die wachsende Macht Roms, das die Lage der Munizipien schon seit dem zweiten Punischen Krieg immer ungünstiger gestaltete, ließ jedoch das Verlangen nach vollkommenem Bürgerrecht immer lebendiger werden. Die Anträge des M. Fulvius Flaccus (629/125) und, drei Jahre später, des C. Gracchus blieben aber erfolglos. Im Gegenteile wies die lex Licinia Mucia (659/95) alle Italiker aus Rom aus, die dort das Bürgerrecht zu usurpieren suchten. Erst der kurze, aber blutige Bundesgenossenkrieg verschaffte den italischen Forderungen Geltung. Die lex Iulia (664/90) gewährte allen treu gebliebenen Föderierten und namentlich allen latinischen Städten Italiens, die lex Plautia Papiria (665/89) allen cives und incolae der föderierten Staaten, die zur Zeit des Gesetzes ihren Wohnsitz in Italien hatten, unter gewissen formellen Voraussetzungen das Bürgerrecht.

Damit war der Gegensatz zwischen Römern und Italikern ausgeglichen. Seitdem bestand ganz Italien aus einem Komplex freier römischer Städte. Ein Gegensatz bestand seitdem nur mehr zwischen Italien und den Provinzen. Auch er verschwand — freilich in anderer Weise — unter der Monarchie, die auch die italische Bevölkerung ihres Anteils an der Regierung beraubte, sie immer mehr in ein Untertanenverhältnis herabdrückte, das vor der politischen Stellung der Provinzialen kaum etwas voraushatte, und sie einer staatlichen Verwaltung unterwarf, die schließlich in eine völlige Provinzialverwaltung überging. Den Anfang dazu machte bereits Augustus durch seine Einteilung Italiens in elf Regionen, zu denen als zwölfte der Stadtkreis von Rom zu rechnen ist. Der Zweck dieser Einteilung ist unbekannt. Vielleicht war die Absicht des Kaisers nur eine statistische Aufnahme Italiens. Jedenfalls wurde sie sofort für gewisse administrative Zwecke verwertet. Später bildete sie die Grundlage der ganzen Administration und der schließlichen Provinzialeinrichtung Italiens. Zunächst bestand jedoch in Italien die durch die lex Iulia municipalis den Städten gewährte Selbstständigkeit fort. Der Verfall der Stadtfreiheit und Hand in Hand damit die Abnahme des Gemeinsinnes in Italien setzen erst mit dem zweiten christlichen Jahrhundert ein. Damals fingen die Finanzen der freien Städte an, in Unordnung zu geraten. Die schlechte Straßenpolizei gefährdete die Sicherheit des Verkehres. Die größten Übelstände traten jedoch in der Rechtspflege hervor. Auf diesem Gebiete vollzog sich daher auch der erste energische Eingriff, indem Hadrian Italien in vier Gerichtssprengel teilte, denen er je einen Konsularen vorsetzte, die Mark Aurel durch iuridici prätorischen Ranges mit beschränkter Kompetenz ersetzte.

Auch in den Provinzen bildete zunächst die städtische Verfassung die Grundlage. Hier gab es Städte verschiedenen Rechtes. Einige wenige wurden auf Grund früherer Bündnisse oder zur Belohnung bewiesener Treue im ungeschmälerten Genuß ihrer Freiheit belassen: Freistädte, civitates liberae, entweder foederatae, mit voller Gerichtsbarkeit nicht bloß über die eigenen Bürger, sondern auch über Römer, mit Steuerfreiheit und unbeschränktem Gemeinde- und Privateigentum, oder civitates sine foedere immunes et liberae, frei nicht kraft Bündnisses, sondern kraft Gesetzes oder Senatsschlusses, also durch Gnadengeschenk, auf Widerruf. Die mit Waffengewalt eroberte Stadt wurde zerstört. Die anderen wurden unverkürzt in ihrem Gebiet und Stadtrecht erhalten, aber als steuerpflichtige, untertänige Städte — civitates vectigales, stipendiariae. In den Provinzen, in denen das Stadtleben erst ausgebildet werden mußte, geschah das durch die Organisation römischer Gemeinden, durch die Gründung von Kolonien und Munizipien, die jedoch der allem Provinzialboden eigentümlichen Steuerpflicht und — wenigstens in der Kaiserzeit — der Gerichtsbarkeit und Verwaltung des Statthalters unterworfen wurden. Trotz dieser Verschiedenheiten verstand es die römische Verwaltung, die ursprünglich in allen Beziehungen disparaten Provinzen zu einem nicht nur äußerlich gleichmäßig geregelten, sondern auch innerlich übereinstimmenden Ganzen umzugestalten.

Als technische Bezeichnung des römischen Staatsrechtes ist provincia viel älter als die später damit bezeichneten außeritalischen Eroberungen. Es bezeichnet den durch Volks- oder Senatsschluß, durch Los oder Vereinbarung einem Konsul oder Prätor zugewiesenen Geschäftskreis, in dem er sein imperium übt, erst seit der Besitznahme Siziliens und Sardiniens das räumlich abgegrenzte Herrschaftsgebiet des zu ihrer Verwaltung berufenen Prätors und seitdem die überseeische Statthalterschaft überhaupt sowie das dem Statthalter untergebene Land.

Die Einrichtung der einzelnen Provinz geschah in republikanischer Zeit durch den erobernden Feldherrn selbst, unter dem Beirat einer Kommission von zehn durch den Senat abgeordneten Senatoren nach einer Instruktion des Senates (lex provinciae). Die Verwaltung der Provinz wurde in die Hand eines Statthalters — praeses provinciae heißt er technisch wohl erst im zweiten christlichen Jahrhundert — gelegt. Das war ursprünglich ein eigens dazu gewählter Prätor, seit Sulla ein Proprätor, der im Vorjahre Prätor in Rom gewesen war, nur in noch nicht pazifizierten Provinzen einer der Konsuln selbst oder ein proconsul. Selbständiges Amt wurde die Statthalterschaft erst durch zwei Senatsschlüsse (701 und 702) und ein sie übernehmendes Konsulargesetz (703), die die Kontinuität des städtischen und des statthalterlichen Imperiums lösten und zwischen beiden ein Intervall von wenigstens fünf Jahren vorschrieben. Durch die von Augustus (727/27) vorgenommene Teilung der Provinzen wurde die Statthalterschaft in ihrer bisherigen Form auf die sogenannten senatorischen Provinzen beschränkt, während die kaiserlichen Provinzen vom Kaiser selbst durch Stellvertreter (legati Augusti pro praetore, legati praetorii, procuratores, in Ägypten: praefectus, „Vizekönig") verwaltet wurden. Die Hilfsbeamten des Statthalters waren die Legaten und Quästoren.

Der Statthalter war Herr der Provinz. Er war Chef der Verwaltung und oberster Richter. Nicht der republikanische, wohl aber der augusteische Statthalter besaß für seinen Sprengel Eponymie. Er hatte in seiner Provinz das höchste militärische und bürgerliche imperium. Nur freilich fehlten ihm seit der Teilung der Provinzen die eigenen Truppen. Die Dauer seines Amtes war von Haus aus insofern nicht kalendarisch bestimmbar, als sie mit dem Eintritt des Statthalters in seinen Amtssprengel begann und erst mit dem des Nachfolgers endete. Mit der Umwandlung der Statthalterschaft in ein eigenes Amt wurde zugleich auch die Amtsdauer auf ein Jahr vom Eintritt in die Provinz an beschränkt. Die Jahresfrist war aber nur Normal-, nicht Maximalfrist. Wenn der Nachfolger sich nicht bloß verspätete, sondern überhaupt nicht erschien, so blieb der bisherige Statthalter als solcher für ein weiteres Jahr.

Auch die in den ehemals griechischen Ländern bestehenden Landtage (communia, concilia, *κοινά*), die nicht bloß beibehalten, sondern zum Teile sogar neu geschaffen wurden, taten der Macht des Statthalters keinen Eintrag. Historisches Interesse verdienen sie als erster Versuch einer repräsentativen Versammlung. Sie versammelten sich, von den Abgeordneten der Stadtkreise beschickt, in die die Provinz zerfiel, jährlich als Festgemeinschaft, die bei dieser Gelegenheit die Landesfinanzen beriet und Regierungsmaßregeln besprach, allenfalls auch Beschwerden vorbrachte, aber keinerlei Exekutive besaß.

Die Macht des Statthalters war um so unbeschränkter, als die Provinz nichts anderes als praedium des römischen Volkes war, ihre ausschließliche Bedeutung für den Staat in den durch sie gewährten Einkünften lag, das Wohl und Wehe ihrer Bevölkerung für den Staat daher gleichgültig, nur die Erhaltung und Förderung der Ertragsfähigkeit des Landes für ihn von Interesse war. Darum erachteten es die Statthalter zwar als ihre Aufgabe, die Bodenkultur zu heben, durch Ansiedelungen, Wegbauten und Eröffnung von Handelsverbindungen für den Absatz der gewonnenen Produkte zu sorgen und durch maßvolle Handhabung der Steuerschraube einer Erschöpfung des Landes vorzubeugen. Andererseits scheuten sie sich aber nicht, nach Möglichkeit für ihre eigene Bereicherung zu sorgen und die kurze Zeit ihrer Herrschaft durch Erpressungen aller Art möglichst einträglich zu gestalten. In dieser Hinsicht bedeutete der Prinzipat einen wesentlichen Fortschritt für die Provinzen. Einmal schon dank der unmittelbaren Oberherrschaft des Prinzeps über seine Provinzen, die den Machtkreis der Statthalter beschränkte. Dann infolge der durch die Lebenslänglichkeit des Prinzipats begünstigten

Kontinuität der Verwaltung. Überhaupt aber infolge der Erstarkung des Reichsgedankens, der den ehemaligen Unterschied zwischen der regierenden römischen Bürgerschaft und den untertänigen Provinzialen immer mehr verwischte. Auch entfiel ein Hauptgrund der Erpressungen damit, daß schon Augustus sämtlichen außerhalb Roms funktionierenden Beamten und Offizieren senatorischen oder ritterlichen Standes eine nach dem Rang abgestufte, reichlich bemessene Besoldung gewährte. Darum sind in der Tat die ersten Jahrhunderte der Kaiserzeit geradezu als die Blütezeit einzelner Länder zu betrachten.

Fünftes Kapitel: Recht und Rechtswissenschaft.

Das Recht der älteren Zeit war vornehmlich „Gewohnheitsrecht", nur zum geringen Teile Gesetzesrecht. Alles Recht aber war damals grundsätzlich bloß „Bürgerordnung", der Nichtrömer regelmäßig außer die Rechtsordnung gestellt. Mit den Wandlungen der Verfassung, mit der Aufnahme des Prätors und der kurulischen Ädilen in den Kreis der höheren Magistraturen, mit der Verlegung des Schwergewichtes der Staatsverwaltung in den Senat, mit dem Übergang der obersten Staatsgewalt in die Hand des Prinzeps und mit der allmählichen Umwandlung des naturwüchsigen Rechtes in ein Kunstprodukt der Wissenschaft trat jedoch zu den bisherigen eine Reihe neuer rechtsbildender Faktoren hinzu, dehnte sich infolge der Ausbreitung der römischen Herrschaft über Italien und die Provinzen der Kreis der rechtsschutzbedürftigen und -würdigen Subjekte immer mehr und mehr, auf Latiner und Fremde aus. Neben Gesetz und Gewohnheit traten Senatsschlüsse, Beamtenedikte, Kaiserkonstitutionen und Juristensprüche als Rechtsquellen. Neben dem Bürger- und Volksrecht (ius civile) erstanden das Amts- (ius honorarium) und Verkehrsrecht (ius gentium) als neue Rechtskreise. Das Wachstum des Rechtsstoffes und seine Umbildung zum Kunstprodukt erheischten zugleich in immer höherem Maße wissenschaftliche Pflege und Durchbildung. Die Rechtskunde wurde Rechtswissenschaft.

Die Gewohnheit war nach wie vor nicht so sehr selbstständige Entstehungsquelle neuen Rechtes, als vielmehr Anstoß zur Schöpfung von Rechtssätzen durch die verfassungsmäßig dazu berufenen Faktoren, durch den Prätor, durch die „autorisierten" Juristen, durch den Senat, durch den

Prinzeps. Auf die heikle und kaum mit Sicherheit zu lösende theoretische Frage, ob die Gewohnheit einem geltenden Rechtssatze zu derogieren vermochte, soll schon wegen ihrer praktischen Bedeutungslosigkeit für das römische Recht hier nicht eingegangen werden. Keinem Zweifel unterliegt es, daß die römische Theorie zwar niemals für die Geltung eines Rechtssatzes kraft Gewohnheit die Genehmigung des Gesetzgebers verlangte, daß aber namentlich die Kaiser das Recht für sich in Anspruch nahmen, eine bestehende Rechtsgewohnheit anzuerkennen oder ihr die Anerkennung zu versagen. Schon Trajan stellte in diesem Sinne gegenüber einer widersprechenden Gewohnheit eine Bestimmung der Provinzialordnung des Pompejus für Bithynien wieder her.

Die Volksgesetzgebung erhielt sich in der eingebürgerten Gestalt (lex rogata) während der ganzen republikanischen und bis in die erste Kaiserzeit. Davon war schon die Rede. Sie erstreckte sich auf alle Gebiete des Rechtes, betätigte sich namentlich auch vielfach auf dem Gebiete des Privatrechtes. Ihr reicher Strom versiegte jedoch immer mehr und mehr. Die einzelnen Gesetze kennen zu lernen wird im Laufe der Darstellung des materiellen Rechtes reichlich Gelegenheit sein. Bekannt sind sie uns zumeist nur aus der literarischen Überlieferung. Das wenige, was inschriftlich erhalten geblieben ist, hat bereits an anderer Stelle Erwähnung gefunden. Ihre Sprache hebt sich durch „einen verschachtelten, langatmigen Stil“ unvorteilhaft von der Klarheit der römischen Juristensprache ab.

Was den Geltungsbereich der Gesetze dieser Zeit anbelangt, so waren auch sie grundsätzlich auf den römischen Bürgerkreis beschränkt. Nur ausnahmsweise, dann aber stets ausdrücklich beanspruchten sie Geltung auch für Personen, die des Bürgerrechtes entrieten. Namentlich in der Revolutionszeit hat sich die Zahl dieser Ausnahmen naturgemäß erheblich vermehrt. Ebenso waren die Repetunden- und andere Strafgesetze des siebenten und achten Jahrhunderts der Stadt, die sich gegen Verbrechen kehrten, unter denen namentlich die Provinzen seufzten, begreiflicherweise nach Maßgabe des Bedürfnisses auch auf Nichtrömer ausgedehnt.

Die in dieser Zeit neben das alte Volksgesetz tretende lex data war ihrer Natur und Zweckbestimmung nach von vornherein für Nichtrömer und meist nur für sie bestimmt. Es ist das ohne Volksschluß, kraft Ermächtigung des Volkes vom Senat oder von einem römischen Magistrat für eine Provinz oder Stadtgemeinde erlassene „Gesetz", die lex provinciae, die bei Einrichtung der Provinz erlassene Provinzialordnung, wie die „lex" Rupilia (131 a. Ch. n.) für Sizilien, die „lex" Pompeia (64/63 a. Ch. n.) für die asiatischen Länder, oder das Stadtrecht für neue Kolonien, wie das von Tarent, die „lex" Ursonensis, Salpensana, Malacitana u. a. m. Die lex data ist im Sinne moderner staatsrechtlicher Terminologie nicht Gesetz, sondern Verordnung, eine vom Beamten im Rahmen seiner Kompetenz einseitig erlassene Verfügung. Unter diesen Begriff fällt auch die an sich nur in Form eines Volksgesetzes zulässige, kraft besonderer Vollmacht aber anläßlich der Gründung von Kolonien durch den Beamten oder Feldherren, später durch den Prinzeps vorgenommene Verleihung des Bürgerrechts (Militärdiplome).

Weder Gesetz noch Verordnung, sondern bloßer Verwaltungsakt im Bereiche der staatlichen Vermögensverwaltung war die lex dicta, die für Staats- oder Gemeindevermögen von dem zuständigen Verwaltungsorgane getroffene Verfügung. Ein Beispiel dafür bietet anscheinend die inhaltlich aus mehr als einem Grunde bemerkenswerte sogenannte lex metalli Vipascensis, eine teilweise (1876 und

1906) wiedergefundene kaiserliche Ordnung (Hadrians) für den kaiserlichen Bergwerksbezirk von Vipasca in Portugal.

An die Stelle des Volksgesetzes trat unter dem Prinzipate gewissermaßen der Senatsbeschluß, das senatus consultum. Doch griff der Senat nicht erst seitdem in die Gesetzgebung ein. Von alters her bedurfte der Volksschluß zu seiner Giltigkeit der Bestätigung durch den Senat. Diese auctoritas patrum kam zwar später außer Brauch. Trotzdem blieb aber die Vorberatung der Komitialgesetze und Plebiszite im Senat üblich. Von jeher nahm der Senat ferner das Recht für sich in Anspruch, durch Beschluß von der Anwendung der Gesetze im einzelnen Fall, erst unter Vorbehalt der Genehmigung durch die Volksversammlung, dann ohne weiteres zu dispensieren. Eine lex Cornelia (67 a. Ch. n.) gab schließlich diesem Dispensationsrecht feste Form, indem es zu solchem Beschlusse wenigstens die Anwesenheit von zweihundert Senatoren und die Bestätigung der Komitien verlangte, den Komitien aber die Bestätigung zur Pflicht und diese damit zur leeren Formalität machte. Spätestens im letzten Jahrhunderte der Republik entwickelte sich auch die Befugnis des Senates, über Giltigkeit oder Ungiltigkeit der Volksgesetze wegen formeller oder materieller Mängel zu entscheiden. Endlich boten dem Senate die Anweisungen, die er den Magistraten für ihre Amtsführung erteilte, schon früh Gelegenheit, auch die Edikte und die Rechtsprechung zu beeinflussen.

In derartigen „Jurisdiktionsmandaten" steckte bereits die Norm für die Gesamtheit, sich dementsprechend zu verhalten. Von hier war nur mehr ein Schritt zur Anerkennung des Senatsbeschlusses als Quelle des Volksrechtes (ius civile) gleich der lex. Dieser Schritt geschah, nach dem Bericht des Gaius anscheinend nicht ohne Streit, schon zu Beginn der Kaiserzeit: senatus consultum legis vicem obtinet.

Der Senat konnte seitdem ius civile erzeugen und er machte von dieser Befugnis auch in aller Regel Gebrauch. Doch stand es ihm natürlich frei, auch bloß Recht von grundsätzlich minderer Geltung zu schaffen. Ein Beispiel dafür liefert das S. C. Trebellianum, das nur ius honorarium setzte.

Der Senatsschluß erfolgte in der Kaiserzeit wohl nie ohne Zustimmung, häufig auf persönlichen oder durch einen Vertreter gestellten Antrag des Kaisers (oratio principis). Mit dem zunehmenden Übergewichte des Prinzeps wurde dieser Antrag immer mehr die Haupt-, der Senatsschluß die Nebensache. Darum wurde später die oratio selbst sehr häufig als Rechtsquelle angeführt. Dagegen wahrten die Kaiser ihrerseits die Form des Senatsschlusses für wichtige gesetzgeberische Neuerungen bis in das dritte Jahrhundert.

Seitdem und soweit sie ius civile schufen, waren die Senatsschlüsse gleich der lex, die sie verdrängten, Bürgerordnung, die bloß die Bürger band. In demselben Umfange griff die in republikanischer Zeit unerhörte Bezeichnung der Senatsbeschlüsse nach dem referierenden Konsul ganz ebenso Platz, wie unter der Republik die Gesetze bezeichnet wurden. Im übrigen war die Bezeichnung der Senatsschlüsse mit Personennamen nicht offiziell. Gelegentlich findet sich auch die Benennung nach der Person, die den Beschluß veranlaßte (S. C. Macedonianum).

Längst vor der Gesetzeskraft der Senatuskonsulte hatte sich dem römischen Recht eine andere Quelle erschlossen, aus der zwar niemals ius civile floß, die aber dem allmählich versiegenden Strom des Volksrechtes die immer mächtiger anschwellenden Zuflüsse des ius gentium und ius honorarium zuführte, deren Zusammenströmen erst das gewaltige römische Weltrecht schuf, das bis in unsere Tage die Rechtssysteme aller Länder und Zeiten mit seinem reichen Inhalte speiste. Diese Quelle war das Edikt der römischen Magistrate, vornehmlich das des Prätors.

Das ius edicendi, das Recht, mündlich (in contione) oder schriftlich, auf weißer Holztafel (in albo) dem Volke Willen und Meinung kundzutun, war ein allgemeines Recht der höheren republikanischen Magistrate. Dieses Recht benutzten die mit der Zivilgerichtsbarkeit betrauten Magistrate (Prätoren, kurulische Ädilen, Statthalter und Provinzialquästoren) dazu, bei ihrem Amtsantritt die Grundsätze kundzumachen, nach denen sie ihre Gerichtsbarkeit handhaben wollten (edictum perpetuum, im Gegensatze zu dem für den einzelnen Fall erlassenen edictum repentinum).

Wie weit diese Edikte zurückreichen, läßt sich nicht mit Sicherheit bestimmen. Jedenfalls entwickelte sich das Edikt aus sehr bescheidenen Anfängen zu seiner späteren umfassenden Bedeutung. Es wäre zwar verfehlt, die Anfänge des Edikts erst auf dem Gebiete des Formularprozesses zu suchen. Denn es war wohl jünger als die legis actio, doch möglich bereits neben ihr, da die Instruktion des Geschworenen keineswegs sein einziger Gegenstand war. Wollte man aber selbst das annehmen, so wäre das Edikt trotzdem noch vor die lex Aebutia zu verlegen. Denn der Formularprozeß war, sollte er sogar für Bürgerprozesse erst durch dieses Gesetz geschaffen worden sein, doch wohl wenigstens für Fremde und Bundesgenossen schon längst vorher eingebürgert. Jedenfalls gab dem Prätor sein imperium schon von Haus aus die Befugnis, sich über die legis actio hinwegzusetzen, bedurfte er dazu nicht erst der Ermächtigung durch ein besonderes Gesetz, durch die lex Aebutia. Für eine ediktale Tätigkeit des Prätors schon vor dieser Zeit darf man sich auch auf das Zeugnis des Plautus berufen. dessen Lustspiele bereits stipulationes praetoriae, vielleicht auch schon Interdikte voraussetzen. Immerhin mag es im großen und ganzen richtig sein, daß in den ersten Jahrhunderten nach der Zwölftafelgesetzgebung, in der Zeit des Ständekampfes, wo jeder Buchstabe des Gesetzes eifersüchtig gehütet wurde und die strengen Formen der legis actio jeden Eingriff erschwerten, der Boden für eine fruchtbare Tätigkeit des Prätors noch nicht reif war.

Um so üppiger blühte das Edikt in den letzten Jahrhunderten der Republik. Getragen von dem imperium, von der Befugnis des

Beamten, soweit das Volksrecht ihm Freiheit ließ, sein Amt nach eigenem Ermessen auszuüben, band das Edikt den Beamten selbst nicht. Gegen Mißbräuche schützte nur zum Teile die Interzession. Darum verfügte ein Plebiszit, eine lex Cornelia (67 a. Ch. n.), daß die Magistrate, zunächst die Prätoren, für die Dauer ihres Amtes an ihr Edikt gebunden sein sollten. Als Ausfluß des imperium wurde das Edikt jedoch für alle Fälle mit diesem imperium, mit dem Ausscheiden des Beamten aus dem Amte hinfällig. Sein Nachfolger mußte ein neues Edikt erlassen (edictum novum), das freilich die bewährten Bestimmungen des Vorgängers wohlweislich übernahm (edictum tralaticium). Derart bildete sich allmählich ein fester Stamm dauernder Bestimmungen, die vielfach unter dem Namen ihrer ersten Urheber fortlebten (actio Publiciana, interdictum Salvianum, edictum Carbonianum u. a. m.).

Kraft des imperium, auf dem „gesetzfreien" Gebiet erlassen, wollte das Edikt zunächst nur dem ius civile zu Hilfe kommen (adiuvare), es allenfalls ergänzen (supplere). Mit der Zeit scheute sich der Prätor aber auch nicht mehr, sich mit dem ius civile geradezu in Widerspruch zu setzen (corrigere), indem er dem im ius civile begründeten Anspruche die Durchsetzung verweigerte (actionem denegare, exceptionem dare) oder den mit der Entscheidung eines Rechtsfalles betrauten, an die Weisung des Gerichtsherren gebundenen Geschworenen mit einer dem ius civile zuwiderlaufenden Formel instruierte (actionem dare). Seine Verantwortlichkeit nach Ablauf der Amtszeit und das Interzessionsrecht der gleich- und übergeordneten Magistrate waren im allgemeinen Schutz genug gegen Mißbrauch. Die Möglichkeit, dadurch veraltetes Recht auszuschalten und neuen Bedürfnissen rasch und leicht entgegenzukommen — nam et ipsum ius honorarium viva vox est iuris civilis — wogen sicherlich diese Gefahr reichlich auf.

Als Regierungsprogramm, als Justizprogramm der rechtsprechenden Organe war das Edikt oder, wie es nach seiner äußeren Form auch hieß, das Album seinem Wesen nach nicht eine Summe von Rechtsnormen, von Rechtsbefehlen an die Gesamtheit, sondern vielmehr die Ankündigung von Maßregeln, die der Magistrat in diesem oder jenem Falle zu treffen gedachte, Verheißung der Niedersetzung eines Schwurgerichtes (iudicium dabo), der Besitzeinweisung (bonorum possessionem dabo, in possessionem ire, possidere iubebo), der Wiedereinsetzung in den vorigen Stand (in integrum restituam) u. a. m. Vor allem verzeichnete aber das Album zahlreiche Formulare für vorzunehmende Amtshandlungen, namentlich formulae für den Prozeß, wenn auch nicht immer, so doch zumeist mit vorausgehender Begründung (edictum im engeren Sinne), falls es sich um eine vom Magistrate frei erfundene (honorarische) Formel handelte, jedenfalls ohne solches vorausgehendes Edikt, falls die Formel einen im ius civile begründeten Anspruch einkleidete.

Wie allenthalben wirkte auch hier das Übergewicht des Prinzeps allmählich lähmend. Die republikanischen Gerichtsmagistrate behielten zwar zunächst ihre Gerichtsbarkeit und machten daher auch von ihrem ius edicendi nach wie vor Gebrauch. Nur das ädilizische Edikt verschwand in den kaiserlichen Provinzen, weil dorthin keine Quästoren (an Ädilen statt) mehr gesendet wurden. Auch kamen noch in dieser Zeit gelegentlich neue Ediktsbestandteile auf. In der Hauptsache erlosch aber die rechtsbildende Kraft des Ediktes. Darum ließ Hadrian durch den Juristen (und Prätor) Salvius Julianus — jedenfalls vor 129, da die damals begonnenen Digesten Julians die Vollendung dieser anderen Arbeit voraussetzen, wahrscheinlich in der Zeit zwischen 125 und 128 — das Edikt neu redigieren, nach Form und Inhalt festsetzen, d. h. wohl nicht bloß in systematischer Hinsicht verbessern, sondern in beiden Beziehungen auf die Höhe der Zeit bringen. In systematischer Hinsicht brach Julian mit dem Herkommen, das die Klagformeln an einer Stelle des Albums vereinigte, indem er jeder Klagenverheißung (edictum) die entsprechende Formel folgen ließ und die Klagformeln, die ohne solche Verheißung gewährt waren, nach anderen Gesichtspunkten verteilte. In sachlicher Beziehung ist der Umfang seines Eingreifens nicht sicher festzustellen. Jedenfalls führte er eine Reihe notwendig gewordener Änderungen durch. Ein allbekanntes Beispiel dafür ist die sogenannte nova clausula (Iuliani) de coniungendis cum emancipato liberis eius im Erbrecht. Erst jüngst nachgewiesen ist eine Änderung der Formel der actio de eo quod certo loco dari oportet durch Julian.

Der julianische Text, das edictum perpetuum in dem neuen Sinne des die einzelnen Amtsjahre überdauernden Ediktes, wurde durch Senatsschluß bestätigt. Damit wurde das Edikt nicht etwa zum Reichsgesetz erhoben. Das hätte schon damals die erst durch Justinian vollzogene Verschmelzung von ius civile und ius honorarium bedeutet. Damit wurde nur den Magistraten die Pflicht auferlegt, das Edikt jedesmal in dieser Form kundzumachen. Die Autorität des ius honorarium beruhte trotzdem, wenigstens der Idee nach, auch fürderhin auf der magistratischen Gewalt des einzelnen Edizenten. Etwa erforderliche Neuerungen konnten seitdem allerdings anscheinend nur vom Kaiser ausgehen.

Das von Julian redigierte Edikt war das des Prätors und anhangsweise das der Ädilen. Für eine Redaktion der Provinzialedikte fehlt es zwar an Nachrichten, doch wird sie wohl ebenfalls anzunehmen sein. Die Frage ist nur, ob die Redaktion die Edikte des Stadt- und Fremdenprätors und die Provinzialedikte miteinander verschmolz, oder ob sie sie nach wie vor nebeneinander stehen ließ. Da man auch später noch diese Edikte formell unterschied, ist das letztere wahrscheinlich. Nur allzu große Differenzen wird man nicht annehmen dürfen. Darum ist ja auch sonst in der juristischen Literatur selbst der Zeit, wo die Fremdenprätur noch bestand, in der Regel nur von einem edictum praetoris die Rede. Vollends unhaltbar ist der Versuch, die selbständige Existenz eines Provinzialediktes wenigstens seit Augustus zu leugnen. Er scheitert unbedingt an dem Kommentar des Gajus ad edictum provinciale.

Die jährliche Kundmachung des Ediktes durch die dazu berufenen Organe erhielt sich zwar noch bis ins dritte Jahrhundert. Aber als Rechtsquelle ist das Edikt infolge der julianischen Redaktion wohl versiegt. Von den Edikten vor Hadrian ist nur geringe Kunde erhalten. Die wiederholten Versuche, aus der überlieferten Rechtsliteratur das Hadrianische Edikt zu rekonstruieren, haben in Lenels epochalem „edictum perpetuum" ihre Krönung gefunden. Auch dieses Hadrianische Edikt weist kein ausgebildetes System auf. Es zeigt sich vielmehr von praktischen Gesichtspunkten und geschichtlichen Zufälligkeiten beherrscht. Es zerfällt zwar nicht in größere Abschnitte, sondern bloß in einzelne Titel mit Überschriften. Doch lassen sich umfassendere Massen unterscheiden. Der Prätor edizierte über sein officium der Prozeßleitung. Darum folgte er in seinem Edikte dem Gange des Prozesses, begann er mit den Normen für das Verfahren in iure, schloß er mit der Zwangsvollstreckung (missio in possessionem, actio iudicati). Das Mittelstück bildeten die Aktionen und die sonstigen prätorischen Rechtsmittel und zwar anscheinend derart geschieden, daß zuerst die „iudicia legitima" behandelt wurden, zu deren Formulierung der Prätor durch die leges iudiciariae angewiesen war, dann die auf dem imperium beruhenden Rechtsmittel, bonorum possessio und iudicia recuperatoria. In einem Anhange waren, ohne Zusammenhang unter sich, interdicta, exceptiones und stipulationes praetoriae geordnet, für die wegen ihrer abweichenden Form im Hauptteile kein Raum war.

Das ius edicendi stand auch dem Prinzeps kraft seines (prokonsularischen) Imperiums zu. Er benutzte es zwar nicht, um wie die anderen „ediktalen" Beamten ein vollständiges Regierungsprogramm zu erlassen. Die Kaiser stellten jedoch manche einzelne Rechtssätze durch Edikt fest. Erwähnt seien die Edikte des Augustus und Claudius, die Ehefrauen verboten für ihre Männer zu interzedieren, und das durch ein Edikt des Mark Aurel gewährte privilegium exigendi zum Schutze des Darlehens für den Wiederaufbau eines Gebäudes. Vor dem gewöhnlichen Beamtenedikte hatte das des Prinzeps jedenfalls die Geltung für das ganze Reich, vielleicht auch die dauernde Geltung über die Amtszeit des Urhebers hinaus voraus.

Der Prinzeps konnte ferner den ihm untergeordneten Beamten Instruktionen (mandata) erteilen, die zwar nur den Beauftragten selbst banden und wie die Mandate des Privatrechtes mit dem Tode des Auftraggebers erloschen, also nur für die Dauer der einzelnen Regierung galten. Aber ähnlich dem tralatizischen Edikte bildete sich auch auf dem Gebiete des Verwaltungsrechtes ein ständiger, bei jedem Regierungs- und Beamtenwechsel erneuter Grundstock von Mandaten, ein Mandatenbuch mit einer Anzahl ständiger Kapitel aus, das wie die Amtsinstruktionen des Senates wenigstens indirekt für die Gesamtheit bindende Normen schuf. Das Soldatentestament, das Verbot der Ehe von Provinzialbeamten und Soldaten in der Provinz mit Provinzialinnen u. a. m. gehen auf diese Quelle zurück.

Der Prinzeps entschied weiters in Ausübung seiner Zivil- und Strafgerichtsbarkeit Rechtsstreitigkeiten teils in letzter, teils in einziger Instanz durch End- oder Zwischenurteil (interlocutio). Seine Entscheidungen (decreta) beruhten zunächst auf Anwendung des geltenden Rechtes, stellten sich aber wie die anderer zur Anwendung und Auslegung des Rechtes berufener Faktoren häufig auch als fortbildende Interpretation, als Rechtsschöpfungen dar. Ein berühmtes Beispiel bildet das decretum divi Marci gegen die Selbsthilfe. Auf diese Weise erlangten auch die Dekrete eine über die Rechtskraft des einzelnen Falles hinausgehende „Gesetzeskraft", indem sie auch für andere Fälle maßgebend wurden. Dasselbe Schicksal erfuhren andere Verfügungen des Prinzeps in Justiz- und Verwaltungssachen.

Als oberstes Regierungsorgan sah sich der Prinzeps endlich veranlaßt, auf Anfragen untergeordneter Beamter oder Privater oder auch aus eigenem Antriebe schriftliche Gutachten in Justiz- und Verwaltungssachen zu erteilen, die teils für die Allgemeinheit bestimmt, teils an einen bestimmten Adressaten gerichtet, bald in selbständiger Gestalt (epistola) auftraten, bald als Erledigung einer Eingabe dieser selbst beigefügt (subscriptio) waren. Man nannte sie, obwohl die Bezeichnung nur für die Antwort auf eine Eingabe, nicht auch für ein

„Motuproprio" paßt, rescripta. Es waren teils generelle Verordnungen in Form von Schreiben an einzelne Beamte, teils Erlasse an die Provinziallandtage, teils solche in besonderen Verwaltungs- und Justizangelegenheiten an Beamte oder Private. Die besondere Bedeutung dieser Reskripte für den Prozeß, der sogenannte Reskriptsprozeß wird in anderem Zusammenhang eingehend zu würdigen sein. Hier, wo es lediglich auf die Funktion des Prinzeps als Rechtsquelle ankommt, genügt die Bemerkung, daß auch diese Reskripte auf demselben Wege wie die Dekrete sich allmählich aus Rechtsweisungen in Rechtsschöpfungen verwandelten, von der Anwendung und Auslegung des geltenden Rechtes zur Aufstellung neuer Rechtssätze führten. Auch ihre Bedeutung als Rechtsquelle fällt übrigens zum großen Teile bereits aus dem Rahmen der hier behandelten Periode heraus, entwickelte sich erst im Anschluß an die Hadrianische Ediktsredaktion.

Schon für die Bezeichnung dieser verschiedenen Formen der „prinzipalen" Amtstätigkeit ist der Sprachgebrauch der Klassiker durchaus nicht feststehend und konnte es kaum sein, weil die verschiedenen Formen der kaiserlichen Verfügungsgewalt einer strengen Scheidung gar nicht fähig waren. Namentlich decreta nannte man wahrscheinlich, ehe man genauer unterschied, die kaiserlichen Verfügungen überhaupt, sofern sie nicht als Edikt kundgemacht waren. Darum war auch die Rechtsgiltigkeit der kaiserlichen Verordnungen nicht von der Beobachtung einer bestimmten Form abhängig. Darum geht es auch nicht an, für die Mandate grundsätzlich eine Sonderstellung, eine Minderkraft im Vergleiche zu den anderen Verfügungen der Kaiser in Anspruch zu nehmen. Darum ist es schließlich auch unangemessen, die für die verschiedenen Formen der kaiserlichen Verfügungen von den römischen Juristen gewählte zusammenfassende Bezeichnung als constitutiones principum auf die eine oder andere Art davon zu beschränken, gewisse Arten, etwa die Mandate, grundsätzlich davon auszuschließen.

Nicht daß diese constitutiones überhaupt als Rechtsquellen wirkten, ist verwunderlich. Denn das haben sie mit den Edikten der anderen Magistrate, mit den Mandaten des Senates gemein. Erstaunlich ist nur, wenn Gajus behauptet: nec umquam dubitatum est, quin id legis vicem obtineat, oder wenn Ulpian schlechtweg sagt: quod principi placuit, legis habet vigorem. Um so erstaunlicher, wenn man als Begründung dafür hört: cum ipse imperator per legem imperium accipiat oder utpote cum lege regia, quae de imperio eius lata est, populus ei et in eum omne suum imperium et potestatem conferat. Denn eine gesetzgebende Gewalt des Prinzeps ergibt sich tatsächlich aus keiner der ihm verfassungsmäßig übertragenen Befugnisse. Die cura legum et morum, die sie etwa gewährt hätte, wurde bekanntlich von Augustus dreimal ausdrücklich abgelehnt und keinem seiner Nachfolger verliehen. Die Gesetzeskraft der Kaiserkonstitutionen, die sie zu Quellen des ius civile machte, entwickelte sich vielmehr vermutlich analog dem Satze, daß der Prinzeps über dem Gesetze stehe, allmählich aus der Macht der Tatsachen mit der zunehmenden Konsolidation des Kaiserregimentes. Die Begründungen der späteren Juristen sind nur ein schwächlicher Versuch, dem tatsächlichen Stande der Dinge eine staatsrechtliche Grundlage zu verschaffen.

An sich stand dem Prinzeps nicht das Recht zur Gesetzgebung, sondern nur die Gesetzesanwendung zu. Wenn er darüber hinaus die Befugnis in Anspruch nahm, legislatorische Verfügungen zu treffen, so war das nicht Gesetzesrecht, konnte vom Kaiser jederzeit wieder aufgehoben werden und verlor jedenfalls mit dem Ende seiner Regierung alle Kraft, sofern es nicht vom Nachfolger erneut wurde. Das vom Kaiser ausgehende Recht war seiner Natur nach honorarisches Recht, nur für das ganze Reich und für seine ganze Regierungszeit geltend. Tatsächlich galt es aber in aller Regel ohne alle zeitliche Beschränkung, also genau wie das ius civile. An diese tatsächliche Erscheinung knüpften die späteren Juristen ihre staatsrechtlich unhaltbare Theorie an, die das Kaiserrecht selbst zum ius civile stempelte. Um so mehr stand es in der Macht des Prinzeps wie in der des Senates, ausdrücklich Recht zu schaffen, das bloß als ius honorarium gelten sollte. Diese Absicht wird man regelmäßig dort annehmen dürfen, wo der Kaiser lediglich einen prätorischen Rechtssatz auslegt, weiterbildet oder abändert. Als ein Beispiel für viele diene das Reskript Hadrians über Sinn und Zweck des Carbonianischen Ediktes.

Eigentlicher Schöpfer der Konstitutionen war wohl der Prinzeps regelmäßig ebensowenig, wie der moderne Herrscher Verfasser der in seinem Namen kundgemachten Gesetze ist. Dazu diente dem Kaiser sein seit Hadrian fest organisiertes consilium unter dem Vorsitze des praefectus praetorio. In diesem consilium saßen, häufig selbst als praefecti praetorio, die hervorragendsten Juristen. Darum waren die Kaiserkonstitutionen vielfach durch die Vorzüge der klassischen Rechtswissenschaft ausgezeichnet.

Die Rechtswissenschaft erlangte jedoch noch in anderer Hinsicht und schon längst vor den „Kaisergesetzen" unmittelbaren Einfluß auf die Rechtsbildung. Die Rechtsanschauung eines einzelnen Juristen besaß zunächst natürlich nur das Gewicht ihrer inneren, allenfalls durch das äußere Ansehen ihres Vertreters verstärkten Gründe. Die übereinstimmende Ansicht der zeitgenössischen Juristen (iuris peritorum auctoritas, prudentium interpretatio etc.) wurde dagegen von jeher als ausreichend angesehen, den von ihr vertretenen Rechtssatz als solchen des ius civile gelten zu lassen. Ja dieses Juristenrecht hieß sogar schlechtweg ius civile. Darüber lassen die Quellen keinen Zweifel. Nur die ausschließliche Beschränkung dieser technischen Bezeichnung auf die Rechtstheorie, auf das in den Juristenschriften anerkannte „Gewohnheitsrecht" und auf das von den Juristen geschaffene Juristenrecht, tut den Quellen doch wohl Gewalt an. Erhöht wurde diese Bedeutung des Juristenrechtes in der Kaiserzeit durch die Einführung des publice respondendi ius, des ius respondendi, noch mehr durch das allmähliche Versiegen der übrigen republikanischen Rechtsquellen und durch den indirekten Einfluß der Juristen auf die Kaisergesetzgebung.

Das ius respondendi, seiner Tendenz nach eine politische Maßregel, dazu bestimmt, die Rechtswissenschaft zur „abhängigen Freundin" der Kaiser zu machen, von Augustus bedeutenden Juristen aus dem Senatoren-, bereits von Tiberius auch solchen aus dem Ritterstande verliehen, gab dem also Privilegierten das Recht, seine Gutachten ex auctoritate principis, also gewissermaßen im Namen des Kaisers zu erteilen. Das gab dem Gutachten zunächst zwar so wenig Gesetzeskraft wie dem Spruche des Prinzeps selbst, nicht einmal bindende Kraft für den einzelnen Fall dem Richter gegenüber, sondern wohl bloß das äußere Gewicht des kaiserlichen Ansehens wie dem Reskripte des Kaisers. Eine Änderung trat ein infolge eines Reskriptes Hadrians, dessen Sinn allerdings zweifelhaft ist. Es scheint verfügt zu haben, daß die übereinstimmenden Ansichten und Aussprüche aller privilegierten Juristen für den Richter bindende Kraft (legis vicem), daß er dagegen, falls sie einander widersprechen, freie Entschließung haben sollte. Die Beschränkung der Norm auf Prozeßresponsen scheint mit dem Wortlaut des Reskriptes, das von sententiae et opiniones spricht, unvereinbar zu sein. Ebensowenig darf man Gajus, dem wir die Kenntnis dieser Dinge verdanken, eine Verwechslung der communis opinio der Juristen mit der bindenden Kraft der Prozeßresponsen zutrauen. Darum kann zwar nach wie vor nicht von einer Gesetzeskraft des einzelnen Rechtsgutachtens die Rede sein. Solche besaß auch fürderhin nur die communis opinio der Juristen. Doch nahmen anscheinend die mit dem ius respondendi ausgestatteten Juristen, die iuris consulti, eine bevorzugte Stellung ein, insofern ihre Übereinstimmung allein schon einem Rechtssatze zu dauernder Anerkennung verhalf. Wenigstens werden wohl nicht ohne Grund gerade sie, die man in der Regel auch unter den prudentes, iuris auctores, auch schlechtweg zu verstehen hat, als iura constituentes, als ii, quibus permissum est iura condere, später gar als legum auctores, latores, conditores bezeichnet.

Die notwendige Form des prozessual wirksamen Parteigutgutachtens scheint die mit dem Siegel des Gutachters verschlossene Urkunde gewesen zu sein, die erst vom Richter entsiegelt wurde. Nicht notwendig für die Giltigkeit war die Angabe von Gründen. Dagegen enthielt das Gutachten stets eine gedrängte Darstellung des Sachverhaltes, da für das Gutachten wie für das Kaiserreskript die Richtigkeit des Sachverhaltes Voraussetzung seiner Wirksamkeit war.

Die Mannigfaltigkeit der Rechtsquellen dieser Zeit war nicht bloß durch die Vermehrung der zur Rechtsschaffung berufenen Faktoren veranlaßt, sondern auch in der stetigen Erweiterung des Kreises der Rechtsgenossen begründet. Die verschiedene Machtbefugnis der rechtsbildenden Organe auf der einen und die Verschiedenheit in der Rechtsstellung der Rechtsgenossen auf der andern Seite verlieh ferner dem aus den verschiedenen Quellen fließenden und an die verschiedenen Gruppen der Rechtsgenossen sich richtenden Rechte sehr verschiedenes Gewicht. Das bis dahin einheitliche Gebilde des quiritischen Rechtes, des national römischen, nur Bürgern zugänglichen Volksrechts löste sich in dieser Zeit in die Sondergebilde des Volks- (ius civile) und Amtsrechtes (ius honorarium) einerseits, des Volks- (ius civile) und Verkehrsrechtes (ius gentium) andererseits auf.

Das ediktale Recht, das Amtsrecht, das ius honorarium (ius praetorium und ius aedilicium), das Recht, für das die Jurisdiktionsmagistrate ohne Vermittlung eines anderen rechtschaffenden Organes zuerst in ihrem Edikte Rechtsschutz verhießen, dem sie zuerst selbständige Gestalt verliehen, das von den Jurisdiktionsmagistraten eingeführte Recht, dessen Geltung auf deren Amtsgewalt beruhte, konnte das Volksrecht nicht aufheben. Es stand neben dem, gegen das ius civile, ging aber praktisch vermöge der Jurisdiktionsgewalt des Magistrates, kraft deren er dem im ius civile begründeten Anspruche den Rechtsschutz verweigern konnte, dem ius civile vor. Verwischte sich dergestalt der Unterschied zwischen Volks- und Amtsrecht in der Praxis, so geschah das noch viel leichter deshalb, weil einerseits der Prätor seine rechtschöpfende Tätigkeit vorwiegend auf die Erfahrungen der Praxis und auf das Juristenrecht stützte, deren Ergebnisse von jeher dem ius civile zugerechnet wurden, weil andererseits Rechtswissenschaft und Praxis und später namentlich die kaiserlichen Reskripte, die ebenfalls ius civile schufen, vielfach auf dem prätorischen Recht fortbauten. Der schließliche, freilich formell erst durch Justinian vollzogene Erfolg war denn auch die Verschmelzung beider Rechtsmassen.

Vordem bestand der Gegensatz auch nach Hadrians Ediktsredaktion noch fort. Er war ebenso terminologischer wie sachlicher Natur. Die feste Nomenklatur der Institute des ius civile war auf die entsprechenden Einrichtungen des ius honorarium unanwendbar. Es genügt an den Gegensatz von heres, hereditas und bonorum possessor, possessio, an die auf das Zivilrecht beschränkte Verwendung von (dare) oportere zu erinnern. In sachlicher Beziehung äußerte sich die Verschiedenheit der beiden Rechtskreise namentlich darin, daß Rechtsgeschäfte des ius civile die Kraft unmittelbarer Verfügung nur gegenüber zivilen Rechten besaßen, daß beispielsweise der zivile Erlaßvertrag einen prätorischen Anspruch nicht ipso iure aufhob. Nur vollzog sich von Anfang an eine stete Rezeption prätorischen ins zivile Recht, wie sie zuerst Wlassak an dem Rechtsinstitute der negotiorum gestio überzeugend dargetan hat, eine allmähliche Umwandlung und Aufnahme prätorischer Rechtssätze und -einrichtungen als „ziviles Gewohnheitsrecht" durch das Volksrecht.

Dieser noch in klassischer Zeit an einer Reihe der wichtigsten Rechtsinstitute — depositum, commodatum, negotiorum gestio, ädilizische Klagen, Haftung des Gewalthabers aus dem iussum u. a. m. — konstatierbare Umwandlungsprozeß löst namentlich auch, zumal wenn man den Parallelismus zwischen legis actio und prätorischer Rechtshilfe schon für die voräbutische Zeit anzunehmen geneigt ist, den sonst unversöhnlichen Widerspruch zwischen der „starren Dürftigkeit des zivilen Rechts" und dem „lebensvollen Verkehr der werdenden Großstadt" für die ältere Zeit. Vieles von dem, was später als ausgebildetes und entwickeltes ius civile erscheint, muß damals wenigstens schon als prätorisches Recht gegolten haben, nur bereits in der Frühzeit des Freistaates ins Volksrecht übergegangen sein. Belege oder wenigstens Vermutungen dafür wird die Darstellung des materiellen Rechtes ergeben.

Das Edikt bot zugleich die erwünschte Handhabe, auch den bis dahin rechtlosen Fremden in den Kreis der Rechtsgenossen einzubeziehen. Die Rechtlosigkeit der Fremden, die bei steigender Kultur tatsächlich praktisch kaum mehr geltend gemacht worden sein mag, mußte auch rechtlich aufhören, seitdem der Verkehr mit dem Auslande, mit Ausländern einen wesentlichen Faktor des Verkehrs- und Wirtschaftslebens bildete. Das war seit den Punischen Kriegen der Fall. Der Umschwung vollzog sich jedoch auch hier nicht mit einem Schlage, sondern Schritt für Schritt, erst durch völkerrechtliche Verträge (foedus, hospitium, amicitia), die teils dem einzelnen, teils den Angehörigen eines fremden Staates überhaupt Rechtsschutz durch Rekuperatorengerichte (recuperatio) gewährten, so daß der Ausländer in Rom, der Römer im Auslande die Verkehrsfähigkeit (commercium) des Inländers genoß, dann durch allmähliche Ausbildung eines einheitlichen Fremden- und Verkehrsrechtes, des ius gentium.

Das ius gentium war nicht, wie sein schon im siebenten Jahrhundert der Stadt gebräuchlicher, zuerst bei Cicero nachweisbarer, aber von ihm bereits als hergebracht verwendeter Name anzudeuten scheint, ein Völkerrecht in dem heutigen Sinne, wenn es auch mitunter zur Bezeichnung von Sätzen des Völkerrechtes, z. B. des Kriegs-, Beute- und Gesandtenrechtes verwendet wurde. Es war auch nicht ein bei allen Völkern übereinstimmend geltendes Recht, ob es gleich bisweilen synonim mit naturalis ratio die „nach empirischer Beobachtung" bei allen Völkern übereinstimmenden Normen bezeichnet. Das beweist nur, daß ius naturale und ius gentium keinen Gegensatz ausdrücken, daß die bei einer Reihe von Juristen scheinbar vorkommende Dreiteilung des Rechtsstoffes in ius civile, gentium et naturale wahrscheinlich Interpolationswerk ist. Bloß ein anderer Ausdruck derselben philosophischen Spekulation ist es auch, wenn die Klassiker gelegentlich solche Normen dem ius gentium zurechnen, die nach „dem ethischen Empfinden auch ohne besondere gesetzliche oder sonstige zivilrechtliche Basis überall, also auch in Rom anerkannt werden müssen".

Andererseits war das ius gentium auch nicht etwa wie das heute sogenannte internationale Privatrecht nur eine Summe von „Kollisionsnormen", die lediglich den Weg zur Anwendung dieses oder jenes nationalen Rechtes wiesen. Der Gedanke, daß der Richter unter Umständen ausländisches Recht anwenden müsse, war vielmehr der antiken Welt durchaus fremd. Das ius gentium war ein dem ius civile gleichwertiges, ein neben dem ius civile stehendes positives Rechtssystem für die Fremden, ein für die Gesamtheit aller (auswärtigen) Völker geltendes Recht. Formell wurzelte es im prätorischen Edikt, sachlich war es — das will vermutlich die Bezeichnung ius gentium ausdrücken — im wesentlichen ein von außen gekommenes, ein Recht der auswärtigen Nationen, wenn auch ein

Teil dieser Rechtsmasse in Rom schon längst vor allem Fremdenverkehr heimisch gewesen, nur eben nicht als Recht anerkannt gewesen sein mag.

Das ius gentium war formell, seiner Entstehungsquelle nach, römisches Amtsrecht. War die römische lex Bürgerordnung, so konnte hingegen das imperium des Beamten auch dem Fremden Rechtsschutz gewähren, auch den Fremden berechtigende und bindende Normen aufstellen. Das Edikt des Prätors, erst das des Stadt-, seit der Schaffung der Fremdenprätur namentlich das des Fremdenprätors, war die wichtigste Quelle des Fremdenrechtes. Doch darf auch die Bedeutung des ädilizischen Markt- und Handelsrechtes auf diesem Gebiete nicht gering angeschlagen werden. Denn gerade die der Jurisdiktion der Ädilen unterliegenden Markt- und Handelskäufe standen vermutlich im Mittelpunkte des Fremdenverkehres.

Seinem Inhalte nach war das ius gentium im wesentlichen von den fremden Völkerschaften nach Rom gebrachtes Recht. Manches, ja vieles war freilich nichts anderes als für den Fremdenverkehr zubereitetes nationalrömisches Recht. Man denke bloß an die der römischen sponsio nachgebildete stipulatio. Zum großen Teil aber war es Neubildung aus den Rechtsgedanken und Rechtseinrichtungen der am Fremdenverkehre beteiligten ausländischen Völker, mit einem Wort aus dem „Internationalverkehr". Insofern es freilich auch seine positive Gestalt erst durch die internationale Übung und vor allem durch obrigkeitliche Satzung erhielt, muß es auch seinem materiellen Gehalte nach als römisches Recht angesprochen werden. Immerhin war das ius gentium der „Kanal", durch den fremde, namentlich griechische Rechtsgedanken und Rechtseinrichtungen Eingang ins römische Recht fanden, durch den die Rezeption der fremden Rechte in Rom erfolgte.

Dieses Internationalrecht charakterisierte sich gegenüber dem nationalen Volksrechte dadurch, daß es als Rechtssubjekt jeden Freien, als Rechtsobjekt jeden Verkehrsgegenstand zuließ, daß es nicht das Wort, sondern den Willen entscheiden ließ und darum grundsätzlich auf die Form verzichtete, die Formlosigkeit des Rechtsgeschäftes zur Regel erhob, der Starrheit des alten Rechtes, dem rigor iuris, das Prinzip der Billigkeit, der aequitas, von Treu und Glauben im Verkehre, der bona fides entgegensetzte.

Diese Vorzüge ließen schließlich nicht bloß das ius gentium auch im Verkehre der Bürger untereinander Anwendung finden, sondern führten am Ende sogar zur Übernahme einer Reihe von ursprünglich dem ius gentium angehörigen Rechtseinrichtungen und Rechtsgeschäften ins ius civile selbst. Neben der Rezeption des prätorischen vollzog sich immer mehr auch eine solche des ius gentium durch das ius civile, bis schließlich auch dieser Gegensatz verschwand.

So bedeutungsvoll daher die Ausbildung und Entwicklung des Fremdenrechtes für die Gestaltung des römischen Rechtes überhaupt war, so erstreckte sich dieses internationale Verkehrsrecht doch niemals weiter, als es der Verkehr erforderte. Es war und blieb im großen ganzen allezeit beschränkt auf das Vermögensrecht unter Lebenden. Auf dem Gebiete des Familien- und Erbrechtes wurden „mit wenigen die Regel mehr bestätigenden Ausnahmen" Rechtsbeziehungen zwischen Römern und Fremden niemals anerkannt.

Ob nun ius civile oder ius gentium, ob Bürgerordnung oder Verkehrsrecht, seinem Ursprunge nach ging alles Recht auf zwei Quellen zurück, es war Volks- oder Amtsrecht. Für eine dritte Gruppe, für ein sogenanntes ius extraordinarium war kein Raum. Die Quellen kennen nur eine Dreiteilung der Prozesse in actiones, petitiones und persecutiones, die übrigens wohl auch „nur auf die äußerliche und beinahe sinnlose Häufung dieser Worte in der Gesetzessprache aufgebaut ist und über deren eigentlichen Sinn die Klassiker selbst nicht klar sind". Eine wirkliche Dreiteilung des Rechts selbst in ziviles, prätorisches und kaiserliches (= ius extraordinarium) ist dagegen weder sachlich noch in den

Quellen begründet. An Quellen kommt außer einer erst dem fünften Jahrhundert angehörenden Weiheinschrift und einem Ausspruche Justinians, die jedenfalls erst für eine spätere Periode belangreich sein könnten, nur eine Bemerkung Ulpians in Betracht, die, wenn sie nicht etwa interpoliert ist, doch auch nur auf eine Einteilung der Prozeßarten zu beziehen ist. Sachlich liegt kein Grund vor, das „Kaiserrecht", das aus Kaiserkonstitutionen, aus Senatsschlüssen und aus dem späteren Juristenrecht entsprungene Recht der Kaiserzeit, dem republikanischen Recht als besondere Rechtsmasse gegenüberzustellen, weil und soweit es sich nicht als unmittelbare Fortbildung des altrepublikanischen Rechtes erweist. Denn auch dieses altrepublikanische Recht selbst vereinigte schon, dank der Rezeption prätorischen und internationalen Rechtes, mancherlei heterogene Elemente.

Lassen sich demnach ius civile und ius honorarium „einander als die beiden großen Hälften des römischen Rechts" gegenüberstellen, so gilt das einerseits doch nicht für alles römische Recht, so ist andererseits das fremde Recht auf römischem Rechtsboden niemals völlig verdrängt worden. Die rechtszeugende Tätigkeit des Prätors bewegte sich stets nur auf dem Gebiete des bürgerlichen und auf dem des heute sogenannten Zivilprozeßrechtes. Darum galt der Rechtsdualismus nur für das Privatrecht und für die „Aktionen". Die staatsrechtliche Gestaltung des römischen Weltreiches brachte es andererseits mit sich, daß manches dem Reich einverleibte Gebiet sein angestammtes Recht behielt. Selbst die lex provinciae, das für die neuorganisierte Provinz jeweils erlassene Grundgesetz, die einzelnen Städten verliehenen Stadtordnungen und die Edikte der Provinzialstatthalter und Quästoren ließen nach Möglichkeit das einheimische Recht unangetastet. Nur mit dem Unterschiede, daß das autonome Recht auch formell fremdes Recht war, während Provinzialordnungen, verliehene Stadtrechte und Provinzialedikte sich formell als römisches Amtsrecht gaben. Neben dem römischen Reichsrecht erhielt sich auf diese Weise das nationale Volksrecht der unterworfenen Völker fort, um im Westen des Reiches mit der zunehmenden Romanisierung immer mehr zu verschwinden, im Osten dagegen sich nicht bloß unerschütterlich zu behaupten, sondern das Reichsrecht selbst immer mehr zu durchsetzen und zu überwuchern. Ein Prozeß, der durch die Verallgemeinerung des römischen Bürgerrechtes nicht bloß nicht aufgehalten wurde, sondern der Rechtsentwicklung der späteren Zeit geradezu ihr besonderes Gepräge verlieh.

Die stete Erweiterung des Rechtsstoffes und die zunehmende Komplizierung der Rechtsfragen stellte auch der Rechtswissenschaft neue und erhöhte Aufgaben. Die Verweltlichung der Rechtswissenschaft, die einerseits Cn. Flavius, der zum Lohne für seine Tat (450 a. u. c.) zum kurulischen Ädilen gewählte Schreiber des großen Reformators und wahrscheinlich auch geistigen Urhebers dieser Tat Appius Claudius Cäcus, der Sohn eines Freigelassenen, durch Veröffentlichung einer Sammlung von (Geschäfts-? und) Prozeßformeln (legis actiones), des sogenannten ius (civile) Flavianum, andererseits Tiberius Coruncanius, der erste plebejische Pontifex Maximus (253 a. Ch. n.) durch die öffentliche Erteilung von Rechtsgutachten in die Wege leiteten, bedeutete zunächst keinen methodischen Wechsel in der Pflege des Rechts. Die Rechtswissenschaft blieb wie bisher Kautelarjurisprudenz. Sie sah ihre Hauptaufgabe darin, die Laien gegen die Gefahren des Formalismus zu schützen (cavere), indem sie ihnen die passenden Formulare für Rechtsgeschäfte (cautiones) und Prozeß (actiones, agere) zur Verfügung stellte, die zur klaglosen Durchführung ihrer Rechtsgeschäfte und Prozesse erforderlichen Auskünfte (responsa, respondere) erteilte. In dieser Richtung bewegte sich wie die praktische so auch die literarische Tätigkeit der Juristen dieser Zeit. Es ist die Periode der actiones, der Formelsammlungen, die, von Cn. Flavius begonnen, im sechsten und siebenten Jahrhundert der Stadt ihren Höhepunkt erreicht zu haben scheint, in Sextus Älius Pätus Catus mit seinem ius Aelianum. in M.' Manilius (Konsul 149 a. Ch. n.) und schließlich in C. Aquilius Gallus (Prätor 66 a. Ch. n.), dem Schöpfer der stipulatio Aquiliana und der actio doli, ihre hervorragendsten Vertreter fand. Daneben war auch die Aufzeichnung und Sammlung von Rechtsgutachten von jeher üblich. Bereits von Tiberius Coruncanius waren solche bekannt.

Die Leistung dieser praktischen Rechtswissenschaft ist nicht gering anzuschlagen. Sie mußte das dürftige positive Recht mit dem Rechtsbedürfnis in Einklang bringen. Sie tat das, indem sie sich formell an den Gesetzestext klammerte, aber tatsächlich einen neuen Rechtsstoff schuf, dem Wortlaute des Gesetzes einen neuen, ihm selbst zumeist fernliegenden Sinn unterschob, das Zwölftafelgesetz im Geiste der Zeit erweiterte und fortführte, oft auch umging, um für Neubildungen Raum zu gewinnen. Das alles unter dem harmlosen Titel der Auslegung (interpretatio). Ihren ersten wissenschaftlichen Ausdruck (cunabula iuris nennt sie darum Pomponius) fand diese Aufgabe in der Tripertita des Sex. Älius (Konsul 198 a. Ch. n.), die das Zwölftafelrecht, die lex, mit der interpretatio der Juristen und mit den legis actiones — von dieser Dreiteilung des Stoffes der Name des Werkes — zu einer Gesamtdarstellung verknüpfte. Ob die Darstellung in drei selbständige Teile zerfiel, als deren einer dann vielleicht das zuvor erwähnte ius Aelianum anzusehen wäre, oder vielmehr jeden Gegenstand zugleich von dem dreifachen Gesichtspunkte der lex, interpretatio und legis actio erschöpfte, ist nicht zu ermitteln, letzteres wahrscheinlicher. Jedenfalls stellte die Arbeit nicht eine bloße Gesetzes- und Formelsammlung, sondern bereits einen fortlaufenden darstellenden und erörternden Text, den ersten Gesetzeskommentar, den ersten Versuch einer freien Bearbeitung des Rechtes dar und zugleich, an der Wende vom nationalrömischen Volksrecht zum internationalen Verkehrsrechte stehend, die Summe der altrömischen Rechtswissenschaft überhaupt.

Auf diesen großen Schritt der Rechtstheorie folgte bald der zweite, sich nicht mit der Darstellung der Ergebnisse der juristischen Arbeit und Kunst zu begnügen, sondern aus der Mannigfaltigkeit der Erscheinungen das Gemeinsame herauszuschälen und in einer Regel zusammenzufassen. Als Begründer dieser Richtung, der Regularjurisprudenz, kann der jüngere Cato (um 563 bis 602 a. u. c.) gelten.

Den Übergang von der Behandlung einzelner Rechtsfälle und Rechtsfragen zur systematischen, nach sachlichen Gesichtspunkten geordneten Darstellung des gesamten Rechtsstoffes fand anscheinend erst der jüngere (Quintus Mucius) Scävola (Konsul 95 a. Ch. n.), der Sohn des Publius (Konsul 133), der mit M.' Manilius und Marcus Junius Brutus die Trias bildete, der Pomponius nachrühmt: fundaverunt ius civile, wohl weil sie „zuerst Rechtsfragen abstrakt schriftstellerisch behandelten". Quintus schrieb das erste große System des ius civile (18 libri iuris civilis), das dem späteren ius civile des Sabinus Vorbild wurde und damit für eine ganze Literaturgattung bis in die Kaiserzeit als Wegweiser und Grundlage diente. Den ersten kürzeren Ediktskommentar verfaßte der als juristischer Schriftsteller überhaupt überaus fruchtbare Servius Sulpicius Rufus (Konsul 51, gestorben 43 a. Ch. n.).

Er kann zugleich als Begründer der eigentlichen juristischen Dialektik gelten, einer Frucht der griechischen Philosophie, die in dem Hause des jüngeren Scipio (gestorben 129 a. Ch. n.), dem damaligen geistigen Mittelpunkte Roms, zuerst ihren Sitz aufgeschlagen hatte und hier auch ihre ersten Einflüsse auf die römische Rechtswissenschaft der beiden Scävola und ihrer Freunde äußerte. Unter den Schülern des Servius Sulpicius ragen Aulus Ofilius, ein Freund Cäsars, der noch unter Augustus wirkte, als Verfasser des ersten ausführlichen Ediktskommentars und P. Alfenus Varus (consul suffectus 39 a. Ch. n.), der erste Verfasser eines Digestenwerkes, hervor. Als letzte namhafte Vertreter der republikanischen Rechtswissenschaft sind etwa noch A. Cascellius, C. Trebatius Testa und Q. Älius Tubero zu nennen. Diese Juristen der republikanischen Epoche, die Juristen aus der Zeit vor Einführung des ius respondendi sind in der Regel gemeint, wenn ein klassischer Jurist von den veteres spricht. Im Sprachgebrauche der nachdiokletianischen Konstitutionen ist freilich schon eine weitere Verschiebung des Begriffes eingetreten.

Nach der methodischen Seite ist die Entwicklung der Rechtswissenschaft genau genommen mit der Tat Scävolas abgeschlossen. Eine theoretische Rechtswissenschaft, die eine Reduktion der Einzelerscheinungen auf allgemeine Begriffe, der Rechtssätze auf allgemeine Prinzipien anstrebt, die Erforschung des Wesens der Rechtsinstitute durch Verfolgung ihres Wachstums von der historischen Wurzel bis auf die Gegenwart sich zur Aufgabe setzt, und die systematische Durchdringung des Rechtsstoffes waren den Römern stets Nebensache. Die Größe der römischen Rechtswissenschaft liegt nicht in ihren theoretischen Leistungen, sondern in der praktischen Rechtsschöpfung. Die römischen Juristen waren geniale Praktiker, die die Technik des Rechtes, die Kunst, mit den gegebenen Mitteln auch neue Bedürfnisse zu befriedigen, virtuos beherrschten. Darum ist auch ihre Wissenschaft wesentlich kasuistisch.

Diese Fortbildung des Rechtes, die innere Durchbildung des Rechtsstoffes steckte damals noch in den Kinderschuhen. Hier war der Rechtswissenschaft der Kaiserzeit die Palme vorbehalten, die sie erst in der zweiten Hälfte des zweiten Jahrhunderts erringen sollte durch Verarbeitung des alten ius civile und des bereits zum Abschluß gelangten ius honorarium mit dem neueren Recht zu einem einheitlichen Ganzen. Eingeleitet wurde diese Periode der klassischen Rechtswissenschaft durch eine ebenso bekannte wie dunkle Erscheinung, durch den Gegensatz zweier Rechtsschulen, der Sabinianer oder Cassianer und der Prokulianer (oder, wie manche Neuere mit Rücksicht auf eine angeblich bessere handschriftliche Überlieferung und auf andere hier nicht zu erörternde Gründe wollen, der Prokuleianer).

Der Schulgegensatz knüpft an zwei Juristen der augusteischen Zeit an, an den Republikaner M. Antisteus Labeo, einen Schüler des Trebatius und anderer, einen kühnen Neuerer der Rechtswissenschaft (gestorben zwischen 10 und 22 p. Chr. n.) und an C. Atejus Capito (Konsul 5, gestorben 22 p. Ch. n.), einen Freund der neuen Ordnung, der sich in der Rechtswissenschaft wie in der Politik mit dem Bestehenden abfand. Weder die politische Richtung der späteren Häupter beider Schulen, die sich ohne Rücksicht auf die Schulzugehörigkeit bald zu dieser, bald zu jener politischen Anschauung bekannten, noch die überlieferten Streitfragen der beiden Schulen, die übrigens viel weniger zahlreich sind, als man vielfach angenommen hat, indem man überall dort, wo für eine Ansicht ein Schulhaupt zitiert war, einen Schulgegensatz sehen wollte, weisen jedoch auf einen grundsätzlichen Gegensatz ihrer juristischen Auffassung und Methode hin. Im Gegenteile scheint auch die Schule der Sabinianer in hohem Maße von Labeos Bedeutung beeinflußt worden zu sein. Auch die Annahme, daß Labeo auf dem Gebiete der Rechtswissenschaft, wie er es als Philologe war, Analogist gewesen, d. h. von der Annahme allgemein gültiger Gesetze ausgegangen, Capito dagegen Anomalist gewesen sei, ist nichts als eine geistreiche Vermutung, die sich schon an Labeos juristischen Schriften nicht erweisen läßt, für Capito aber mangels Materiales überhaupt unbeweisbar ist. Möglicher Weise sah man sich bloß durch das klassische Symmetriebedürfnis veranlaßt, die beiden Schulen in Gegensatz zueinander zu stellen. Vielleicht handelte es sich auch nur um den „wenig greifbaren, mehr gefühlten wissenschaftlich-politischen Gegensatz" der ehemaligen Schüler der beiden ältesten und angesehensten Rechtsschulen. Jedenfalls sind aber wohl Labeo und Capito nicht als Schulgründer anzusehen. Dagegen spricht schon die äußere Art der Schulbezeichnung, die um so erstaunlicher wäre, als gerade Labeo allezeit im höchsten Ansehen stand. Wahrscheinlich waren erst Proculus und Cassius die Gründer der beiden Schulen. Vielleicht waren auch Nerva und Sabinus daran beteiligt. Andererseits reicht der angebliche Schulgegensatz nicht weit über die Zeit Hadrians hinaus. Gajus ist der letzte, der sich als Sabinianer bekennt.

„Labeos Schule" leiteten nach ihm Nerva pater, Proculus, Nerva filius, Longinus, Pegasus, Celsus pater, Celsus filius, Neratius. Auf Capito folgten als Schulhäupter Massurius Sabinus,

Cassius, Cälius Sabinus, Javolenus, Valens, Tuscianus, Julianus. Doch ist nicht einmal von all diesen beweisbar, daß sie Rechtslehrer waren. Der ältere Nerva, gestorben 33 p. Ch. n., wird von Tacitus als Kenner alles göttlichen und menschlichen Rechtes, omnis divini humanique iuris sciens, gepriesen. Von Proculus wissen wir nur, daß er der Schule den Namen gab. Der jüngere Nerva, der Vater des Kaisers gleichen Namens, soll schon in frühester Jugend, mit siebzehn Jahren oder wenig älter, respondiert haben. Im Jahre 56 war er praetor designatus. Longinus wird nur gelegentlich erwähnt. Pegasus war unter Vespasian praefectus urbi. Der ältere Celsus war sein Nachfolger als Schulhaupt. Der jüngere Publius Juventius Celsus, Prätor 106 oder 107, zum zweiten Male Konsul 129, Konsiliar Hadrians, war einer der hervorragendsten römischen Juristen, bekannt wegen seiner Derbheit (responsum Celsinum), berühmt durch eine Reihe hervorragender Werke, namentlich durch seine Digestorum libri XXXIX. Neratius Priscus war Konsul und Konsiliar Trajans und Hadrians. Massurius Sabinus, der der anderen Schule den Namen gab, war von geringer Herkunft, trat erst mit etwa fünfzig Jahren in den Stand der equites, wurde aber als solcher zuerst mit dem ius respondendi ausgezeichnet. Er schrieb noch unter Nero und wirkte vor allem durch seine libri tres iuris civilis vorbildlich für alle Späteren. Gajus Cassius Longinus, von dem dieselbe Schule den wahrscheinlich älteren Namen der Cassianer trägt, war ein Enkel Tuberos und Urenkel des Servius Sulpicius. Konsul im Jahre 30, starb er erst unter Vespasian. Sein Nachfolger Cälius Sabinus, Konsul des Jahres 69, war unter Vespasian ein Mann von großem Einfluß. Javolenus Priscus war in der zweiten Hälfte des ersten und im Anfange des zweiten Jahrhunderts in zahlreichen Ämtern tätig. Er war der Lehrer Julians. Valens und Tuscianus werden nur als Schulhäupter genannt. Um so helleres Licht fällt auf Salvius Julianus, einen Afrikaner von Geburt, namentlich durch eine jüngst (1899) entdeckte Inschrift. Decemvir litibus iudicandis, quaestor Augusti unter Hadrian, dessen Konsiliar, Prätor, Konsul (148), unter Mark Aurel und Lucius Verus Statthalter von Hispania citerior, schließlich Prokonsul von Afrika, ist er als Jurist vor allem durch seine Redaktion des prätorischen Ediktes und als Verfasser verschiedenener bedeutsamer Werke, namentlich eines Digestenwerkes in neunzig Büchern gefeiert.

Ohne Schulhäupter zu sein, erlangten doch auch andere Juristen Ansehen als Respondenten und Schriftsteller. Als Respondent gesucht war Titius Aristo, ein Freund des jüngeren Plinius und Konsiliar Trajans, der, wie übrigens eine große Zahl, ja vielleicht die Mehrheit der Juristen der ersten Kaiserzeit, keiner der beiden Schulen angehörte, was nur abermals vor einer Überspannung des Schulgegensatzes warnen sollte. Der liber singularis enchiridii des Sex. Pomponius, eines Sabinianers, der unter Hadrian und den divi frates schrieb, fand als wertvolle Rechtsquelle bereits wiederholt Erwähnung und kritische Würdigung. Ob die ebenfalls in Fragmenten überlieferten enchiridii libri II eine vermehrte Auflage dieses Werkes oder ob dieses ein Auszug aus dem anderen war, läßt sich nicht entscheiden. Julians Schüler Sex. Cäcilius Africanus ist berühmt durch die Schwierigkeit des Verständnisses seiner Schriften. Seine Quästiones geben größtenteils Entscheidungen Julians wieder, die er lediglich mit kritischen Bemerkungen ausgestattet hat.

Der letzte Zeuge des Schulgegensatzes und der merkwürdigste der Reihe ist Gajus. Seine institutionum commentarii quattuor, neben seinem ebenfalls schon erwähnten Kommentar zum Provinzialedikt und neben anderen kleineren Arbeiten sein Hauptwerk, haben bereits ihre Würdigung gefunden. Seine Persönlichkeit bleibt trotz vielfachen Bemühens in Dunkel gehüllt. Sicher ist wohl nur, daß er, spätestens unter Hadrian geboren, von der Zeit des Antoninus Pius an bis mindestens zum Jahre 178 schrieb, für das er noch das S. C. Orphitianum erwähnt. Da ihn Zeitgenossen und spätere Klassiker nicht zitieren, Responsen von ihm nicht bekannt sind, das ius respondendi ihm erst posthum durch das sogenannte Zitiergesetz verliehen wurde, wollte man ihn mit Berufung auf gewisse Eigenheiten seiner Schriften als „Provinzialjuristen" oder als Lehrer an einer für Provinzialen bestimmten Rechtsschule in Rom reklamieren. Allein der Inhalt seiner Institutionen schließt doch wohl die Annahme aus, daß dieses Buch anderswo als in Rom oder für den stadtrömischen Gebrauch geschrieben sei, und von Sonderschulen für Provinzialen in Rom fehlt uns jede Kunde. Sehr unwahrscheinlich ist, wenn auch Cassius bisweilen einfach Gajus genannt wird, die Vermutung, daß

Gajus mit dem Haupte der Cassianer, mit Gajus Cassius identisch sei, oder daß in den Werken des sogenannten Gajus nur eine anonyme Neubearbeitung der Werke dieses Cassius aus der Zeit um 161 unter dem alten Verfassernamen vorliege. Kaum ernst zu nehmen ist vollends die jüngste Hypothese, daß Gajus das männliche Pseudonym einer schriftstellernden Frau gewesen sei.

Jedenfalls bedeutet die literarische Tätigkeit des Gajus den Abschluß einer bestimmten Periode der römischen Rechtswissenschaft. Nicht vermöge der persönlichen Bedeutung des Gajus selbst, die, wie gezeigt, erst durch die Distanz gewann, noch auch vermöge des inneren Wertes seiner Schriften, die nur für uns als vereinzeltes Originaldenkmal einer versunkenen Zeit unschätzbaren Wert erlangt haben. Aber sie setzt den Schlußpunkt zu jener Literaturperiode, die durch den Gegensatz zwischen Volks- und Amtsrecht, zwischen Volks- und Verkehrsrecht beherrscht ist und im Zeichen des Schulgegensatzes steht. Sie steht an dem Wendepunkte der Zeit, in der eine neue Bewegung einsetzte, die auf Verarbeitung des ius civile und ius honorarium zu einem gemeinsamen Ganzen abzielte. Den Versuch, durch gemeinsame Behandlung des ius civile und des Ediktsrechtes zu einer Gesamtdarstellung des römischen Rechtes zu gelangen, machten bereits der jüngere Celsus und der Ediktsredaktor Julian in ihren Digesten. Verwirklicht wurde er immer mehr und mehr durch die Kaisergesetzgebung.

Dieses Phänomen ist kein zufälliges. Es findet seine Erklärung in dem allgemeinen Wandel der Verhältnisse, der sich eben in dieser Zeit vollzog und in der überragenden Herrscherpersönlichkeit Hadrians seinen lebendigen Ausdruck fand. Auf dem Gebiete des öffentlichen Rechtes charakterisierte sich dieser Wandel durch die entschiedene Wendung zu einer legalen Umwandlung des Prinzipates in die Monarchie und durch die entsprechende Neugestaltung des Reichsbeamtenstandes, auf dem des Privatrechtes durch die „Kodifikation" und Versteinerung des Amtsrechtes, durch dessen Angleichung an das ius civile, durch das wachsende Übergewicht der kaiserlichen

„Gesetzgebung" über die übrigen Rechtsquellen, durch die fortschreitende Entwicklung des römischen Rechts zum Reichsrecht und durch den steigenden Einfluß des fremden, namentlich des griechischen Rechtes auf Rechtsbildung und Rechtspraxis. All diese Erscheinungen drücken der folgenden Zeit eine neue Signatur auf, die es gerechtfertigt erscheinen läßt, wie die Rechtsentwicklung überhaupt vorerst mit Hadrians Reform, so die der Rechtsliteratur vorläufig mit dem Auftreten des Gajus zu begrenzen.

Die Vielseitigkeit der Aufgaben, die die Literatur dieser Zeit zu erfüllen hatte, führte naturgemäß auch zur Ausbildung bestimmter Literaturgattungen, deren wichtigste Repräsentanten zu berühren bereits wiederholt Gelegenheit war. An die Aktionen-, Formelsammlungen der ältesten Literatur schlossen sich die Rechtsregeln und Definitionen der Regularjurisprudenz: regulae, definitiones sententiae, opiniones. Als Frucht der teils praktischen, teils Lehrzwecken dienenden Gutachtertätigkeit ergaben sich Sammlungen von responsa und epistolae einerseits, von quaestiones und disputationes andererseits. Dem Gebiete der theoretischen Literatur gehörten an die Kommentare, dem „Gesetzestexte" folgende Erläuterungen zu den Gesetzen und Edikten. Die systematischen Werke bezweckten teils die Einführung in die Rechtswissenschaft (institutiones, enchiridia), teils Gesamtdarstellungen des ius civile, später des gesamten Rechtsstoffes (digesta). Dazu kamen schließlich eine reiche monographische Literatur über einzelne Gesetze oder Rechtsfragen und notae zu den Werken anderer.

Zugleich mit der Profanierung der Rechtswissenschaft mußte endlich auch ein entsprechender Rechtsunterricht Platz greifen. Er bestand ursprünglich, wie bereits erwähnt, einfach darin, daß Rechtskundige ihre Gutachten öffentlich abgaben, wodurch den Zuhörern (auditores) Gelegenheit gegeben war, sich Rechtskenntnisse anzueignen. Wer sich daher die als notwendiger Bestandteil der staatsmännischen Bildung unerläßliche Rechtskenntnis aneignen wollte, schloß sich einem berühmten Juristen an, um seiner Responsion beizuwohnen, um sich aus der damit verbundenen Diskussion (disputatio) zu belehren. Die Kenntnis der Zwölftafeln brachten die jungen Leute aus der Schule mit. Den Inhalt des Ediktes mußten sie sich selbständig aneignen. Daneben mögen manche Juristen nicht so sehr in Form zusammenhängender Vorträge als vielmehr gesprächsweise Einzelnen „Privatunterricht“ erteilt haben. Darauf deutet es wenigstens hin, wenn es gelegentlich heißt, daß der oder jener von einem bekannten Juristen instituiert sei. Seit der zweiten Hälfte des siebenten Jahrhundert der Stadt scheint sogar eine wirkliche Trennung des theoretischen Elementarunterrichts (instituere) von der praktischen Ausbildung (audire) stattgefunden zu haben, das instituere dem audire notwendig vorausgegangen zu sein, ohne daß jedoch vorerst der Unterricht für Anfänger besonderen Lehrern zugefallen wäre. Jedenfalls genügte mit der zunehmenden Erweiterung des Rechtsstoffes die empirische Unterweisung nicht mehr. Sie mußte allmählich durch einen systematischen Unterricht ersetzt werden.

Ob die „Schulen“ der Prokulianer und Sabinianer bereits als solche Lehranstalten anzusehen sind, ist freilich aus mehr als einem Grunde zweifelhaft. Eigentliche stationes ius publice docentium et respondentium, ähnlich den für Rhetoren schon seit Tiberius bestehenden Anstalten, sind erst seit Antoninus Pius nachweisbar. Vollends ohne Nachricht sind wir über Art und Gegenstand des Unterrichtes. Namentlich läßt sich auch nichts bestimmtes über den Zusammenhang von Philosophie und Rechtsunterricht behaupten. Sicherlich ist eine gewisse Einwirkung philosophischer Richtungen auf die Gestaltung des römischen Rechtes nicht zu leugnen. Aber die römischen Juristen sind so wenig gewohnt, mit allgemeinen Sätzen zu operieren, daß es ein überaus gewagter Schluß wäre, der Philosophie einen grundsätzlichen Einfluß auf die Rechtsvorstellungen der Römer einzuräumen. Darum geht es auch nicht an, Labeo und seine Schule etwa für die stoische Philosophie in Anspruch zu nehmen und den Schulgegensatz auf das philosophische Gebiet zu übertragen. Die Philosophie mag das römische Recht hier und dort beeinflußt haben. Aber der philosophische Eklektizismus der Römer ließ es nie dazu kommen, daß die Rechtsentwicklung in unmittelbare und völlige Abhängigkeit von der Philosophie geriet.

Sechstes Kapitel: Die Rechtspflege.

Der Rechtsschutz bewegte sich in historischer Zeit regelmäßig in staatlich geregelten Formen. Selbsthilfe war zwar, ungeachtet ihrer allmählichen Einschränkung durch die lex Iulia de vi, durch ein Dekret Mark Aurels und schließlich durch eine Konstitution Valentinians und seiner Mitregenten (389 p. Ch. n.), auch jetzt noch nicht gänzlich ausgeschlossen. Namentlich Notwehr blieb nach wie vor zulässig. Aber die Regel bildete das gerichtliche Verfahren in dem Sinn und in den Grenzen, die bereits vorlängst festgelegt waren.

Entzogen blieben den Gerichten Ansprüche des Staates und gegen den Staat, Verletzungen der sakralen und der Hausordnung. Nur auf dem Gebiete des Strafrechtes trat eine Änderung ein, insofern auch hier in der Zeit der späteren Republik und des Prinzipates ein Schwurgerichtsverfahren unter dem Vorsitz eines mit Imperium ausgestatteten Beamten die ordentliche Form des Prozesses bildete.

Der Zivilprozeß diente auch jetzt nur dem Privatrechtsschutz und behauptete seinen Charakter als freiwillige Unterwerfung der Parteien unter ein staatlich autorisiertes Schiedsgericht.

Der ordentliche Gerichtsherr war seit Schaffung der Prätur der Prätor. Neben ihm besaßen die übrigen Oberbeamten, namentlich auch die Konsuln, anscheinend Gerichtsbarkeit nur in den sogenannten außerstreitigen Angelegenheiten (iurisdictio voluntaria). Die kurulischen Ädilen übten nur eine auf Marktangelegenheiten beschränkte, die „Handelsgerichtsbarkeit" aus. Welche Kriterien im einzelnen für die Abgrenzung maßgebend waren, wissen wir nicht. Als neben den Stadtder Fremdenprätor trat, mochte zwar ursprünglich die Gerichtsbarkeit zwischen ihnen derart geteilt gewesen sein, daß der eine nur für Bürger, der andere bloß für Fremde Recht sprach. Zumindest seit den julischen Prozeßgesetzen stand es aber wohl, wie bereits bemerkt, den Bürgern in Rom frei, einverständlich zwischen dem Gericht des Stadt- und dem des Fremdenprätors zu wählen.

So in Rom. Anders im übrigen Italien. Zunächst genossen die nur verbündeten Gemeinden, socii, foederati, Autonomie, eigene Gesetze und Gerichte. Die mit Voll- oder Halbbürgerrecht beliehenen Städte, Munizipien und Kolonien, unterstanden als römische Bürgergemeinden auch den römischen Gesetzen und Gerichten. Sie besaßen anscheinend, obwohl vielfach das Gegenteil angenommen wird, von Haus aus keine eigene Gerichtsbarkeit, schon darum nicht, weil sie ursprünglich gar keine eigenen Magistrate hatten. Erst die seit dem vierten Jahrhundert (a. u. c.) üblichen Ädilen scheinen eine der ihrer kurulischen Namensvettern in Rom verwandte Marktgerichtsbarkeit geübt zu haben. Als diese Gemeinden seit dem fünften Jahrhundert das Recht erhielten eigene Magistrate zu wählen, mochten sie Schritt für Schritt auch eine gewisse Gerichtsbarkeit für sich in Anspruch nehmen. Unmittelbare Zeugnisse für eine autonome Gerichtsbarkeit dieser Bürger- und Halbbürgergemeinden stehen jedoch erst aus der Zeit nach dem Bundesgenossenkriege zu Gebote. Dagegen bestellte der römische Prätor schon seit dem fünften Jahrhundert an gewissen Plätzen Italiens (praefecturae) besondere praefecti iure dicundo, die als seine Bevollmächtigten in seinem Namen recht sprachen, um den Rechtsuchenden den Weg nach Rom zu ersparen.

Dieser Zustand erhielt sich bis zum Bundesgenossenkriege, vereinzelt bis in die Zeit Cäsars oder gar Augustus'. Die Ausdehnung des römischen Bürgerrechtes auf alle Italiker infolge des Sozialkrieges ließ jedoch die einheitliche Regelung des Gerichtsverfahrens für alle italischen Gerichte wünschenswert erscheinen. In diesem Sinne bestimmte die lex Rubria für Gallia cisalpina (705 oder 712 a. u. c. = 49 oder 42 a. Ch. n.), daß alle Prozesse, deren Gegenstand den Wert von 15 000 Sesterzen übersteige, vor den römischen Prätor gehören. Was damit für ein beschränktes Gebiet (probeweise?) verfügt war, wurde dann — vielleicht durch eine der beiden Julischen Gerichtsordnungen — die Regel: Jede Stadt Italiens hatte seitdem eigene Magistrate für die Niedergerichtsbarkeit. Die anderen Streitsachen gehörten nach Rom.

In den Provinzen stand die Gerichtsbarkeit — die Bürgergemeinden und die immer mehr verschwindenden Freistädte ausgenommen — dem Statthalter (proconsul, propraetor) zu, der in seiner Person die geteilte Gewalt der verschiedenen städtischen Magistrate für seine Provinz vereinigte und seine Gerichtsgewalt nur ebenso mit dem Quästor teilte, wie in Rom der Prätor mit den Ädilen. Er übte die Gerichtsbarkeit nicht notwendig an seinem ständigen Amtssitze, sondern auch, teils persönlich, teils durch seine Vertreter (legati) auf besonderen Gerichstagen (conventus) in den Hauptorten seiner Provinz.

Diese Grundlagen der Gerichtsverfassung wurden auch unter dem Prinzipate nicht erschüttert. Sein prokonsularisches Imperium und seine tribunizische Gewalt sicherten zwar dem Prinzeps kraft des damit verbundenen Interzessionsrechtes auch einen gewissen Einfluß auf die Rechtsprechung. Auch wurden im Laufe der Zeit einzelne Zweige der bürgerlichen Rechtspflege abgespalten und besonderen Beamten zugewiesen, wie Fideikommiß- und Vormundschaftssachen. Grundsätzlich blieb aber die ordentliche Gerichtsbarkeit der republikanischen Gerichtsbeamten unangetastet. Erst Hadrian beschränkte die Gerichtsbarkeit der städtischen Prätoren auf die Stadt Rom (urbica dioecesis), indem er zugleich die Gerichtsbarkeit über Italien vier Konsularen übertrug, an deren Stelle Mark Aurel iuridici in größerer Zahl für die einzelnen schon von Augustus geschaffenen Regionen Italiens setzte. In den Provinzen trat insofern eine Änderung ein, als die Gerichtsbarkeit in den sogenannten kaiserlichen Provinzen nunmehr dem Kaiser selbst zustand, aber regelmäßig von seinen Vertretern (legati, procuratores, praefectus Aegypti) in seinem Namen und uneingeschränkt durch die Gerichtsbarkeit des in den kaiserlichen Provinzen fehlenden Quästors geübt wurde.

Mit der Aussendung des ersten praefectus iure dicundo war der bis dahin, von außerordentlichen Fällen abgesehen, streng gewahrte Grundsatz der Konzentration der gesammten Rechtspflege in Rom durchbrochen. Die Munizipal- und Provinzialgerichtsbarkeit, die ja nicht bloß für Fremde, sondern auch für Römer galten, setzten diese Bewegung fort. Damit war die bis dahin einheitliche Gerichtsbarkeit in eine Reihe von Jurisdiktionskreisen aufgelöst, der Begriff der örtlichen und sachlichen Zuständigkeit (Kompetenz) in das Prozeßrecht eingeführt.

Räumlich beschränkt war die Niedergerichtsbarkeit der Munizipalgerichte auf die jeweilige Stadt und deren Gebiet, die des Statthalters auf seine Provinz, die des Prätors seit Hadrian auf die urbica dioecesis. Aber die römische Rechtsordnung war stets Personal-, niemals Territorialordnung. Darum waren auch der örtlichen Zuständigkeit unterworfen nicht die Inwohner des betreffenden „Gerichtssprengels“ schlechtweg, sondern bloß die Gemeindegenossen. Darum erstreckte sich die Munizipalgerichtsbarkeit nur auf die Munizipalbürger (cives, municipes): forum originis, auf die übrigen Insassen (incolae) nur kraft besonderer Norm des

Statutes, „Stadtrechtes", die an den Wohnsitz (domicilium) neben anderen Rechten und Pflichten auch den Gerichtsstand (forum domicilii) knüpfte. Diese Einschränkung entfiel, seitdem für sämtliche Munizipalgerichte, wohl nicht nur Italiens, sondern auch der Provinzen, eine einzige lex, die Julische Munizipalgerichtsordnung galt. Aus demselben Gesichtspunkte hatte der auswärtige römische Bürger neben dem Gerichtsstande seiner Heimatstadt stets auch den Gerichtsstand in Rom. Roma communis nostra patria est. Einerseits konnte der in der Provinz wohnhafte römische Bürger, wenn er in Rom verweilte, auch vor dem hauptstädtischen Gerichte belangt werden, falls er nicht durch Privilegien dagegen geschützt war. Andererseits konnte der Statthalter bei ihm angebrachte bürgerliche Rechtssachen nach Rom verweisen.

Die örtliche Zuständigkeit richtete sich nach dem Wohnsitze des Belangten: actor rei forum sequitur. Der Ladung mußte er zwar jedenfalls Folge leisten und die Prüfung der Zuständigkeit stand ausschließlich dem Gerichtsmagistrate zu, der ihn zum vadimonium, zum Versprechen, an einem bestimmten Tag und Ort zum Eröffnungstermine zu erscheinen, zwingen konnte. Er hatte aber das Recht, zu verlangen, ne extra suum forum vadimonium promittere cogatur (ius domum revocandi). Doch wohl nicht erst die julische Gerichtsordnung, die den Parteien anscheinend ein einverständliches Wahlrecht, wie zwischen Stadt- und Fremdenprätor, so auch zwischen Munizipal- und Stadtgericht einräumte, schuf die prorogatio fori. Vielmehr stand es den Parteien vermutlich von jeher frei, sich freiwillig dem unzuständigen Richter zu unterwerfen. Als einen solchen Fall stillschweigender Unterwerfung scheint man insbesonders unter gewissen Umständen den Vertragsschluß oder die Vereinbarung der Erfüllung außerhalb des Wohnsitzes des Schuldners angesehen zu haben (forum contractus, forum solutionis). Sie galt jedoch stets nur wahlweise neben dem ordentlichen Gerichtsstande, niemals ausschließlich an dessen Stelle.

Eine sachliche Kompetenzgrenze bestand nur zwischen der Niedergerichtsbarkeit der Munizipalmagistrate und dem Gerichte des römischen Prätors. Ob dasselbe im Verhältnisse zwischen provinzialen Bürgergemeinden und dem Statthalter galt, ist „noch durchaus unklar".

Von seiner Gerichtsbarkeit machte der Gerichtsbeamte im ordentlichen Verfahren nach wie vor nur Gebrauch zur Einleitung und Formulierung des Verfahrens, zur Prüfung der

Prozeßvoraussetzungen, zur „Prozeßinstruktion" und zur Bestellung des Geschworenen, dem er die Erledigung des materiellen Streitverhältnisses überließ.

Der Geschworene, der iudex, war wohl von Haus aus notwendig Stammesgenosse der streitenden Parteien, römischer Bürger. Noch in augusteischer Zeit waren bloß als Bürger geborene und selbst unter diesen nur Italiker zum Geschworenenamte zugelassen. Das Bürgerrecht war nicht bloß für die Aufnahme in die Geschworenenliste erforderlich. Auch der von den Parteien freigewählte Geschworene mußte römischer Bürger sein. Nicht nur in Rom, auch in der Provinz. Das konnte in der Zeit ausschließlicher Herrschaft des Volksrechtes (ius civile) kaum anders sein. Denn nur der römische Bürger ließ die erforderliche Rechtskenntnis erwarten und schuldete dem Rechte Gehorsam. Darum war der römische Geschworene vor der lex Aebutia wohl geradezu durch zwingendes Recht geboten. Aus dem Berichte des Gajus entnehmen wir dagegen, daß die Parteien, selbst streitende Bürger, später auch einen peregrinischen Richter erlangen konnten. Doch wird die Rechtsprechung Fremder wenigstens in Rom stets eine seltene Ausnahme gewesen sein.

Der fremde Geschworene wird vermutlich zuerst dort Eingang gefunden haben, wo das Bedürfnis danach am dringendsten und das gesetzliche Verfahren ausgeschlossen war, in Streitsachen zwischen Römern und Fremden. Daran mag sich, vielleicht auch erst nach der lex Aebutia, der stadtrömische Bürgerprozeß mit Rekuperatoren geschlossen haben. Erst viel später dürfte die Ernennung peregrinischer Einzelrichter im Verfahren zwischen Römern anzusetzen sein.

Das Geschworenenamt war zwar niemals ein Monopol der Senatoren. Denn auch in der Zeit, in der die Geschworenenliste mit der Senatorenliste identisch war, stand es den Parteien wohl von jeher frei, durch Vereinbarung die Bestellung eines anderen römischen Bürgers zum Geschworenen für ihren Prozeß zu erwirken. Aber erst die Demokratisierung der Verfassung machte auch das Geschworenenamt grundsätzlich weiteren Kreisen zugänglich. Ein Gesetz des jüngeren Gracchus (lex Sempronia, 632 a. u. c. = 122 a. Ch. n.) übertrug es den Rittern, die es unter Sulla (673 a. u. c.) freilich wieder den Senatoren zurückgeben mußten. Ein Gesetz des Prätors Aurelius Cotta (684 a. u. c.) schuf drei „Dekurien" der Geschworenen: Senatoren, Ritter und tribuni aerarii (Tribusgenossen mit Ritterzensus), deren dritte unter Cäsar (708 a. u. c.) wieder ausschied, ohne daß jedoch die Dreizahl der Dekurien damit verschwand. Wenigstens berichtet Sueton, daß Augustus eine vierte Dekurie aus Leuten eines geringeren Zensus (ducenarii) für geringfügige Streitsachen hinzufügte. Dazu kam schließlich unter Caligula eine fünfte.

Die lex Aurelia scheint zugleich zum erstenmal eine besondere Geschworenenliste (album iudicum) aufgestellt zu haben, die bis dahin wegen der Identität der Geschworenenliste mit der Senatoren- oder Ritterliste entbehrlich war, und die nun, wenn sie auch im großen und ganzen ständig war, jährlich erneut wurde. Aus dieser „Urliste" stellten die Stadt- und Fremdenprätoren und die Vorsitzenden (praetores) der Quästionengerichte Sonderlisten für ihre Rechtspflege her. Ob es neben der Liste der „Dekurienrichter", der legitume Romae iudicantes, der volksgesetzlich, nach Legalvorschrift richtenden und urteilenden Geschworenen auch ein besonderes Album für iudicia quae imperio continentur — nicht bloß ein Rekuperatorenalbum, denn auch im Fremdenprozeß konnte ein Einzelgeschworener richten — gab, ist nicht sicher, kaum wahrscheinlich. Nachweisbar sind Verzeichnisse, aus denen man Rekuperatoren entnahm, nur in den Provinzen.

Nach wie vor konnte übrigens auch eine im Album nicht verzeichnete Person im einzelnen Falle Geschworener werden. Daraus erklärt sich der senatorische iudex zur Zeit der Rittergerichte, der ritterliche in der Zeit der Senatorengerichte.

Die Bestellung des Geschworenen im einzelnen Fall erfolgte durch Auslosung (sortitio) aus der Liste oder durch

Vorschlag des Klägers, unbeschadet eines im ersten Falle beiden Parteien, im zweiten dem Beklagten zustehenden Ablehnungsrechtes. Dieser Auswahl folgten, unmittelbar vor der Litiskontestation, die Ernennung durch den Gerichtsmagistrat (dare, addicere iudicem), endlich die Bestellung, Einsetzung des Geschworenen durch Annahme der Parteien (capere, sumere, accipere). Nur in besonderen Ausnahmefällen scheint die Ernennung des iudex von der Litiskontestation losgelöst gewesen zu sein, an einem eigenen Termine stattgefunden zu haben. Die Bestellung des Geschworenen geschah demnach einerseits durch die Übereinkunft der Parteien (die in der Formel zu ihm sprachen). Andererseits erhielt er seine Ermächtigung (iussus de iudicando) durch Bescheid des Magistrates (iudicare iubere), nicht schon in der Prozeßformel, sondern durch unmittelbare Verständigung unter Mitteilung einer Abschrift dieser Formel. Das scheint das Wahrscheinlichste, was das dürftige Quellenmaterial anzunehmen gestattet.

Neben dem Einzelgeschworenen fungierte auch die Geschworenenbank. Als Rekuperatorengericht war sie schon dem alten Verfahren im Fremdengericht bekannt. In Ciceros Tagen urteilten Rekuperatoren auch inter cives und zwar anscheinend schon seit längerer Zeit, möglicherweise schon vor der lex Aebutia, zumal wenn bereits in dieser Zeit auch zwischen Bürgern Formularprozeß möglich war. Jedenfalls aber niemals mit ausschließlicher Kompetenz, sondern stets nur wahlweise (nach Wahl der Parteien?) neben dem Einzelrichter, ohne Beschränkung auf bestimmte Rechtssachen (?). Ihre Wahl gewährte vermutlich den Vorzug einer Beschleunigung des Verfahrens, wie sie dem „Gastgericht" für nicht ansässige Fremde angemessen war, abgesehen von anderen mehrweniger zweifelhaften Punkten schon darum, weil ihre Tätigkeit nicht an die Schwurgerichtssession (rerum actus) gebunden war.

Nur konkurrierende, elektive, wahlweise Kompetenz neben dem Einzelrichter besaßen auch die anderen, wohl erst im sechsten Jahrhundert der Stadt aufgekommenen Kollegialgerichte, das Zentumviral- und das Dezemviralgericht.

Das Zentumviralgericht, die aus den Tribus hervorgegangene Hundertmännerbank entstand vermutlich zwar vor der lex Aebutia, aber erst nach Erhöhung der Zahl der Tribus auf fünfunddreißig im Jahre 513 der Stadt. Weder ihr Wahrzeichen, die Hasta, noch der Zwang zur legisactio auch in der Zeit der Alleinherrschaft der formula spricht für ein höheres Alter. Die hasta erklärt sich zur Genüge als Symbol ihrer Gerichtsbarkeit in Vindikationssachen, bei denen man sich der festuca quasi hastae loco bediente. Die legisactio war selbstverständlich, weil die Formel nur in Zusammenhang mit der hier entfallenden Ernennung des Spruchrichters durch den Gerichtsherrn Platz greifen konnte, weil die Schriftformel eine Urkunde war, in der die Parteien einem privaten Richter Macht verliehen, weil sie deshalb unanwendbar war, wo die Obrigkeit allein die für den einzelnen Prozeß bestimmte Geschworenenbank zur Rechtsprechung anwies.

Die bloß wahlweise Kompetenz der Zentumvirn steht für das postjulische Recht nach dem Zeugnisse des Gaius außer Zweifel, ist aber auch schon für die frühere Zeit mehr als wahrscheinlich. Wem die Wahl zustand, dem Kläger, den Parteien im Einverständnis oder dem Gerichtsherren, dafür fehlt es in diesem und in den meisten analogen Fällen an sicheren Anhaltspunkten. Mag übrigens selbst die Wahl der einen oder (dem Wesen des römischen Prozesses entsprechend) wahrscheinlich beiden Parteien zugestanden haben, jedenfalls griff auch in dieser Richtung das Recht das Magistrates zur denegatio actionis, zur Verweigerung der einen oder anderen Verfahrensart ein

Aber auch die wahlweise Zuständigkeit der Zentumviralbank war sachlich beschränkt. Quellenmäßig zu belegen ist sie nur für Vindikationssachen (Eigentums-, Servituten-, Erbschafts- und Statusklagen), die der Stadt- oder Fremdenprätor instruiert hatte. Nirgends findet sich ein Beispiel der Verweisung persönlicher Klagen vor das hastae iudicium. Ebenso liegt nicht der geringste Anhaltspunkt dafür vor, daß die Zuständigkeit in der Zeit vor Cicero anders geregelt war als später. Der einzige Zuwachs war die Inoffiziositätsquerel. Auch die julische Gerichtsordnung scheint die bisherige Kompetenz unangetastet gelassen zu haben. Nur führte anscheinend die Häufigkeit der Inoffiziositätsprozesse auf der einen Seite und der schleppende Geschäftsgang des Gerichtshofes andererseits allmählich faktisch dazu, daß die Parteien ihm schließlich kaum mehr andere Rechtssachen als Beschwerden über lieblose Testamente vorlegten.

Die Zentumviri stellten als solche kein Gericht, sondern nur eine Richterliste dar, aus der für den einzelnen Fall ein Senat, eine Kammer (iudicium, consilium) gebildet wurde. Wie die Zusammensetzung der Zentumvirallisten erfolgte, ist zweifelhaft. Anfänglich vielleicht durch lectio von je drei Bürgern aus jeder Tribus, in der Kaiserzeit und vermutlich schon in der späteren Republik durch Auslosung aus der allgemeinen Urliste der Geschworenen (?). Über die Bildung der einzelnen Kammern sind wir nicht unterrichtet. Ausnahmsweise, wenn es sich um zusammenhängende Streitsachen (z. B. Inoffiziositätsquerel gegen mehrere Testamentserben) handelte, konnten sich mehrere Kammern zur Verhandlung der Streitsache vereinigen. Das Urteil fällte aber auch in solchen Fällen jede Kammer selbständig.

Die julische Gerichtsordnung griff anscheinend mehrfach in die Organisation des Gerichtes der Hundert ein. Sie berief die ehedem dazu geschaffenen Zehnmänner (wieder) zum Vorsitz, setzte vielleicht zugleich den unter Tiberius bezeugten praetor hastarius als ersten Vorsitzenden ein, erhöhte wahrscheinlich die Zahl der Mitglieder von 105 auf mindestens 180 und vermehrte vermutlich auch die Zahl der consilia.

Das Kollegium der Zehnmänner, die decemviri stlitibus iudicandis waren nach der Einsetzung der Fremdenprätur (512 a. u. c.), doch vor der Errichtung der Statthalterschaften von Sizilien und Sardinien (um 527 a. u. c.) für den Vorsitz im Zentumviralgerichte geschaffen, den sie jedoch entweder sehr bald verloren und erst durch August wieder- oder überhaupt erst durch ihn erhielten. An einen Zusammenhang dieser Zehnmänner mit denen des Valerisch-horatischen Gesetzes, von denen Livius berichtet und über die wir so gut wie nichts wissen, ja nicht einmal etwas vermuten können, ist nicht zu denken. Sie gehören zu den magistratus minores der viginti sex viri, seit Augustus vigintiviri, von denen man seit dem siebenten Jahrhundert der Stadt regelmäßig einen bekleidet haben mußte, ehe man sich um die Quästur bewerben konnte, und die von den Tributkomitien gewählt wurden. Die selbständige Rechtsprechung in Freiheitsachen, die sie vielleicht ursprünglich besaßen, wurde jedenfalls durch Augustus den Rekuperatoren übertragen.

Der Geschworene hatte endlich unter Umständen die Stellung eines arbiter. Nicht jeder iudex war arbiter. Aber jeder arbiter war zugleich iudex, wenn ihn die Parteien unter magistratischer Autorität angenommen hatten. Nicht zugleich iudex war nur der arbiter, Schiedsrichter, dessen Spruch die Parteien durch privaten Schiedsvertrag vereinbart hatten. Auch der arbiter trat, abgesehen von den schon in den Zwölftafeln vorgesehenen tres arbitri für ein besonderes Schätzungsverfahren (falsae vindiciae) und für den Grenzscheidungsprozeß, die übrigens anscheinend ebenfalls niemals obligatorisch waren, sondern durch „singuli arbitri" ersetzt werden konnten, regelmäßig in der Einzahl auf.

Aus denselben Gründen wie bisher erhielt sich auch der Beirat, das consilium, der Jurisdiktionsmagistrate und der Geschworenen. Einen bureaukratischen Charakter mit ständigen rechtskundigen Beisitzern (adsessores) nahm die Einrichtung erst in der späteren Kaiserzeit, zu Anfang des dritten Jahrhunderts der christlichen Zeitrechnung an.

Was die Prozeßparteien, die Prozeßfähigkeit betrifft, so wurde vermutlich schon sehr bald auch Fremden ein gewisser

Rechtsschutz zuteil. Gerade der Fremdenschutz war es ja vermutlich, der dem Formularprozeß neben dem gesetzlichen Spruchformelverfahren Eingang in die römische Gerichtsordnung verschaffte. Seit der Schaffung der Prätur, zumindest der zweiten, der Fremdenprätur war der Rechtsschutz der Fremden in aller Regel anerkannt, seit der grundsätzlichen Anerkennung des Formularprozesses als ordentliche Verfahrensart überdies dem Bürgerprozeß im großen und ganzen gleich geordnet. Nur bildete der das römische Recht allezeit beherrschende Grundsatz der Personalität des Rechtes auch auf dem Gebiete des Prozeßrechtes den Gegensatz des volksrechtlichen Bürgerprozesses (iudicium legitimum) und des amtsrechtlichen Fremdenprozesses (iudicium imperio continens) aus.

In demselben Maß, in dem sich die Geschäftsfähigkeit des Privatrechtes zugunsten der Gewaltunterworfenen, namentlich des Haussohnes und der Frauen erweiterte, erfuhr ferner auch die Prozeßfähigkeit dieser Personen eine allmähliche und teilweise Erweiterung. Die Gestaltung im einzelnen wird sich aus der anderen Ortes darzustellenden Entwicklung der Personenrechte ergeben. Immerhin bestand neben der allgemeinen Geschäftsfähigkeit eine besondere Prozeßfähigkeit, insofern es gewissen Personen, unbeschadet ihrer sonstigen Geschäftsfähigkeit, durch das prätorische Edikt untersagt war, im eigenen oder im fremden Namen Anträge vor Gericht zu stellen, vor Gericht aufzutreten (postulare pro se, pro alio). So fehlte die Prozeßfähigkeit völlig (in totum) Minderjährigen und Tauben, im fremden Namen (pro aliis) Frauen und Blinden, war Prozeßfähigkeit nur im eigenen Namen und für gewisse nahestehende Personen eingeräumt den sogenannten Infamen.

Die Entwicklung des Verkehrs führte notwendigerweise auch zur Aufgabe des Grundsatzes, daß die Parteien persönlich am Verfahren teilnehmen müssen, zur Zulassung der Prozeßvertretung. Klagen im fremden Namen waren, obwohl der Kläger hier suo nomine auftrat, gewissermaßen schon die sogenannten Popularklagen (actio popularis, auch actio publica). Das waren amtsrechtliche, prätorische und ädilizische Klagformeln, deren sich jeder Bürger (quicumque agere volet) bedienen konnte, um von dem, der für ein das öffentliche Interesse berührendes Ereignis verantwortlich war, die Zahlung einer Geldstrafe (an den Kläger, nicht an die Staatskasse) zu verlangen. Ob schon alte Volksgesetze solche Klagen aufstellten, ist zweifelhaft. Verschieden von diesen in den Quellen allein sogenannten actiones populares war jedenfalls die in römischen Gesetzen vielfach angeordnete Eintreibung von Geldstrafen zugunsten des Staates oder einer Stadtgemeinde durch jeden dazu bereiten Bürger (sog. prokuratorische Popularklage), die dem Kläger kein eigenes Recht gewährte, sondern nur zuweilen ein praemium für seine Bemühung verschaffte.

Doch auch eigentliche Prozeßvertretung war nunmehr in zweifacher Gestalt möglich, als Prokuratur oder Kognitur. Kognitor war der in Gegenwart des Prozeßgegners mit feierlichen Worten (certis verbis) bestellte Prozeßvertreter. Die Bestellung konnte — das scheint der Sinn der überlieferten Doppelformel zu sein — auch schon außergerichtlich, im vorhinein für den ganzen Prozeß, insbesondere schon zum Zwecke der Prozeßbegründung (Litiskontestation) oder in iure, im Augenblicke der Litiskontestation (vielleicht auch schon früher) für das Verfahren in iudicio, zur Prozeßführung, zur Führung dieses bestimmten Prozesses, geschehen. Nicht notwendig war die Anwesenheit des Kognitor bei der Bestellung. Die Bestellung vertrug weder Befristung noch Bedingung, war dagegen, wenigstens später, nicht schon deshalb ungiltig, weil ein falsches Wort oder eine fremde Sprache gebraucht war.

Der Prokurator, der schon in den Komödien des Plautus begegnet, erscheint noch bei Cicero als allgemeiner Vermögensverwalter. Er war zumeist ein Freigelassener des Geschäftsherrn und als solcher in einem weitgehenden Abhängigkeits- und Vertrauensverhältnis zu seinem Herrn und innerhalb seines Geschäftskreises auch zur Prozeßführung berufen. Sein ständiger terminologischer Gegensatz zum Mandatar machte ihn anscheinend nicht einmal von einem besonderen Auftrage des Herrn abhängig, sondern ließ ihn als einen „Schaffer" erscheinen, „der bestimmte Aufträge nicht hat", als (auftraglosen) Geschäftsführer, dessen Urtypus er vermutlich darstellt. Sein Rechtskreis wurde vielleicht in teilweiser Anlehnung an die Rechtssätze für die gesetzlichen Vertreter bestimmt. Erst allmählich trat eine Erweiterung des Prokuratorenbegriffs in der Richtung ein, daß auch der Spezialbevollmächtigte darunter subsumiert wurde. Jedenfalls erforderte auch dessen Bestellung keine bestimmte Form. Ja er konnte sogar ohne jede Vollmacht schon zu Ciceros Zeit für den Beklagten, später, wenigstens unter Umständen, auch für den Kläger auftreten.

Ob Kognitor oder Prokurator, in jedem Falle nahm der Vertreter den Prozeß auf sich, lautete das Urteil für und gegen ihn, nicht für und gegen die vertretene Partei. Das brachte die Prozeßformel zum Ausdruck, indem sie zwar in der intentio auf den dominus, aber in der condemnatio auf den Vertreter abgestellt war (Formel mit Umstellung der Subjekte). Mag man daher auch den Prozeßvertreter nur als indirekten, als Interessenvertreter ansehen, so war doch jedenfalls die Stellung des Kognitors der direkten Stellvertretung sehr genähert, insofern der mit ihm vereinbarte Schiedseid (iusiurandum in iure) dem dominus unmittelbar Klage und Einrede auf Grund des Eides gewährte und namentlich die Vollstreckung des Urteiles (actio iudicati), sofern der Vertreter nicht cognitor in rem suam, zu eigenem Recht, war, kraft neuerlicher Umstellung der Subjekte in der Formel (causa cognita) unmittelbar dem und gegen den dominus zugestanden wurde. Dasselbe galt übrigens seit einem Reskripte des Antoninus Pius auch für den gesetzlichen Vertreter und für den procurator praesentis.

Weil das Urteil zunächst nur gegen den Vertreter wirkte, mußte der Prozeßgegner, dem nach dem Grundsatze bis de eadem re ne sit actio nochmalige Klage gegen den dominus versagt war, Sicherheit erhalten für die Erfüllung des Urteilspruches (cautio iudicatum solvi), die für den Kognitor die Partei, ein anderer Vertreter selbst stellen mußte. Der Vertreter des Klägers entzog diesem nicht die Möglichkeit, seinerseits nochmals zu klagen. Darum mußte der Prozeßgegner jedenfalls Sicherheit gegen diese Gefahr erhalten (cautio de rato, cautio dominum rem ratam habiturum). Diese Notwendigkeit bestand jedoch nur, wenn ein Prokurator, nicht auch, wenn ein Kognitor an Stelle des Klägers auftrat. Denn hier raubte dem Kläger entweder die noch von ihm selbst vorgenommene Litiskontestation oder die formelle Ermächtigung des Kognitors die Möglichkeit wiederholter Klage. Dasselbe galt später auch für andere Vertreter mit bestimmt umschriebener Vollmacht, namentlich für den Vormund.

Soll schließlich das historische Verhältnis beider Vertretungsformen zueinander näher bestimmt werden, so scheinen die bevorzugte Stellung des Kognitors und seine Bestellung durch Formalakt auf volksrechtlichen Ursprung hinzuweisen, für das höhere Alter der Kognitur zu sprechen. Allein allen Bemühungen zum Trotz bleibt der zivile Ursprung der Kognitur unbeweisbar. Wahrscheinlich ist vielmehr ihr Ursprung im Fremdengericht des Peregrinenprätors zu suchen, wurde sie erst durch den Prätor und die Rechtswissenschaft in Anlehnung an die bereits bestehende Prozeßprokuratur in das Bürgergericht übernommen. Diese Annahme findet eine Stütze in der Mitteilung Ciceros, daß die Kognitur in Sizilien wohlbekannt war. Erwägt man, daß Sizilien ein gräzisiertes Land war und daß die Bestellung des Kognitors graecis verbis allgemein als gültig angesehen wurde, so geht vielleicht die Vermutung nicht fehl, die in der Kognitur einen griechischen Fremdkörper des römischen Prozesses erblickt.

Neben dem Prozeßvertreter behauptete natürlich auch der Parteibeistand, der orator und advocatus, seine Stellung.

Das Verfahren war und blieb öffentlich. Der Magistrat saß pro tribunali zu Gericht. Gerichtsferien, Gerichtstage und Gerichtszeit blieben im großen und ganzen unverändert. Eine Neuregelung der (230) Gerichtstage erfolgte erst durch Mark Aurel. Dagegen erforderte die wachsende Zahl der Prozesse die Einhaltung einer bestimmten Reihenfolge bei ihrer Erledigung. Aufschluß darüber geben allerdings nur und erst ägyptische Papyri der Kaiserzeit. Anspielungen darauf enthalten aber anscheinend schon Ciceros Verrinen. Danach scheint in der Provinz — wahrscheinlich auch in Rom — die Reihenfolge durch das Los (sortiri dicas) bestimmt worden zu sein, nachdem die Klagen eine bestimmte Zeit — in Sizilien wenigstens dreißig Tage — vor Beginn der Session, vor dem conventus eingebracht und in ein amtliches Register eingetragen (dicas scribere) worden waren.

Weist schon die Gerichtsverfassung mancherlei Verschiedenheit gegenüber dem älteren Rechtszustand auf, so war doch die Umgestaltung des Verfahrens selbst noch bedeutsamer. Das Verfahren war zwar nach wie vor von dem Grundsatze der Zweiteilung in ein Verfahren in iure und in ein solches in iudicio beherrscht. Aber das Verfahren in iure nahm eine andere Gestalt an. An Stelle der Spruchformel trat die Schriftformel, an Stelle der legis actio die formula. Der Übergang vollzog sich auf gesetzlicher Grundlage: per legem Aebutiam et duas Iulias sublatae sunt istae legis actiones effectumque est, ut per concepta verba, id est per formulas litigemus. Entstehungszeit und näherer Inhalt dieser Gesetze lassen sich freilich nur annäherungs- und vermutungsweise bestimmen. Es waren anscheinend Zivilgerichts- und Prozeßordnungen im heutigen Sinne des Wortes, insofern sie nur Formen für die Geltendmachung der Klagerechte feststellten, das Privatrecht wenigstens unmittelbar in keiner Weise berührten, weder bestehende Klagerechte aufhoben, noch neue einführten, lediglich Vorschriften darüber gaben, wie mit der neugeformten actio vor dem Magistrat und vor dem Judex zu verfahren sei, ausschließlich den modus agendi, den Zivil-, den Privatprozeß regelten. Insbesondere war auch die lex Aebutia nichts anderes, kein Verfassungsgesetz, das die Gewalt der Gerichtsmagistrate erweiterte und etwa erst die Grundlage für das gesamte prätorische Privatrecht schuf. Das widerspricht den Quellen und ist hier, da schon wiederholt dagegen Stellung genommen wurde, nur nochmals zu betonen.

Die lex Aebutia läßt sich allen scharfsinnigen Versuchen zu Trotz zeitlich noch immer nicht genauer fixieren als durch die noch ausschließlich von der legisactio beherrschte Tripertita des Sex. Älius (550 a. u. c.) einerseits, durch Cicero andererseits. Überwiegende Wahrscheinlichkeit, das völlige Fehlen der Formel in den Komödien des Plautus, die Lebenskraft der formalistischen Rechtsanschauung noch im letzten Jahrhundert der Republik und die Erwägung, daß das durch sie geschaffene Übergangsstadium bis zum Erlaß der Julischen Gesetze nicht allzu lang gedauert haben kann, verweisen das Gesetz in das Ende des sechsten oder in den Beginn des siebenten Jahrhunderts der Stadt.

Die Julischen Gesetze waren allem Anscheine nach beide erst Schöpfungen des Augustus, nicht schon Cäsars. Sie sind verschieden von der lex (Iulia iudiciorum) publicorum, der Julischen Strafprozeßordnung. Doch scheinen sie alle drei demselben Jahre (737 a. u. c.) anzugehören und wären dann, da Augustus damals nur die tribunizische Gewalt besaß, Plebiszite. Die duae leges Iuliae bezogen sich, die eine gleich der lex Aebutia erweislich nur auf den Stadtprätor, auf das Verfahren in urbe Roma und intra primum urbis Romae miliarium, die andere wohl notwendig auf die auswärtigen römischen Bürgergemeinden. Die gesonderte Ordnung für Rom und für die Landstädte (Munizipien) war geboten schon wegen der Verschiedenheit der Gerichtsverfassung hier und dort und wegen der Notwendigkeit, die Kompetenz der Munizipalbeamten von der der Reichsmagistrate abzugrenzen.

War aber schon der Erfolg der lex Aebutia, wie der Bericht des Gajus doch wohl außer Zweifel stellt, der, daß sie alle Legisaktionen aufhob, und hatten nach demselben Bericht auch die Julischen Gesetze keinen anderen Zweck, so kann das nur so verstanden werden, daß die lex Aebutia die Spruchformeln bloß entbehrlich, erst die Julischen Gesetze sie unanwendbar machten, daß die lex Aebutia den Formularprozeß nur fakultativ, erst die leges Iuliae ihn obligatorisch einführten.

Die lex Aebutia pfropfte nicht in einem „Legisaktionenprozeß mit Formeln" die Formel auf die legisactio. Sie stellte vielmehr die formula neben die legisactio zur Auswahl. Sie nahm bereits sämtlichen Legisaktionen ihren obligatorischen Charakter, ohne jedoch die eine oder andere gänzlich zu beseitigen. Nur faktisch mochte diese oder jene (condictio, iudicis postulatio) bald völlig aus dem Gerichtsgebrauche verschwinden. Sie schuf ein allgemeines Wahlrecht zwischen der alten Spruch- und der neuen Schriftformel, das gerade auf dem Gebiete des Prozeßrechtes nicht unerhört, hier schon von alters zwischen verschiedenen Legisaktionen üblich war. Ausgeübt wurde es vermutlich von den Parteien mit Genehmigung des Gerichtsherrn.

Die julischen Gesetze brachten die Umwandlung des Prozeßrechts zum Abschluß, indem sie die legisactio auch als fakultative Prozeßform beseitigten. Nur zwei Ausnahmen blieben bestehen. Die legisactio vor dem Zentumviralgericht aus schon erörterten Gründen und die wahlweise legisactio damni infecti, weil sie vermutlich einen der Fälle darstellte, in denen die Umwandlung der Spruch- in eine Schriftformel nicht zum Ziele geführt hätte, weil die legisactio hier nicht ein durchaus gerichtliches Verfahren war, das zum Rechtsstreit mit iudicium führte, sondern ein Element des Tatbestandes, der erst eine Klage begründen sollte, ein zunächst außergerichtlicher, rechtsbegründender Privatakt, die feierliche Ankündigung des Bedrohten gegenüber dem Eigentümer des Bauwerkes, die diesen zur Abwendung der Gefahr bestimmen und dadurch dem Bedrohten erst eine in iure verwendbare actio verschaffen sollte. Sie konnte daher erst verschwinden, als eine prätorische Neuschöpfung, die cautio damni infecti, raschere Abhilfe gewährte.

Doch erfuhr die legis actio auch in dem engen Rahmen, den sie fürderhin noch beherrschte, durch die augusteische Gerichtsordnung manche Umgestaltung. Vor allem wurde die in Querelsachen schon früher gebräuchliche sponsio dadurch für alle Zentumviralsachen zum wesentlichen und notwendigen Prozeßmittel erhoben, die daran anschließende legis actio sacramento (in personam) mit dem geringen Sakrament von fünfzig As zur dekorativen Zutat herabgedrückt. Während sich die legisactio ferner, wenigstens in dieser Form, vor dem Zentumviralgericht behauptete, solange dieses bestand, wurde sie im Verfahren wegen damnum infectum schon sehr bald durch das bequemere prätorische Recht verdrängt.

Als prätorische Schöpfung entstanden und vor der lex Aebutia nur als solche vielleicht auch schon auf Bürger angewendet, war der Formularprozeß doch seit und kraft der lex Aebutia eine legitime, gesetzliche Prozeßform, ein volksgerichtliches Verfahren, eine legisactio, die nur darum von den Römern niemals so genannt wurde, weil mit diesem Ausdrucke schon die Vorstellung der Spruchformel unzertrennlich verbunden war, ein iudicium legitimum, insofern diese Terminologie dem älteren Rechte fremd war, das iudicium legitimum schlechtweg.

Ursprünglich gewiß bloß das Schwurgericht bedeutend, erlangte iudicium wohl sehr bald die Bedeutung der Schriftformel, weil das vom Prätor ohne gesetzliche Grundlage berufene Gericht durch die Ausfertigung einer Urkunde ernannt und instruiert wurde. So ging die Bedeutung iudicium allmählich auf das „kleine Schriftstück" selbst über, in dem das Gericht angeordnet war. Durch die Ausdehnung des Formularverfahrens auf Zivilklagen vor dem Stadtprätor dürften dann neben den honorarischen die zivilen iudicia entstanden sein. Andererseits kam wohl nach Erlassung der lex Aebutia, seitdem die (legis) actio immer mehr durch die formula ersetzt wurde, actio bald auch für die Streiturkunde in Verwendung. Fast durchaus bewahrt wurde der strengere Sprachgebrauch in den Edikten des prätorischen Albums, indem sie regelmäßig nur iudicia (honorarische Formeln), nicht actiones verhießen.

Wie bisher actio oder legisactio die Spruchformel und den ganzen Prozeß mit Spruchformel von der Begründung bis zum Urteile bezeichnete, iudicium bloß den durch das prätorische Edikt geordneten Prozeß des Fremdenrechtes, so bedeutete nun iudicium die Schriftformel und den Prozeß mit Schriftformel, iudicium legitimum demnach das nach Volksrecht geregelte Verfahren, den vom Prätor in Rom oder innerhalb der Bannmeile zwischen römischen Bürgern eingeleiteten und an einen römischen iudex unus verwiesenen Prozeß, mochte ihm ein ziviler oder honorarischer Anspruch (actio) zu Grunde liegen, wie umgekehrt die zivile Klage das iudicium imperio continens nicht zum legitimen Prozeß machte.

Ein iudicium imperio continens war dagegen das durch obrigkeitliche Satzung geordnete Verfahren, das dort Platz greifen mußte, wo die lex versagte, weil die Beteiligten nicht Bürger waren, der Bürgerordnung weder teilhaftig waren noch ihr unterstanden, wo eine der vorbezeichneten Voraussetzungen fehlte.

Die Richterkollegien der Hundert und Zehn waren zwar iudices legitume iudicantes, insofern sie nach Volksrecht richteten und urteilten, insofern die Zusammenstellung der Zentumviralliste und die Bestellung zur Judikation im einzelnen Falle durch volksrechtliche Normen, insbesonders auch durch die lex Iulia geregelt war. Dennoch war das Verfahren vor diesen Gerichten nicht iudicium legitimum, weil vor ihnen nicht „per formulas litigiert", sondern „sacramento lege agiert" wurde. Das Verfahren war als legis actio gesetzlich. Aber die Bezeichnung iudicium legitimum kam eben erst für das neue gesetzliche Verfahren per formulam auf.

Andererseits war das durch des Augustus zweite Gerichtsordnung einheitlich geregelte Verfahren vor den Munizipalgerichten vermöge seiner gesetzlichen Grundlage legitim und, insofern es auch Schriftformelverfahren war, sogar iudicium legitimum, sicherlich nicht iudicium imperio continens, weil gerade das imperium den italischen Lokalbehörden in dieser Zeit fehlte. Wenn daher Gajus das iudicium legitimum am ersten römischen Meilenstein enden läßt, so will er damit wohl nicht die Möglichkeit oder vielmehr das wirkliche Dasein legitimer Prozesse außerhalb Roms leugnen, sondern nur die Beschränkung seiner Darstellung auf das stadtrömische Recht zum Ausdrucke bringen. Nicht im Sinn einer dem römischen Rechte wie das Territorialitätsprinzip überhaupt fremden Lokalisierung des Prozeßrechts als vielmehr einer solchen der Rechtsprechung, die regelmäßig an einen bestimmten Ort gebunden war. Die lex Aebutia und die eine lex Iulia wandten sich an den innerhalb der Bannmeile zwischen römischen Bürgern rechtsprechenden Beamten. Nur ihr Recht, das daher lediglich auf stadtrömische Prozesse Anwendung fand, wollte Gaius darstellen. Das hindert nicht, daß auch das durch die zweite lex Iulia geordnete Verfahren vor den Munizipalgerichten außerhalb Roms, nicht bloß in Italien, sondern wahrscheinlich auch in den Provinzen ein iudicium legitimum darstellte.

War das iudicium legitimum nicht auf Rom beschränkt, so war andererseits auch nicht jedes iudicium in Rom legitim. Auch in Rom waren bloß iudicium imperio continens das Fremdengericht und das Rekuperatorengericht selbst zwischen Bürgern. Ist der erste Fall natürlich, so befremdet am zweiten, daß hier Bürger vom legitimen Prozeß ausgeschlossen erscheinen. Die Sache ist jedoch nicht schlimm, da auch die Rekuperatoren im Verfahren zwischen Bürgern niemals ausschließlich, stets nur wahlweise berufen waren. Den Ausgangspunkt bildeten vermutlich die Fälle, in denen eine honorarische Formel aus dem Album des Fremdenprätors in das des Stadtprätors und damit zugleich das Rekuperatorengericht für den Bürgerprozeß übernommen wurden. In der Folge mögen die Rekuperatoren dann auch für andere Sachen amtsrechtlicher, am Ende auch für solche zivilrechtlicher Herkunft zugelassen, schließlich sogar in einzelnen Fällen an erster Stelle berufen gewesen sein. Sicherlich aber in keinem mit Ausschluß des iudex unus. Sollte das Rekuperatorengericht dem Kläger doch nur eine Begünstigung, vor allem Beschleunigung des Verfahrens gewähren, ein Verzicht darauf ihn nicht seines ordentlichen Richters berauben. Verwunderlich ist bloß, daß die Julische Gerichtsordnung gerade nur den Prozeß vor dem iudex unus legalisierte, das Verfahren inter cives mit rekuperatorischen Formeln davon ausschloß. Zu erklären ist das wohl aus Zweckmäßigkeitsgründen. Man wollte auch im Bürgerprozeß neben dem gesetzlich eingehend geregelten Verfahren ein anderes mit größeren Freiheiten des leitenden Beamten aufrechthalten, das insbesonders auch rascher zum Ziele führte.

Zweckmäßigkeitsgründe förderten auch die Entwicklung der extraordinaria cognitio neben dem ordentlichen Prozeß. Die cognitio des Beamten als solche, das Untersuchen und Erkennen an sich, war in der iurisdictio oder, was dasselbe ist, im „imperium, soweit es der Rechtspflege zugewandt ist", von Haus aus inbegriffen, mit dem ordentlichen Zivilprozeß keineswegs unverträglich. Sie war nur regelmäßig entbehrlich, in der legisactio, weil hier das Schema im Voraus entworfen war, im Formularprozeß jedesmal dann, wenn die erforderliche Formel im Album kundgemacht war. Sie beherrschte das Verfahren dagegen schon hier, wenn die postulierte Formel kein Vorbild im Album hatte oder wenn ihre Gewährung ausdrücklich von einer vorausgehenden causae cognitio abhängig gemacht war. Sie war überdies mit gewissen Verfahrensarten, mit in integrum restitutio, mit missio in bona oder in rem, mit praetoriae stipulationes, mit der Zulassung zur bonorum possessio, mit der Ernennung von Tutoren und Kuratoren, mit sonstigen Vormundschaftssachen und mit einer Reihe anderer minder wichtiger Vorgänge verbunden, die mit Ausnahme der Vormundschaftssachen mehr oder weniger den Zwecken des ordentlichen Prozesses dienen sollten. In Gegensatz zum ordentlichen Zivilprozeß trat sie erst dort, wo etwas zum Gegenstand obrigkeitlicher Untersuchung wurde, was regelmäßig nicht Sache des Beamten war, sondern in den Wirkungskreis des Geschworenen fiel, namentlich wenn sie die Erledigung der Streitsache selbst durch Urteil oder durch andere abschließende Entscheidung bezweckte. Das ist es, was die klassischen Juristen als cognitio extra ordinem, Justinians Digesten als cognitio extraordinaria bezeichnen.

Diese Erscheinung war vielleicht schon dem älteren Prozesse nicht völlig fremd. In größerem Umfange machte sie sich schon in frühklassischer Zeit bemerkbar, teils auf Gebieten, die vordem überhaupt des Rechtsschutzes entbehrt hatten und damit von Haus aus dem ordentlichen Verfahren entzogen blieben (Fideikommisse, Unterhaltsansprüche aus gesetzlichen Verpflichtungen, Honoraransprüche, Pollizitationen u. a. m.), teils in Konkurrenz mit dem ordentlichen Prozeß (Statusfragen u. a. m., vor allem aber Reskriptsachen, d. h. Rechtssachen, die der Kaiser, statt sie auf Ansuchen der Parteien selbst zu entscheiden, durch Reskript einem Beamten zur Entscheidung überwies). Immerhin war das Verfahren in dieser Zeit die Ausnahme. Darum soll es erst dort, wo es die Regel bildete, seine Darstellung finden.

Das ordentliche Verfahren dieser Zeit war der Formularprozeß, ebenso im Verfahren zwischen Bürgern wie im Fremdenprozeß, nicht bloß im stadtrömischen, sondern auch im Provinzialprozeß.

Was die Frage betrifft, woher die Formel gekommen sein mag, so gilt schon längst die geistreiche Vermutung Huschkes als die ansprechendste, daß sich der Formularprozeß im Fremdenprozeß entwickelt haben muß, der von vornherein der legis actio unzugänglich war. Eine hübsche Analogie findet diese Vermutung in einer griechischen Inschrift aus Lokri, die besagt, daß das Fremdenrecht künftig auch für die Einheimischen gelten solle. Unwahrscheinlicher ist jedenfalls die Ableitung aus dem Provinzialprozeß. Die sizilische Schriftklage legt zwar den Zusammenhang mit der Formel nahe. Aber die jedesmal verschiedene Gestalt der Schriftklage hätte kaum die streng festgehaltenen Formeln des Formularprozesses ausgebildet. Vor allem fehlt aber die Gleichartigkeit dieser Prozeßeinleitungsform in allen Provinzen, die allein ihren vorbildlichen Charakter rechtfertigen würde. Dagegen wies anscheinend schon die schiedsrichterliche Rechtsprechung des römischen Senates unter griechischen Gemeinden im zweiten vorchristlichen Jahrhundert Formen auf, die an den Formularprozeß gemahnen. An sich ein völkerrechtliches Verfahren schloß es als Schiedsvertrag die Formen des bürgerlichen Rechtsstreites schon darum nicht aus, weil sich gerade der völkerrechtliche griechische Prozeß von jeher der Formen des Zivilprozesses bedient zu haben scheint. Die Formen dieses Verfahrens waren Verhandlung vor dem Beamten (Senat) über Richterbestellung und Prozeßprogramm, schriftliche Aufzeichnung des Verhandlungsergebnisses und dessen Mitteilung an den Richter, der seinerseits in genauem Anschluß an dieses Programm entschied, also mit einem Worte Formularprozeß. Damit erscheint nicht bloß der Ursprung des Formularprozesses im Fremdengericht, sondern auch seine Übung schon vor der lex Aebutia mehr als wahrscheinlich gemacht und, da die Wirkungslosigkeit der römischen lex gegenüber dem Nichtbürger, die den Formularprozeß in Rom veranlaßt hatte, auch dem Provinzialen gegenüber statthatte, seine voräbutische Geltung auch in der Provinz glaubhaft.

Zum ordentlichen Prozeß wurde das Formularverfahren aber erst, seitdem und soweit der Gerichtsherr gesetzlich gebunden war, streitenden Parteien ein Schwurgericht per formulam zu gewähren.

Solche gesetzliche Verpflichtung war von vornherein nur streitenden Bürgern gegenüber möglich und war, wie sie vermutlich schon unter der Herrschaft der Legisaktionen für die Gewährung der legisactio galt, wohl auch in den neuen Gerichtsordnungen (lex Aebutia und Iulia) neuerlich ausgesprochen oder wenigstens vorausgesetzt, unbeschadet des Rechtes des Magistrates, mit Recht oder Unrecht den Prozeßweg überhaupt abzuschneiden oder doch den erbetenen, vielleicht einverständlich vorgeschlagenen modus agendi für unpassend zu erklären. Diese gesetzliche Grundlage fehlte, genau genommen, schon dem iudicium legitimum mit amtsrechtlicher Formel, deren Gewährung nicht die lex, sondern bloß der Prätor verhieß (iudicium dabo u. dgl. m.). Doch scheint hier die Gebundenheit des Prätors an sein Album genügt, die freiwillige Gewährung des Prätors gesetzlichen Zwang entbehrlich gemacht zu haben. Keine gesetzliche Norm band ferner vermutlich den Provinzialstatthalter. Der Prozeß vor seinem Gerichte war dem Amtsrecht überlassen und es ist daher sehr unwahrscheinlich, daß irgend ein Volksgesetz alle Reichsbeamten, wo immer sie Gericht halten mochten, zur Zuziehung eines Geschworenen verpflichtete. Allein auch der Statthalter war an sein Album gebunden, das den Prozeß mit Geschworenen zumindest als Regel voraussetzte.

Der Fremdenprozeß unterlag zwar durchaus der Regelung durch das imperium, selbst wenn Römer daran beteiligt waren. Daher bestand hier niemals ein gesetzlicher Anspruch auf Gewährung eines Schwurgerichtes, ein völkerrechtlicher nur nach Maßgabe etwaiger Staatsverträge. Die einzige Gewähr bot hier die Selbstbeschränkung des Beamten durch sein Edikt. Wenn er ein iudicium verheißen hatte, so war das zwar keine „unzerbrechliche Fessel". Aber das ius dicere contra edictum hätte ihm den Vorwurf pflichtwidriger Amtsführung zugezogen.

Dasselbe ist schließlich für die Provinzen anzunehmen. Allerdings verordneten anscheinend die Grundgesetze einzelner Provinzen, wie die lex Rupilia für Sizilien, das römische Formularverfahren. Soweit diese leges provinciae daher den Charakter von leges hatten, schufen sie wohl auch in dieser Hinsicht dauerndes und bindendes Recht. Soweit sie jedoch, wie z. B. gerade die nur uneigentlich so genannte „lex" Rupilia, bloß als Senatsdekrete statthalterliche Statuten bestätigten, hatten sie solche Gesetzeskraft nicht. Immerhin bildeten auch solche Normen, die in das Edikt des Statthalters aufgenommen und Teil der provinzialen Rechtsordnung wurden, eine starke Gewähr. In der Tat ist denn auch für die republikanische Zeit das römische Formularverfahren in einer großen Zahl von Provinzen nachweisbar, in allen wahrscheinlich. Dabei blieb es auch unter dem Prinzipat in den sogenannten senatorischen Provinzen, deren Verwaltung die bisherige blieb, und für die der Formularprozeß auch in dieser Zeit zumeist zu erweisen ist. Dagegen ist nicht in einer der dem Prinzeps zugewiesenen Provinzen eine sichere Spur der Geltung des Formularprozesses nachweisbar. Hier herrschte anscheinend von Anfang an der Kognitionsprozeß.

Gegenüber dem bisherigen gesetzlichen Verfahren, gegenüber der legisactio stellte der Formularprozeß keine schroffe Änderung dar. Im Gegenteil. Wie die legisactio bereitete er zunächst durch ungebundene Verhandlung der Parteien unter entscheidender Mitwirkung des Magistrates den Formalakt der Litiskontestation, die formelle Streitbefestigung vor. Auch die Stellung des Gerichtsmagistrates war im großen und ganzen dieselbe vor und nach der lex Aebutia. Ebenso war die Streitbefestigung in beiden Verfahrensarten ein Formalakt. Die Neuerung bestand im wesentlichen nur darin, daß die schwierigere und gefährlichere Form der legisactio durch eine elastischere, bequemere und zweckdienlichere ersetzt wurde. An Stelle der Spruchformel trat die Schriftformel.

Die Schriftformel (formula) war wie die Spruchformel Juristenwerk. Offiziellen Charakter erhielt sie erst durch die Aufnahme in das Album des Gerichtsmagistrates. Die Zahl der Formeln war unbeschränkt. Sie konnten beliebig ergänzt, verändert und durch neue ersetzt werden. Neue rechtsschutzwürdige Ansprüche veranlaßten die Aufstellung neuer Formeln. Notwendig waren sie ebenso für Ansprüche, die im Zivilrecht begründet waren, (formulae civiles) wie für solche, die dem Amtsrecht entsprangen (formulae honorariae, praetoriae). Als Schemata für Rechtsansprüche bestimmter Art oder Gattung hatten sie im Album naturgemäß die Gestalt von Blanketten, die erst im einzelnen Falle durch Einfügung der Namen von Richter und Parteien, durch Bezeichnung des Streitgegenstandes usw. ergänzt werden mußten: Iudex esto, Si paret N(umeriu)^{m} N(egidiu)^{m} — die übliche Bezeichnung des Beklagten — A(ul)^{o} A(geri)^{o} — die des Klägers — sestertium X milia dare oportere, iudex N^{m} N^{m} A^{o} A^{o} X milia condemna(to). S(i) n(on) p(aret) a(bsolve(ito)). Das Wesen der Formel lag in der bedingten Anweisung des Geschworenen zur Verurteilung (condemnatio) des Beklagten, wenn die vom Kläger behauptete Tatsache zutraf, zur Abweisung der Klage (absolutio), wenn das nicht der Fall war.

Zur Prozeßbegründung war die Ausfertigung einer konkreten Streiturkunde notwendig, die die Mitteilung des in iure formulierten Rechtsschutzanspruches an den iudex enthielt. Auch dieses Schriftstück hieß formula (oder iudicium). Daß die Streiturkunde eine schriftlich fixierte Formel war, darf man manchem scharfsinnigen Einwande zu Trotz doch wohl als gesichertes Ergebnis betrachten. Das dictare, das wiederholt im Hinblick darauf gebraucht wird, die tabulae, mit denen Horaz anscheinend auf die versiegelte Schriftformel anspielt, lassen kaum eine andere Deutung zu. Vor allem aber des Gajus Definition der praescriptio stützt die schriftliche Natur der Formel.

Das Verfahren bei Herstellung der Formel kennen wir allerdings nicht. Möglich, daß der Kläger einen Entwurf schriftlich einreichte, dessen endgültige Fassung auf Grund des Ergebnisses der Verhandlung in iure dann Sache der prätorischen Kanzlei war. Vielleicht fand die Ausfertigung von vornherein in dieser Kanzlei mit Hilfe amtlicher Blankette statt. Über leere Hypothesen ist mangels Quellen nicht hinauszukommen.

Die Formel, die konkrete Streiturkunde, die sich vom Formelblankett nur durch die Individualisierung der Blankettworte unterschied, wies gleich dem Blankette gewisse typische Bestandteile auf, die in verschiedener Zahl und Zusammensetzung immer wiederkehrten und den einzelnen Formeln ihren besonderen Charakter verliehen.

Die Einleitung bildete regelmäßig die Bezeichnung des oder der berufenen Geschworenen. Im übrigen waren die Formelbestandteile teils solche, die regelmäßig wiederkehrten, ordentliche Formelbestandteile, partes formulae schlechtweg, teils solche, die nur in besonderen Fällen Anwendung fanden, und die man daher außerordentliche nennen kann. Als partes formulae schlechtweg bezeichnet Gajus die demonstratio, intentio, adiudicatio, condemnatio.

Jede Formel mußte eine intentio haben, ea pars formulae, qua actor desiderium suum concludit, das Klagebegehren, das Petit, die Bezeichnung des Streitgegenstandes: Si paret hominem ex iure Quiritium A^i A^i esse — Intentio einer dinglichen Klage — si paret N^m N^m A^o A^o sestertium X milia dare oportere — Intentio einer persönlichen actio certa — quidquid paret N^m N^m A^o A^o dare facere (oportere) — an eine vorausgehende Demonstratio anschließende Intentio einer persönlichen actio incerta. Die Formel erschöpfte sich zugleich in der Intentio, wenn der Kläger lediglich die Feststellung eines Tatbestandes, keine Verurteilung begehrte, bei den sogenannten Feststellungsklagen, praeiudicia, die bloß ein konkretes Rechtsverhältnis oder eine rechtlich erhebliche Tatsache ermitteln und als Vorbedingung eines künftigen Rechtsstreites — darum praeiudicium — oder zu anderen Zwecken feststellen wollen: iudex esto an N^s N^s A^i A^i libertus sit; an ingenuus sit u. a. m.

Die intentio stützte sich bald auf eine volksrechtliche Norm (in ius concepta). Bald ersetzte die vom Prätor im Album proponierte oder ohne solches Muster für den einzelnen Fall entworfene Klage (actio in factum) mangels solcher Basis die Rechtsbehauptung durch den der zivilrechtlichen Norm entbehrenden Tatbestand (in factum concepta). Jede Zivilklage (actio civilis) war in ius, aber nicht jede amtsrechtliche Klage (actio honoraria, praetoria) in factum konzipiert. Der Prätor lehnte sich häufig bei Gewährung neuer Klagen an das Volksrecht an, indem er die dem Volksrecht entlehnte intentio in ius concepta (actio directa) seinen Zwecken durch Annahme einer tatsächlich fehlenden gesetzlichen Voraussetzung (actio ficticia) oder durch sonstige Zusätze oder Änderungen (actio utilis), durch Umstellung der Subjekte, indem er die condemnatio auf eine andere Person abstellte als die intentio, u. a. m. nutzbar machte. In manchen Fällen ging umgekehrt der Prätor mit einer formula in factum concepta voran, indem er ein bisher klagloses Verhältnis mit einer Klage ausstattete, die dann ins Zivilrecht überging, in ius konzipiert wurde, ohne zugleich die ältere in factum konzipierte Formel aus der Welt zu schaffen. Auf dieses eigentümliche Verhältnis einer Doppelformel in ius und in factum für denselben Anspruch wird in der Geschichte der Schuldverhältnisse zurückzukommen sein.

Die in ius konzipierte Intentio war endlich bald certa, bald incerta, je nachdem eine bestimmte Geldsumme oder eine andere bestimmte Sache Gegenstand des Begehrens war oder nicht. Eine intentio certa hatten regelmäßig die actiones in rem. Ausnahmen fanden nur in paucissimis causis statt. Die Intentio der persönlichen Klagen war certa, wenn sie auf dare oportere von certa pecunia oder alia certa res gerichtet war. Die in ius konzipierte actio incerta war actio bonae fidei, wenn sie durch den Zusatz ex fide bona in der Intentio den Geschworenen anwies, das Rechtsverhältnis nach Treu und Glauben zu beurteilen. Die Intentio der actio in rem nannte regelmäßig (vindicatio und hereditatis petitio, anders die Servitutenklagen) den Beklagten nicht. Diese absolute Fassung, der Verzicht einer Beziehung des behaupteten Rechtes auf den Beklagten rechtfertigt bis zu einem gewissen Grad ihre Bezeichnung, ihren Gegensatz zur actio in personam. Tatsächlich war sie allerdings nicht mehr eine actio in rem. Denn während im Legisaktionenprozeß das „Agieren" auf die Sache selbst gerichtet war, verlangte der Formularprozeß nicht mehr das Dasein der Streitsache in iure, kannte er also kein eigentliches agere in rem. Untechnisch war dagegen die Bezeichnung der actio in personam schlechtweg als condictio. Die condictio erschöpfte nicht einmal den Gegensatz zur actio bonae fidei. Nicht einmal jede actio stricti iuris (klassisch iudicii) war condictio. Condictio im eigentlichen Sinn war der ehedem durch legisactio per condictionem verfolgbare Anspruch, die abstrakte (den Klagegrund in der Intentio verschweigende) actio (stricti iuris) in personam auf dare oportere von certa pecunia oder alia certa res. Ebensowenig hat es jemals eine feste Unterscheidung zwischen actio und petitio in dem Sinne gegeben, daß actio die persönliche, petitio die dingliche Klage bezeichnete.

Aus der Intentio zog die, von den Präjudizialklagen abgesehen, ebenfalls ständige condemnatio die logische Schlußfolgerung: ea pars formulae, qua iudici condemnandi absolvendive potestas permittitur. Sie erteilte dem Geschworenen die durch die Intentio bedingte Ermächtigung zur Verurteilung des Beklagten oder zur Abweisung der Klage. Sie lautete im Formularprozeß immer auf Geld, ohne daß die Quellen über den Grund dieser auffallenden Erscheinung befriedigenden Aufschluß böten. Wahrscheinlich lag er im Exekutionsrecht, in der Art der Zwangsvollstreckung, in der Unmöglichkeit, den Leistungspflichtigen direkt zur Erfüllung zu zwingen. Bald war die Summe von vornherein ziffermäßig bestimmt: iudex N^{m} N^{m} A^{o} A^{o} sestertium X milia condemna(to), s. n. p. a. (condemnatio certa[e pecuniae]). Bald war ihre Ermittelung dem Geschworenen überlassen (c. incerta[e pecuniae]): quidquid dare facere oportet ex fide bona, eius condemna(to), bei den actiones bonae fidei; quantum bonum aequum ei videbitur oder quod aequius et melius erit, bei den prätorischen actiones in bonum et aequum conceptae; quanti ea res est bei der condictio (triticaria); quanti ea res erit bei actiones arbitrariae und bei zahlreichen actiones in factum. Bei dieser Ermittelung war der Geschworene bald an eine durch eine bestimmte Geldsumme (dumtaxat sestertium X milia) oder durch eine erst wieder vom Geschworenen zu bestimmende Größe (dumtaxat de peculio vel si quid in rem N^i N^i versum est) fixierte Grenze gebunden (c. incerta cum taxatione) oder völlig unbeschränkt (c. incerta et infinita). In gewissen Fällen (Deliktsklagen u. a. m.) ging die condemnatio auf das Mehr-, Zwei-, Drei- oder Vierfache des vom Geschworenen ermittelten Schätzwertes. Bei den Noxalklagen wies sie den Geschworenen an, auf Leistung des Schätzwertes oder zur noxae deditio zu verurteilen.

Um die nicht immer zweckdienliche Geldkondemnation zu vermeiden, beauftragte der Gerichtsbeamte den Geschworenen in manchen Fällen durch eine zwischen intentio und condemnatio eingeschobene Klausel (clausula arbitraria, arbitratus de restituendo vel exhibendo), ehe er zur Geldkondemnation schreite, den Beklagten zur Naturalleistung aufzufordern (nisi arbitrio tuo restituat, condemna). Das war der Fall bei allen dinglichen Klagen auf Herausgabe einer Sache sowie bei einer Reihe von persönlichen Klagen, für die sich jedoch ein gemeinsamer leitender Gesichtspunkt anscheinend nicht ausfindig machen läßt (actio ad exhibendum, quod metus causa, de dolo u. a. m.). Leistete der Beklagte der Aufforderung Folge, so war damit der Rechtsstreit erledigt. Fügte er sich nicht, so wurde er „auf das Interesse des Klägers an der ausgebliebenen Leistung" verurteilt. Dieses Interesse konnte der Kläger, wenn die Nichtleistung auf dolus des Beklagten beruhte, durch Schätzungseid (ius iurandum in litem) bestimmen. Das sowie die in einzelnen Fällen überdies drohende Gefahr der Infamie oder der Verurteilung auf das Mehrfache sicherten dem arbitratus Gehorsam. Durch die öffentliche Gewalt (manu militari) vollstreckbar war er nicht. Eine Ulpianstelle, die das Gegenteil lehrt, ist offenbar interpoliert.

Genügte die intentio nicht zur Illustrierung des Streitgegenstandes (actiones incertae), so fand eine genauere Beschreibung des Tatbestandes in der demonstratio statt: Quod A^s A^s N^o N^o hominem Stichum vendidit, qua de re agitur, quidquid ....

Nur eine Eigentümlichkeit der Formel der drei Teilungsklagen war die nach der Ordnung der Ediktskommentare anscheinend zwischen demonstratio und intentio eingeschobene adiudicatio: quantum adiudicari oportet, iudex Titio adiudicato, die Ermächtigung des iudex, einer der beiden Parteien zuzusprechen, was bisher beiden gemeinsam war, im iudicium legitimum mit volksrechtlicher Wirkung, sonst nur als prätorisch geschütztes Quasirecht.

Von den außerordentlichen Formelbestandteilen, die nur ausnahmsweise, je nach Lage des Falles in die Formel eingeschaltet wurden, verdienen die Präskriptionen und Exzeptionen besondere Beachtung.

Praescriptiones waren, wie ihr Name sagt, Klauseln, die (unmittelbar nach der Bezeichnung des Geschworenen) an die Spitze der Formel gestellt, den übrigen Formelteilen vorangeschrieben waren. Teils im Interesse des Klägers (pro actore), teils in dem des Beklagten (pro reo). Pro actore als Beschränkung der demonstratio, um zu verhindern, daß durch die Teilklage der ganze Anspruch konsumiert werde, und dergl. mehr, pro reo, um seine Verurteilung zu verhindern, trotzdem der Anspruch des Klägers rechtlich begründet war, aus Gründen, die später den Gegenstand einer exceptio bildeten. Die exceptio verdrängte denn auch allmählich die praescriptio, so daß nur mehr die Namen einzelner Exzeptionen (praescriptio longi temporis u. a. m.) daran erinnerten. Eine wichtige Rolle spielten namentlich die praescriptiones praeiudiciales (si in ea re praeiudicium hereditati non fiat u. a. m.), die verhindern sollten, daß eine Rechtsfrage unzulässiger Weise vor einer anderen erledigt werde.

Die exceptiones, der Sache und vielleicht auch dem Namen nach anscheinend schon dem Legisaktionenprozeß bekannt, dienten zwar, dies zugegeben, nach wie vor demselben Zwecke, die Verurteilung des Beklagten zu verhindern, obwohl der Anspruch des Klägers rechtlich begründet war, erstrebten und erfüllten diesen Zweck aber nun jedenfalls in durchaus anderer Weise. Im Spruchformelverfahren wurde die Einrede vom Beklagten nur angeregt, vom Magistrat vollzogen durch Verweigerung der Einsetzung eines Schwurgerichtes (actionem denegare), die jedoch nicht gleich der Streitbefestigung oder dem Spruche des Richters konsumierende Wirkung hatte, die vielmehr der Urteilsfolgen ermangelte. Sie verhinderte die Prozeßbegründung. Die exceptio des Formularprozesses war dagegen ein Verteidigungsmittel, das der Beklagte mit Zustimmung des Magistrates ebenso selbst handhabte wie der Kläger seine actio, um es der Prüfung des Richters zu unterwerfen. Sie war Bestandteil der Streitbefestigung und wurde wie die actio von deren Wirkungen getroffen, unterlag wie sie der Rechtskraft, der Beurteilung und Entscheidung des iudex. Sie verhinderte die Verurteilung des Beklagten in iudicio mit Rechtskraftwirkung.

Nicht als ob die exceptio damit die denegatio actionis verdrängt hätte. Der Gerichtsherr konnte auch fürderhin, zumal wenn er die Exzeptionstatsache von vornherein klipp und klar fand, die actio verweigern. Ebenso konnte er umgekehrt, wenn er die Exzeptionstatsache als faktisch oder rechtlich offenbar unbegründet erkannte, die exceptio verweigern und dadurch den Beklagten nötigen, den Anspruch des Klägers sofort anzuerkennen oder die Streitbefestigung ohne exceptio vorzunehmen. Jedenfalls verdient es Beachtung und bestätigt es den Zusammenhang zwischen exceptio und denegatio actionis, daß das prätorische Album zwar wiederholt die denegatio actionis verkündete (actionem, iudicium non dabo), dagegen in keinem Edikt eine exceptio verhieß. Die exceptio gehörte anscheinend bloß der Juristensprache an, in der sie anfänglich die Wirkung der denegatio actionis, später im Gegensatze dazu die zur Streitbefestigung gebrachte, die „kontestierte" Einrede bezeichnete.

Als Bindeglied zwischen der älteren und der jüngeren exceptio fände die praescriptio pro reo die entsprechendste Erklärung. Mit der späteren exceptio hätte sie als Formelbestandteil bereits gemein, daß sie der Entscheidung des Geschworenen unterbreitet wurde, nicht zur denegatio actonis führte. Gleich der exceptio der Spruchformel hinderte sie aber vielleicht nicht bloß die Verurteilung des Beklagten, sondern hemmte sie zugleich auch die Folgen der Litiskontestation, die Rechtskraft. Darum stand sie wohl an der Spitze der Formel, um die Verhandlung in der Hauptsache ebenso zu vermeiden wie im Falle der denegatio actionis. Der zeitliche Anschluß der „Formularexzeptio" an die praescriptio, ihr jüngeres Alter ergibt sich nicht nur daraus, daß sie die praescriptio verdrängte. Dafür spricht namentlich auch die mangelhafte Form, in der die exceptio dem damals vermutlich bereits festgelegten Formelbau angepaßt wurde. Sie erschien als eine an die intentio angeschlossene negative Bedingung der condemnatio: si non . . ., ac si non . . ., qua de re non . . ., praeterquam si . . . u. dgl. mehr, nur niemals in der Form nisi . ., die regelmäßig den arbitratus de restituendo einleitete.

Die exceptio gehörte, wenn auch in anderer Funktion, vermutlich schon dem ältesten Gerichtsverfahren an. Schon damals mußte der Gerichtsbeamte in gewissen Fällen seinen prozeßhindernden Bescheid (denegatio actionis) kraft Gesetzes, kraft Volksrechtes erlassen. Man denke bloß an die Regel, die eine wiederholte Klage über dieselbe Sache nach Gajus auch für actiones in rem kraft Volksrechtes (ipso iure) ausschloß.

Damit erklärt sich auch für die Zeit des Formularprozesses die Unterscheidung zwischen volks- (exceptiones civiles) und amtsrechtlichen (exceptiones honorariae) Einreden durchaus befriedigend, verliert die Annahme des amtsrechtlichen Ursprunges aller Exzeptionen jede Grundlage.

Das hohe Alter der exceptio und der Umstand, daß der Beamte unter Umständen kraft Gesetzes verpflichtet war, sich ihrer zu bedienen, tuen andererseits ihrer von den Juristen wiederholt betonten Aufgabe keinen Eintrag, der Billigkeit (aequitas) gegenüber dem strengen Rechte (ius strictum) zum Durchbruche zu verhelfen. Im Gegenteile spiegelt gerade diese Geschichte der exceptio die allmähliche Entwicklung der Billigkeit im Rechtsleben wieder: Die denegatio actionis befreite den Belangten nur zunächst bis auf weiteres vom Prozesse. Die erst neben, dann an Stelle der denegatio tretende exceptio des Formularprozesses schnitt dagegen, zur Litiskontestation gebracht, die Verfolgung des Rechtes, das der vom Prätor anerkannten aequitas widerstritt, endgültig ab. Namentlich in Gestalt der exceptio doli ermöglichte ferner der Formularprozeß auch dem iudex die Berücksichtigung der aequitas. Schon die vom Prätor bloß verheißene exceptio (actionem non dabo) verschaffte endlich in der Praxis der dadurch anerkannten Billigkeit immer allgemeinere Geltung.

Nur diese Entwicklung macht auch die Unterscheidung zwischen dilatorischer (exceptio dilatoria, temporalis) und peremptorischer (exceptio perpetua) Einrede verständlich. Für die eigentliche (kontestierte) exceptio durch die der abgewiesene Kläger in jedem Falle seines Anspruches, endgültig verlustig ging, hatte sie keine Bedeutung mehr: illud tenendum est omnem exceptionem ... exclusoriam esse. Darum ist in den Schriften der Klassiker eine Einrede, quae differt actionem, unter dem Namen exceptio nicht zu finden. Die Sache selbst war freilich in dieser Zeit nicht unbekannt. Der Prätor denegierte vermutlich die actio bald „nur zurzeit", bald „angebrachtermaßen". In diesem Sinne konnte der

Kläger auch jetzt noch die dilatorische Einrede vermeiden, wenn er die Änderung gewisser Verhältnisse abwartete, die Klage verschob.

Ihrem Inhalte nach behauptete die exceptio Tatsachen, die es im gegebenen Fall als ungerechtfertigt oder unzutreffend erscheinen ließen, daß an die Intentio der Kondemnationsbefehl angeknüpft werde. Der Grund mußte nicht ein entgegenstehendes selbständiges Recht des Beklagten, es konnte auch bloß ein Verteidigungsgrund sein, den der Geschworene nicht schon kraft seines besonderen officium iudicis, sondern nur kraft besonderen magistratischen Auftrages zu berücksichtigen hatte.

Darum bedurfte es keiner besonderen exceptio doli bei den iudicia bonae fidei, weil hier der iudex schon aus der Intentio entnehmen konnte und mußte, daß nur das ex fide bona Geschuldete zur Grundlage der Kondemnation gemacht werden dürfe: doli exceptio bonae fidei iudiciis inest.

Hatte umgekehrt der Beklagte versäumt, die Einrede in iure geltend zu machen, so war er damit präkludiert. Nur in integrum restitutio konnte Abhilfe gewähren. Ausnahmsweise war die Einrede allerdings auch noch in der Exekutionsinstanz, gegenüber der actio iudicati zulässig: exceptio doli, iurisiurandi, senatus consulti Velleiani, Macedoniani, cognitoria.

Ihrer Fassung nach war die Einrede ähnlich der Klage bald in ius, bald in factum konzipiert, je nachdem sie dem iudex eine Rechtsfrage oder bloß bestimmte Tatsachen zur Entscheidung anheimgab, ohne daß er über die rechtliche Relevanz dieser Tatsachen selbst zu urteilen hatte. Die mindestens seit Beginn der Kaiserzeit übliche Ausdehnung der exceptio doli auf den sogenannten dolus praesens (si in ea re nihil dolo malo factum sit neque fiat) gestattete anscheinend zugleich eine Konkurrenz dieser exceptio mit allen exceptiones in factum, zumal allmählich schon die objektive Rechtswidrigkeit zu ihrer Begründung genügte, so daß für die actio bonae fidei die Einschaltung auch all dieser Einreden entbehrlich war. Die exceptio in factum wiederum konnte bald ein für allemal im Album proponiert, bald erst im einzelnen Fall entworfen und im einen und anderen Falle bald ohne vorausgehende Prüfung bald erst causa cognita gewährt werden. Sie konnte endlich wie die actio vom Prätor frei erfunden oder an eine exceptio civilis (directa) angelehnt (utilis) sein.

Je nachdem die exceptio gegen jeden Kläger aus dem betreffenden Rechtsverhältnis geltend gemacht werden konnte oder nicht, war sie exceptio in rem (exceptio metus u. a. m.) oder in personam (exceptio doli u. a. m.). Je nachdem sie jedem aus dem betreffenden Rechtsverhältnisse Belangten zustand oder nicht, war sie exceptio rei cohaerens (exc. S. C. Velleiani u. a. m.) oder personae cohaerens (exc. pacti de non petendo in personam u. a. m.). Nicht dem Formularprozeß anzugehören scheint dagegen die Unterscheidung zwischen Einreden, die befreiend wirken, (eximunt reum condemnatione) und solchen, die nur eine Beschränkung der Kondemnation herbeiführen (minuunt condemnationem). Zumindest gestattet das verfügbare Quellenmaterial kein zuverlässiges Urteil. Keine Ausnahme in diesem Sinne bedeutet jedenfalls das beneficium competentiae, das nicht Bedingung, sondern bloß Beschränkung des Urteils war (condemna, dumtaxat in id quod (debitor) facere potest) und darum nur ungenau gelegentlich als exceptio bezeichnet wird. In diesem uneigentlichen Sinne der „Ausnahme" wurden bisweilen auch Vorbehalte und andere Kontraktsklauseln sowie manche ständige Klauseln bestimmter Formeln, z. B. auch der Zusatz nec clam nec vi nec precario der possessorischen Interdikte, exceptiones genannt.

Nicht besondere Formelbestandteile, sondern bloß Spielarten der exceptio waren endlich die replicationes, duplicationes, triplicationes usw., Verteidigungsmittel des Klägers gegen des Beklagten exceptio (replicatio: aut si . . .), des Beklagten gegen des Klägers replicatio (duplicatio) usw.

Die nächste Aufgabe des Klägers (is qui agere vult, acturus est) war es im einzelnen Fall, aus dem Album des Gerichtsmagistrates, allenfalls mit Hilfe eines Rechtsbeistandes, die richtige Formel auszuwählen. Die gewählte Formel mußte der künftige Kläger zunächst dem künftigen Beklagten außergerichtlich durch Übergabe einer schriftlichen Aufzeichnung des Anspruches zur Abschriftnahme (copiam describendi facere) oder durch Übergabe einer Klageschrift (in libello complecti et dare) oder durch Diktat (dictare), eventuell auch bloß durch Hinweis auf das Blankett des Albums bekanntgeben (editio formulae), um ihn über den Gegenstand seines Begehrens vorläufig zu unterrichten. Für dieses außergerichtliche „vorbereitende Verfahren" kann man sich nicht so sehr auf ein wegen seiner starken „Byzantinisierung" verdächtiges Ulpianfragment, als vielmehr auf die Stellung des Ediktstitels de edendo vor dem über die Ladung berufen. Die Rechtsfolgen der Unterlassung dieser Editionspflicht sind uns allerdings nicht überliefert. Vielleicht bestanden sie in der denegatio actionis. Vielleicht war eine Strafklage proponiert oder konnte der Beklagte vom Kläger, falls er nicht ediert hatte, gleich von vornherein eine repromissio decimae partis verlangen.

Genügte diese Klagedrohung nicht, so mußte es zum Prozesse kommen. Eingeleitet wurde das Verfahren wie bisher durch außergerichtliche Ladung des Beklagten (in ius vocatio). Das einzige Mittel, wodurch sich der in ius vocatus der Folgepflicht entziehen konnte, war auch jetzt noch die Stellung eines vindex, eines Gestellungsbürgen, der als defensor personae wie bei der legisactio per manus iniectionem — dies das tertium comparationis — den Geladenen vor Gewalt schützte, durch seine außergerichtliche Erklärung zum vindex den vocatus befreite und die Haftung übernahm. Eine Folgepflicht des vindex an Stelle des vocatus ist mindestens für das klassische Recht nicht anzunehmen. Kraft seines Eintretens setzte er sich bloß einem Exhibitionsdekret, den Belangten am bestimmten Termine vorzuführen, andernfalls einer actio in factum an Stelle des Beklagten aus.

Gestellungsbürgschaft durch vadimonium (reum illa die, illo loco sisti) diente anscheinend nicht der Einleitung des

Prozesses — dagegen spricht vor allem die Behandlung des vadimonium an viel späterer Stelle des Albums —, sondern war Sicherstellung für das Wiedererscheinen des Beklagten vor Gericht bei wiederholter, erstreckter Tagsatzung oder vor einem anderen Gericht (vadimonium Romam faciendum).

Unzweifelhaft konnte man dagegen von jeher „zur Vermeidung der groben in ius vocatio" den Gegner unter Angabe des Anspruchs, den man gegen ihn erheben wollte, unverbindlich ersuchen, an einem bestimmten Tag in iure zu erscheinen, und, wenn er es tat, sofort verhandeln (litis denuntiatio). Fraglich ist nur, seit wann, in welchem Verfahren und auf Grund welcher Bestimmung solche private „prozeßeinleitende Streit- und Terminsansage" den Belangten zwang, ihr bei Vermeidung gewisser Nachteile Folge zu leisten. Sicher bezeugt ist sie als normale Ladeform erst für die Zeit seit Konstantin. Kein Fall dieser Art war die denuntiatio der legis actio per condictionem, die vor Gericht und nach Einleitung des Prozesses stattfand. Ebensowenig die Denuntiation im Eviktionsprozesse, die nicht Einleitung des Regreßverfahrens, sondern Mitteilung an den Verkäufer von dem zwischen Käufer und Evinzenten schwebenden Prozesse war. Auch das dicam scribere des sizilischen Prozesses ist nicht sicher in diesem Sinne zu deuten. Vielleicht entwickelte sich diese Ladeform wie manches andere zunächst im Fremdenprozeß und ist eine Quellennachricht, die sie mit Mark Aurel in Zusammenhang bringt, so zu verstehen, daß er sie vom Fremden- auf den Bürgerprozeß übertrug. Als magistratische Ladung (evocatio) gehörte die Litisdenuntiation jedenfalls nur dem Kognitionsprozeß an.

Als Parteivertrag mit Vollwort, unter Genehmigung des Gerichtsherrn erforderte der Prozeß die Mitwirkung beider Parteien. Nur wenn der Beklagte sich einließ (defendere), an der Streitbefestigung mitwirkte (iudicium, actionem accipere, suscipere, excipere), konnte es zum Prozesse kommen. Darum bestand nach wie vor Einlassungszwang, Defensionspflicht, sofern nicht dem Kläger auch ohne Mitwirkung des Beklagten zu seinem Rechte verholfen werden konnte. Darauf beruhte von jeher der Gegensatz zwischen der actio in personam und der actio in rem. Die actio in personam strebte einen

Erfüllungszwang gegen den Belangten an und konnte ihn nur durch gerichtliche Feststellung der Leistungspflicht erreichen. Darum mußte man den Belangten zur Einlassung zwingen. Die Vertragsnatur des Prozesses schloß ein einseitiges (Versäumnis-)Verfahren aus, ließ es dem gegenüber, der sich weigerte, sich auf die ordentliche Litiskontestation einzulassen, nicht zur Rechtshängigkeit kommen. Entzog sich daher der Belangte der Ladung (si fraudationis causa latitat), so versagte die Rechtsordnung. Hier griff das imperium des Gerichtsherren durch missio in bona, venditio bonorum und dgl. m. ein. Kraft ausdrücklicher Bestimmung des Ediktes auch gegenüber dem, der einen vindex gestellt hatte, weil die Stellung eines vindex den Belangten nicht ein für allemal seiner Folgepflicht überheben sollte. Nur konnte sich der Kläger hier statt an den Belangten auch an den Bürgen halten. Erschien der Belangte nicht, nachdem bereits vadimonium geleistet war (vadimonium desertum), so hatte der Kläger die Wahl, ob er wie zuvor an das imperium appellieren oder den Bürgen haftbar machen wollte. Erschien der Belangte zwar, verweigerte er aber die Mitwirkung an der Streitbefestigung, so konnte wiederum nur das imperium helfen. Daß der indefensus einfach pro iudicato gegolten habe, ist nicht quellenmäßig zu belegen.

Bei der actio in rem genügte es dagegen vollkommen, wenn der Magistrat den Belangten bei seiner Verweigerung der Sachverteidigung, die ein Preisgeben der Sache einschloß, wirksam festhielt. Er konnte dem Kläger zwar nicht das Eigentum der Sache zusprechen. Das wäre Entscheidung der eben dem Prozesse selbst vorbehaltenen Rechtsfrage gewesen. Er konnte aber dem Kläger, der zur Sicherstellung bereit war, wenn der Streitgegenstand ein Grundstück war, durch Interdikt (quem fundum), sonst durch einfachen Befehl (duci vel ferri iubere) den Besitz der Sache zuweisen, nachdem der Kläger den Beklagten durch actio ad exhibendum — dies der Zweck dieser Klage — genötigt hatte, die Sache beizuschaffen. Dadurch war die geplante actio in rem überflüssig, der Zwang gegen den Belangten entbehrlich gemacht, ohne daß der jetzige Belangte eine Einrede wegen früher unterlassener Defension zu fürchten hatte, wenn er infolgedessen später genötigt war, nun seinerseits zu klagen.

Eine gewisse Annäherung der dinglichen an die persönliche Klage erfolgte im Formularprozeß nur insofern, als die formula petitoria, die an Stelle der legis actio sacramenti (in rem) trat und auch das agere in rem per sponsionem allmählich verdrängte, wie schon der Name sagt, einen Anspruch auf das in Geld abzuschätzende Interesse (quanti ea res erit) und mittelbar auch auf Herausgabe der Sache (si ea res arbitratu iudicis non restituatur) gegen den Belangten erhob. Damit war die reine Dinglichkeit des alten Sachenrechtsprozesses aufgegeben. Die Streitbefestigung mit der petitorischen Formel erzeugte nun eine Prozeßobligation gleichen Inhaltes wie die actio in personam. Trotzdem wurde an der Einlassungsfreiheit für den sachenrechtlichen Prozeß zähe festgehalten.

Waren beide Parteien in iure erschienen, so konnte es zu einem ordentlichen Prozesse kommen. Zunächst wiederholte der Kläger die editio actionis, indem er dem Prätor sein Begehren vortrug und ihn um Gewährung des Rechtsschutzes ersuchte (edere, postulare). Die Formel, deren er sich dabei bediente, war noch immer nicht endgültig redigiert, schon deshalb nicht, weil es sich oft erst darum handelte, den Prätor zur Gewährung einer neuen, im Album noch gar nicht proponierten Formel zu veranlassen. Insbesondere hing die Redaktion in manchen Fällen von der Beantwortung gewisser Vorfragen ab, z. B. bei einer Noxalklage davon, ob der Belangte den Täter in potestate habe, bei Klagen gegen den

Erben davon, ob oder zu welchem Teile der Belangte Erbe sei (an heres sit et ex quota parte). In solchen Fällen konnte der Kläger an den Belangten eine geeignete interrogatio in iure richten und eine der Antwort geeignete Formel (formula interrogatoria) begehren, die den Belangten (durch entsprechende praescriptio oder exceptio) an seine Antwort band, selbst wenn sie wahrheitswidrig gewesen sein sollte, wegen ungerechtfertigter Verweigerung der Antwort oder wegen Leugnens haftbar machte.

Die Parteien konnten ferner den Streit statt auf die richterliche Entscheidung auf den Eid (Schiedseid) des Klägers oder Beklagten abstellen. Leistete der Beklagte den ihm deferierten Eid, so war der Erfolg denegatio actionis, später exceptio iuris iurandi gegenüber der Klage aus demselben Tatbestand. Der Leistung des Eides stand dessen Erlaß durch den Gegner gleich. Hatte der Kläger seiner Eidespflicht genügt, so gewährte ihm das Edikt (de iure iurando) eine actio in factum, in qua hoc solum quaeritur, an iuraverit vel . . . iusiurandum ei remissum sit, als Grundlage für die Zwangsvollstreckung. In gewissen Fällen, ursprünglich vielleicht nur bei der actio certae creditae pecuniae, später stets, si certum petetur, konnte der Kläger den Beklagten mit der Wirkung zum Eide zwingen (Zwangseid, ius iurandum necessarium), daß die Verweigerung des Eides der Verurteilung gleichstand: ait praetor . . . . solvere aut iurare cogam.

Der vom Zwangseid bedrohte Beklagte konnte dem Kläger jedoch zunächst das iusiurandum calumniae, einen Gefährdeeid darüber zuschieben (deferre), daß er nicht wider besseres Wissen klage. Diesen Eid konnte überdies jede Partei von der anderen begehren, wenn nicht die mutwillige Prozeßführung (calumnia) ohnedies schon mit Strafe (poena temere litigantis) bedroht oder die Klage von Haus aus Strafklage (actio poenalis) war. Diese anderen Prozeßstrafen waren die Verdoppelung der Streitsumme (lis infitiando crescit in duplum) in gewissen Fällen der actio iudicati, als Folge der actio legis Aquiliae, der actio depensi u. a. m., der Zwang zur sponsio und restipulatio poenalis (tertiae partis) bei der actio certae creditae pecuniae, die Infamie als Folge mancher Straf- (actio furti, vi bonorum raptorum, iniuriarum) und Vertragsklagen (actio pro socio, fiduciae, mandati, depositi), endlich in gewissen Fällen ein besonderes iudicium calumniae.

Wie der Eid, so ersparte endlich auch das Anerkenntnis des Belangten jedes weitere Verfahren. Wie der Eid setzte aber die confessio bereits einen „zum Prozeßmittel verarbeiteten Anspruch" voraus. Erst nachdem die „formlosen" Verhandlungen zwischen Prätor und Parteien über die vom Kläger vorläufig „edierte" Formel abgeschlossen waren und der Prätor endgiltig erklärt hatte, dem Kläger den erbetenen Rechtsschutz zu gewähren, war der Belangte in der Lage und, wenn er die Folgen unterlassener Defension vermeiden wollte, gehalten, zu diesem Anspruche durch Bestreitung oder durch confessio in iure Stellung zu nehmen. Als confessio im technischen Sinn, als gerichtliches Anerkenntnis mit Urteilskraft galt aber auch jetzt nur das persönlich und mündlich dem Kläger gegenüber in iure abgelegte Geständnis, das zwar vielleicht nicht an eine stereotype Form gebunden war, aber doch wohl in einer ausdrücklichen Bejahung der vom Kläger edierten Intentio bestehen und vermöge des Grundsatzes der Geldkondemnation, wenn es dem Urteil gleichstehen sollte, auf certa pecunia lauten mußte. Die confessio, die nicht auf certa pecunia ging, führte anscheinend zur Einsetzung des regelmäßigen iudicium, in dem sie dann lediglich als Beweismittel in Betracht kam.

Fand der Rechtsstreit weder durch Eid noch durch Anerkenntnis seine Erledigung, so mußte das Verfahren seinen Fortgang nehmen. Es kam zunächst zu einem zweiten formellen actionem (iudicium, formulam) dare, zur Aushändigung der regelmäßig bereits den iudex nennenden Prozeßurkunde durch den Prätor an den Kläger. Daran fügte sich der

Abschluß des Prozeßvertrages durch die Parteien, die Litiskontestation.

Dazu konnte es nur kommen, wenn sich der Beklagte bereit fand. Dazu gehörte schließlich auch die Leistung der erforderlichen Sicherheiten (Kautionen) für den ungestörten Verlauf des Verfahrens in iudicio und für die Erfüllung des Urteiles. Sie fanden schon im Zusammenhange mit der Prozeßvertretung Erwähnung. Den Kläger traf von den dort angeführten Fällen abgesehen eine solche Verpflichtung nicht, weil sein persönliches Interesse am Prozeßerfolg Bürgschaft genug bot für sein klagloses Verhalten. Dagegen mußte der mit einer dinglichen Klage Belangte Sicherheit leisten dafür, daß der siegende Kläger Befriedigung erlangen werde (satisdatio pro praede litis et vindiciarum im Sponsionsprozeß, cautio iudicatum solvi im Verfahren mit petitorischer Formel). Der mit einer persönlichen Klage Belangte war nur ausnahmsweise, propter genus actionis (actio iudicati, depensi u. a. m.) oder aus persönlichen Gründen, propter personam quia suspecta sit, zur cautio iudicatum solvi verpflichtet. Die Form der Sicherstellung war regelmäßig durch Bürgschaft versicherte Stipulation (satisdatio), ausnahmsweise Pfand oder Gelddeposition oder gar nur einfache Stipulation (nuda promissio).

Hatten die Parteien alles getan, was zur Einleitung des Verfahrens notwendig war, so stand dem Abschlusse des Prozeßvertrages, der Litiskontestation nichts mehr im Wege. Ihrem Zweck und Wesen nach unverändert stellt sie sich im Formularprozeß als ein Parteiakt dar, durch den die Prozeßformel zwischen den Parteien fixiert wurde, durch den die Parteien in bestimmter, vorgeschriebener Form erklärten, daß das Verfahren zwischen ihnen auf Grund dieser — von nun an unabänderlichen — Prozeßformel geführt werden solle.

Als Formalvertrag setzte sich die Litiskontestation aus dem

formulam (actionem, iudicium) edere des Klägers und dem accipere des Beklagten zusammen. Die Form dieses edere ist allerdings zweifelhaft. Jedenfalls bestand es in einem realen Vorgang, vielleicht in der Hingabe der Prozeßurkunde, vielleicht in einem dictare, das accipere in der Entgegennahme der Formel durch den Beklagten. Ein Aufruf von Zeugen fand, wie die bekannte, doch wohl auf den Formularprozeß zu beziehende Festusstelle zeigt, auch jetzt noch wie vordem ordinato iudicio, nach Vorbereitung des iudicium, nach Feststellung der Schriftformel durch den Prätor, aber vor dem Parteiakt, als Einleitung des Vorganges statt, den die Zeugen eben bestätigen sollten, doch anscheinend schon seit Augustus nicht mehr notwendig, sondern nur üblicher Weise.

Zweck des Prozeßvertrages war an Stelle des streitigen Anspruches „die bedingte Prozeßobligation" zu setzen, Novation: ante litem contestatam dare reum oportere, post litem contestatam condemnari oportere. An Stelle des alten Anspruches trat ein neuer auf ein Urteil nach Maßgabe der Formel. Die Litiskontestation fixierte die persönlichen und sachlichen Prozeßvoraussetzungen: Ein willkürlicher oder unwillkürlicher (durch Tod usw.) Wechsel in der Person des iudex, der Parteien oder ihrer Vertreter war ordentlicherweise nicht mehr zulässig, nur durch translatio iudicii zu bewerkstelligen, deren Wesen nicht zweifelsfrei ist, aber vermutlich in einer causa cognita gewährten restitutio in integrum bestand, die zu einer litiscontestatio repetita die führte, zu einer Wiederholung der Litiskontestation zwischen den neuen Parteien, die die Einheit des Prozeßverhältnisses wahrte, nicht alle Wirkungen des früheren Judiziums aufhob, sondern nur so weit, als es die Umstände erforderten.

Der Judex hatte seiner Entscheidung den Tatbestand der kontestierten Formel zugrunde zu legen. Er mußte daher den Anspruch abweisen, wenn er dem Gegenstand (re), der Zeit (tempore), dem

Ort (loco) oder der Modalität (causa, z. B. durch Weglassung einer dem Beklagten zustehenden Alternative) nach auf mehr gerichtet war (plus, pluris petitio), als dem Kläger gebührte. Die Überforderung machte den Kläger seines Anspruches endgültig und vollständig verlustig. Doch bestand die Gefahr nur bei der actio certa, weil bloß sie dem Geschworenen keinen Spielraum ließ bei Bemessung der condemnatio. Auch konnte der Kläger der Gefahr wenigstens unter Umständen durch entsprechende interrogatio in iure vorbeugen, allenfalls nachträglich in integrum restitutio erwirken. Eine besondere Klage, actio de eo quod certo loco dari oportet, gestattete überdies dem, der nur an einem bestimmten Ort Erfüllung begehren durfte, wenn er den Schuldner dort nicht belangen konnte, auch anderwärts unter Berücksichtigung dieses Umstandes durch den Geschworenen zu klagen. Die Klage war in ius konzipiert. Sie stellte in der condemnatio dem Judex die Berücksichtigung des beiderseitigen Ortsinteresses anheim und wurde anscheinend darum als actio arbitraria bezeichnet. Die actio certa oder cum taxatione band den Richter auch an die Ziffer des Kondemnationsbefehls, machte ihn für dessen Überschreitung verantwortlich (si iudex litem suam facit). Er mußte sie daher auch einhalten, wenn sie offenbar zu hoch gegriffen war. Hier konnte dem Verurteilten nur in integrum restitutio helfen. Der Geschworene durfte sie andererseits nicht überschreiten, auch wenn sie sichtlich zu niedrig angesetzt war. Hier trug der Kläger den Schaden.

Die kontestierte Formel bestimmte den Streitgegenstand (res litigiosa). Seine nachträgliche Veräußerung hinderte den Fortgang des Prozesses nicht. Ein Edikt des Augustus gewährte aber dem Besitzer gegen den Anspruch dessen, der sie vom Nichtbesitzer erworben, eine exceptio. Ein eigenes Edikt (de alienatione iudicii mutandi causa facta) schützte die künftigen Prozeßparteien sogar gegen Veräußerungen vor Prozeßbeginn, die auf eine Verschlechterung der Lage des Prozeßgegners abzielten. Nahm sie der künftige Kläger vor, so verweigerte der Prätor dem Erwerber die actio und gewährte anscheinend dem früheren Besitzer in integrum restitutio, um wieder in den Genuß seiner Klage zu kommen, überließ es aber vielleicht auch den Parteien, die Folgen ihrer rechtswidrigen Veräußerung gutzumachen. Nahm der künftige Beklagte die Veräußerung vor, so gewährte der Prätor actio in factum gegen den jetzigen Besitzer oder in integrum restitutio, vielleicht nach Wahl des Klägers oder je nachdem bloß eine Besitz- oder auch eine Rechtsübertragung stattgefunden hatte oder auch je nachdem

Rechtsverlust oder bloß Erschwerung der Rechtsverfolgung für den Kläger dadurch veranlaßt war.

Die Wirkung der Litiskontestation war übrigens verschieden im iudicium legitimum und im iudicium imperio continens. Vernichtet wurde der Anspruch, die actio, bloß durch legitime Litiskontestation, nur durch den volksrechtlich giltigen Prozeßvertrag. Bloß die Litiskontestation des iudicium legitimum wirkte ipso iure. Die honorarische Streitbefestigung konnte der Natur des Amtsrechtes nach den Zivilanspruch nicht aufheben, aber auch den prätorischen nicht, weil der jeweilige Gerichtsherr bloß frühere legitime Amts- und Parteiakte beachten mußte. Nur aus Billigkeitsgründen konnte der Beamte in solchen Fällen eine exceptio (rei iudicatae vel in iudicium deductae) bewilligen. Lediglich eine scheinbare Ausnahme ist es, daß auch die Wiederholung der zivilen actio in rem erst durch exceptio abgewehrt werden und daß der Prätor gegenüber einer actio in factum concepta die exceptio gewähren mußte. Nicht weil in diesen Fällen der legisactio die tilgende Wirkung der Litiskontestation noch fremd war, bedurfte es hier der exceptio. Das ist zumindest für die actio in rem unwahrscheinlich. Gajus scheint ausdrücklich das Gegenteil zu lehren. Der Grund war vielmehr „die Logik der Formel", die hier die Identität der Streitsache verschleierte.

Der Prozeßvertrag verwies den Streit wie ehedem vor das Schwurgericht. Zweck des formlosen, mündlichen, vom Prinzipe der freien Beweiswürdigung beherrschten Verfahrens in iudicio war es, dem Geschworenen die Fällung eines Urteils zu ermöglichen.

Die freie richterliche Überzeugung des Geschworenen fand nur an der Formel ihre Schranke. Sie zwang ihn, den Beklagten zu verurteilen, obwohl er den Kläger in der Zeit zwischen Litiskontestation und Urteil bereits befriedigt hatte. Eine Ausnahme gestatteten nur die actiones arbitrariae vermöge des arbitratus und die actiones bonae fidei vermöge des „liberum officium iudicis“. Das war der Standpunkt der Prokulianer noch zur Zeit des Gajus. Die Sabinianer lehrten dagegen schon damals: omnia iudicia sunt absolutoria. Aus demselben Gesichtspunkte fanden allmählich auch die spätere zufällige Verschlechterung oder Vernichtung des Streitgegenstandes und die Fruchtgewinnung in dieser Zwischenzeit gegenüber dem redlichen Beklagten Berücksichtigung.

Das Ausbleiben (litem deserere), der Ungehorsam (contumacia) einer Partei in iudicio hinderte, sofern nicht triftige Entschuldigungsgründe vorlagen, den Fortgang des Verfahrens nicht. Der strenge Zwölftafelsatz (praesenti litem addicito) galt anscheinend ohne Abschwächung auch noch im klassischen Rechte. Die Annahme, daß der Erschienene Beweise seines Rechtes beizubringen hatte, ist aus den Quellen nicht zu belegen. Das Versäumnisverfahren (eremodicium. ἔρημος δίκη) gestattete nur eine Entkräftung des Urteiles durch in integrum restitutio (restauratio eremodicii), jedenfalls keine Appellation. Gegen den Geschworenen, der sich unentschuldbarer Weise seiner Richterpflicht entzog, gewährte der Prätor eine wahrscheinlich in factum konzipierte Klage (si iudex litem suam facit) auf Schadenersatz (quantum aequum iudici videbitur).

Die Verhandlung endete regelmäßig mit dem Urteil (sententia). Unter Umständen erlosch das iudicium ohne Urteil (mors litis, Prozeßverjährung). Das iudicium imperio continens seiner Natur nach mit dem imperium des Gerichtsherren, der es eingesetzt hatte. Das iudicium legitimum kraft positiver Bestimmung der lex Iulia nach achtzehn Monaten. Mit Ablauf der einen oder anderen Frist verlor also der Kläger, der durch die Litiskontestation seines ursprünglichen Anspruches beraubt war, auch seinen Prozeßanspruch.

Das Urteil schuf Recht zwischen den Parteien (ius facit

inter partes). Es erledigte die Streitsache und gewährte daher gegen eine Wiederholung der Klage eine Einrede, dieselbe, die schon die Litiskontestation begründete, nur eben dem Umstand angepaßt, daß die Sache nicht bloß bereits rechtshängig, sondern auch schon durch Urteil entschieden sei (exceptio rei iudicatae vel in iudicium deductae). Sogenannte negative Funktion dieser exceptio, kraft deren sie die konsumierende „Wirkung" des Prozesses geltend machte. Eine andere Frage ist es, ob die Rechtskraft nicht nur die Wiederholung desselben Prozesses hinderte, sondern auch jede spätere, dem Urteile direkt widersprechende Rechtsbehauptung abschnitt, ob es die exceptio rei iudicatae ermöglichte, den Inhalt des ersten Urteiles in einem späteren Prozesse geltend zu machen, so daß der nunmehr belangte frühere Kläger dem früheren Beklagten, der etwa jetzt ihm als Besitzer gegenüber vindizieren wollte, das frühere Urteil entgegenhalten konnte. Diese sogenannte positive Funktion der exceptio scheint zwar den Juristen der Kaiserzeit nicht entgangen zu sein. Ob sie unbedingt anerkannt war, muß jedoch dahin gestellt bleiben.

Voraussetzung der Einrede war Identität der Streitsache und Rechtskraft des Urteiles. Identität der Streitsache verlangte — auf die schwierigen und verwickelten Einzelheiten des Problemes ist hier nicht einzugehen — juristische, nicht physische Einheit der Parteien — relative Wirkung der Rechtskraft — und Gleichheit der Rechtsfrage. Einheit der Parteien fehlte also, wenn nun proprio nomine klagte, wer früher als Vormund alieno nomine geklagt hatte. Einheit lag dagegen vor, wenn an Stelle des Erblassers der Erbe, ein Vertreter an Stelle der ursprünglichen Partei auftrat. Gleichheit der Rechtsfrage fehlte, wenn dieselbe Sache vindiziert wurde, die vorher den Gegenstand eines Interdiktsprozesses zwischen denselben Parteien gebildet hatte. Identität der Rechtsfrage trotz Verschiedenheit des Gegenstandes bestand dagegen zwischen actio redhibitoria und actio quanti minoris wegen desselben Mangels. Identität fehlte regelmäßig zwischen persönlichen Klagen mit verschiedener causa, dagegen nicht bei dinglichen Klagen trotz Verschiedenheit der causa: Wer vindizierte, konsumierte dadurch alle Rechtsgründe, auf denen sein Eigentum beruhte. Die Sicherstellung der eadem res gegen solche Zweifel bezweckte vielleicht der dunkle Formelzusatz qua de re agitur in der Formel zur Geltendmachung von Schuldansprüchen, indem er auf die Verhandlung in iure und auf die dort erfolgte Feststellung des Anspruches und der ihn individualisierenden Entstehungsgründe verwies.

Rechtskraft ist Unanfechtbarkeit des Urteiles durch ein ordentliches Rechtsmittel. Darum erwuchs das Urteil des Legisaktionenprozesses mangels eines Instanzenzuges sofort in Rechtskraft. In integrum restitutio war ein außerordentliches Rechtsmittel gegenüber dem rechtskräftigen Urteil. Gegenüber Amtshandlungen des Gerichtsherren konnte zwar von jeher das Interzessionsrecht Platz greifen. Es war daher auch im Formularprozeß zulässig gegen jedes in iure erflossene Dekret, insbesonders auch gegen den Judikationsauftrag und gegen die Fassung der Formel. Die Interzession vernichtete das angefochtene Dekret. War der angerufene Magistrat — die Anrufung hieß appellatio — dazu kompetent, so konnte er eine eigene Verfügung an dessen Stelle setzen. War er es — meist — nicht, so besaß er zwar kein positives Zwangsrecht gegen den Gerichtsherrn. Aber die Sachlage wird diesen häufig gezwungen haben, sich zu fügen, z. B. die verweigerte exceptio jetzt in die Formel aufzunehmen. Das Interzessionsrecht versagte jedoch gegenüber dem Spruche des Geschworenen, der nicht Amtshandlung war. Selbst der Gerichtsherr hatte anscheinend kein Recht, das Urteil des von ihm eingesetzten Geschworenen zu kassieren.

Der Formularprozeß kannte jedoch vielleicht schon die appellatio als Anrufung eines höheren Richters gegenüber dem Geschworenenspruch. Ein quellenmäßiger Beweis ist kaum zu erbringen. Überwiegende Gründe sprechen aber zugunsten der herrschenden Auffassung, daß solche „Berufung" schon zu Beginn der Kaiserzeit zulässig war. Entstanden wahrscheinlich aus dem anscheinend schon Augustus durch Plebiszit eingeräumten Rechte der Kaiser, Prozesse von anderen Richtern zur eigenen Entscheidung an sich zu ziehen, entwickelte sich eine allgemeine Appellationsgerichtsbarkeit allmählich auf Grund kaiserlicher Erlasse, der Praxis und Juristenlehre. Appellationsinstanz war der Kaiser — über den Senat als solche Instanz berichten nur verstreute Mitteilungen — oder der, dem er das Recht verliehen hatte (praefectus praetorio, in den Provinzen besondere consulares). Die Appellation mußte mündlich sofort nach der Urteilsverkündigung oder innerhalb einer Frist von zwei oder drei Tagen schriftlich beim Erstrichter eingelegt werden (appellare, provocare). Sie hatte aufschiebende Wirkung. Die Entscheidung stand dem Appellationsrichter zu.

Möglicherweise konnte der Beklagte auch, wie er der actio iudicati gegenüber die Nichtigkeit des Urteils verteidigungsweise durch revocatio in duplum geltend machen durfte, angriffsweise, ohne erst die Zwangsvollstreckung abzuwarten, gegen das Urteil eine offensive Nichtigkeitsbeschwerde ergreifen (sententiam in duplum revorare). Über deren Form sind wir allerdings nicht unterrichtet. Vielleicht war es ein praeiudicium an iudicatum sit unter Anbot einer Pönalstipulation und mit der Wirkung, daß Verweigerung der Einlassung durch den siegreichen Kläger die Verweigerung der actio iudicati nach sich zog. Der Kläger scheint dagegen kein Rechtsmittel zur Anfechtung des nichtigen abweisenden Urteiles besessen zu haben.

An das rechtskräftige Urteil schloß, wenn es nicht freiwillig erfüllt wurde, die Zwangsvollstreckung an. Ihr diente jetzt an Stelle der legisactio per manus iniectionem die actio iudicati. Nur die stipulatio pro praede litis et vindiciarum führte bloß zu dem der ehemaligen Vollstreckung gegen die praedes nachgebildeten Verfahren per sponsionem, während die cautio iudicatum solvi dem Kläger die Wahl ließ zwischen Vollstreckung des Urteiles und Einklagung der Kaution.

Die Einleitung der Zwangsvollstreckung erfolgte demnach im Formularprozeß regelmäßig durch formelle Klage, nicht durch formlosen Antrag (postulatio) auf Erlassung eines Exekutionsdekretes an den Magistrat. Nur war, was sonst die Ausnahme bildete, hier die Regel und umgekehrt: Während der gewöhnliche Gang des Verfahrens in iure zur Litiskontestation und darauf zum Verfahren in iudicio führte, war hier confessio in iure die Regel und schloß an die confessio, falls nicht ohnedies reale Erfüllung Hand in Hand damit ging, das Begehren um ein Exekutionsdekret an. Der Gang des Verfahrens bewegte sich also auch hier grundsätzlich in denselben Formen wie sonst. Auch hier konnte denegatio actionis jedes weitere Verfahren, Prozeß und Exekution, abschneiden. Auch hier galt Einlassungszwang mit den bekannten nachteiligen Folgen. Zu einem Verfahren in iudicio kam es andererseits nur, wenn der Beklagte die Wirksamkeit des Urteils bestritt, Tilgung der Judikatsschuld behauptete oder andere in der Exekutionsinstanz zulässige Einreden geltend machte.

Leugnete der Beklagte die faktische oder rechtliche Existenz des Urteils (defensive Nichtigkeitsbeschwerde, revocatio in duplum), so wurde er, falls er unterlag, in duplum verurteilt. Lis infitiando crescit in duplum. Dasselbe geschah, wenn er erfolglos die Tilgung der Judikatsschuld behauptete oder fruchtlos eine Einrede geltend machte, die ihn befreien sollte. Dagegen führte die vergebliche Geltendmachung einer „Einrede", die bloß einschränkend wirken würde (beneficium competentiae u. a. m.), anscheinend bloß zur Verurteilung in simplum.

Zunächst wohl im peregrinischen Exekutionsrecht ausgebildet, in dem für das legitime Exekutionsmittel der legisactio per manus iniectionem kein Raum war, beruhte die actio iudicati hier zweifellos auf honorarischer Norm. Möglich wäre und zum Teil angenommen wird, daß auch die an Stelle der legisactio per manus iniectionem getretene actio iudicati des Bürgerprozesses nur durch die Jurisdiktion des Stadtprätors geschützt war. Innere Gründe und mancherlei Quellenzeugnisse lassen jedoch eine zivile actio iudicati schon für das vorjulische Recht als wahrscheinlich gelten, für die Hadrianische Epoche geradezu als sicher erscheinen. Der Judikatsanspruch war selbstverständlich bald legitim, bald honorarisch, je nachdem das Urteil, aus dem er entsprungen war, in einem iudicium legitimum oder imperio continens gefällt war. Dasselbe gilt von dem Prozeßmittel, von der schriftlich formulierten Judikatsklage, während sich die Natur des iudicium iudicati nach den sonst für die Legitimität oder für den honorarischen Charakter eines iudicium maßgebenden Kriterien bestimmte.

Die durch das Exekutionsdekret verfügte Zwangsvollstreckung richtete sich wie bisher gegen die Person oder auch gegen das Vermögen des Schuldners. Die Personalexekution gegen römische Bürger beruhte auf dem Volksrecht (Zwölftafeln, lex Poetelia u. a. m.). Die Personalexekution im Fremdengericht und die Realexekution waren amtsrechtlichen Ursprunges. Realexekution griff Platz, wo die Personalexekution versagte: gegen den indefensus, infans und municeps, gegen letzteren, weil der Munizipalbeamte nicht das erforderliche imperium besaß, endlich gegen den bonis cedens, der auf Grund der lex Iulia de bonis cedendis, die vielleicht nur ein Kapitel der stadtrömischen Gerichtsordnung des Augustus darstellte und daher nur für den in Rom unter Bürgern judizierenden Prätor galt, im Konkurs oder auch nur einem Gläubiger gegenüber freiwillig sein Vermögen abtrat, damit er sich daraus befriedige. Dem Zedenten bot diese cessio bonorum den Vorteil, daß er nicht bloß der Personalexekution entging, sondern auch die damit verbundene Infamie vermied, innerhalb einer bestimmten Erholungsfrist wegen seiner alten unbedeckten Schulden nicht verfolgt werden durfte und deswegen überhaupt nur mehr in id quod facere potest haftete. Ob die Realexekution dem Gläubiger in jedem Falle wahlweise neben der Personalexekution zustand, „muß wohl immer noch dahingestellt bleiben".

Die Personalexekution führte nach wie vor zur addictio und Abführung (duci iubere) des säumigen Schuldners in Privathaft, bis er die Schuld erfüllt oder abgearbeitet hatte. Die Realexekution geschah durch Beschlagnahme des Vermögens, missio in bona rei servandae causa, auf Begehren des Gläubigers. Das war nicht Besitzeinweisung, sondern Befugnis zur Bewachung (custodia) neben dem Schuldner, um die Verschleuderung des Vermögens hintanzuhalten, eventuell durch einen auf Antrag des Gläubigers vom Prätor bestellten curator bonorum. Daran schloß die proscriptio bonorum, die öffentliche Kundmachung der erteilten Einweisung, um Freunde des Schuldners zum Einstehen zu veranlassen. Nach fruchtlosem Verstreichen von dreißig, bei einem Todesfalle von fünfzehn Tagen traf den Schuldner Infamie und forderte ein zweites Dekret des Prätors den oder die Gläubiger auf, einen magister bonorum (aus ihrer Mitte) zu wählen, der die Versteigerungsbedingungen (lex venditionis) zu entwerfen und den Verkauf des Vermögens (venditio bonorum) als Ganzes nach weiteren dreißig (zwanzig) Tagen unter obrigkeitlicher Mitwirkung (addictio) an den Meistbietenden (emptor bonorum) zu veranlassen hatte. Der Ersteher, der den Gläubigern die höchste Quote gegen Übernahme der Aktiven bot, wurde prätorischer Universalsukzessor des Schuldners und hatte als solcher, um sich in den Besitz des ganzen Aktivvermögens zu setzen, ein Interdikt (interdictum possessorium), außerdem die Klagen des und gegen den Schuldner als actiones utiles — mit Umstellung der Subjekte (formula Rutiliana) bei venditio bonorum eines Lebenden, als fiktiver Erbe (formula Serviana) bei der eines Verstorbenen. Da er ferner als Schuldner nur für die vereinbarte Quote haftete, mußte er als Gläubiger schon in der Klage eine etwaige Gegenforderung voll in Abzug bringen (agere cum deductione). Für den Ausfall blieb der Schuldner den Gläubigern haftbar.

An Stelle der venditio bonorum, der Versteigerung in Bausch und Bogen, gestattete ein Senatsbeschluß der frühen Kaiserzeit gegenüber Personen senatorischen Ranges mit Zustimmung der Gläubiger eine distractio bonorum, einen stückweisen Verkauf des beschlagnahmten Vermögens durch den curator bonorum zur Befriedigung der Gläubiger aus dem Erlöse. Das wurde dann später verallgemeinert. Eine Spezialexekution auf einzelne Vermögensstücke (pignus ex causa iudicati captum) war jedoch dem Formularprozeß anscheinend fremd. Noch viel weniger ist an die gewaltsame unmittelbare Wegnahme des individuellen Leistungsgegenstandes zu denken. Denn schon das Urteil selbst lautete bloß auf Geldersatz und der allfällige arbitratus war nicht vollstreckbar.

Die missio in bona war ein Ausfluß des imperium. Kraft seines Imperiums instruierte der Gerichtsherr aber nicht bloß das ordentliche Verfahren vor dem Geschworenen, sondern schuf er vielfach erst die Grundlagen dafür. Dazu bediente er sich der missio, der stipulatio praetoria, der in integrum restitutio und des interdictum.

Missio war die Ermächtigung, von einer einzelnen Sache (in rem) oder von dem Vermögen (in bona) eines anderen Besitz zu ergreifen. Ein öffentlicher Zwang scheint dem Ermächtigten nicht zur Seite gestanden zu haben. Geschützt war der missus, abgesehen von dem Rechte der Notwehr, teils durch actiones in factum, teils durch Interdikte. Die Hauptfälle (unterlassene Defension, Zwangsvollstreckung und Konkurs) haben schon Erwähnung gefunden. Andere werden in der Darstellung des Privatrechtes erledigt werden.

Die prätorische oder, allgemeiner gesprochen, honorarische Stipulation war eine vom Magistrat (Prätor, Ädil, Volkstribun?) unter gewissen Voraussetzungen der einen oder beiden Parteien durch missio in possessionem, durch Gewährung oder Verweigerung einer actio aufgezwungener Stipulation, die geeignet war, die Grundlage eines ordentlichen Gerichtsverfahrens zu bilden, eine Klage zu begründen.

Solche Stipulationen waren teils durch stehende Formulare im prätorischen Album proponiert, teils wurden sie von Fall zu Fall gewährt. Sie waren teils iudiciales, dazu bestimmt, den Fortgang und Erfolg des iudicium zu sichern (iudicatum solvi u. a. m.), teils cautionales, um ein neues Klagerecht zu begründen (ratam rem haberi, damni infecti u. a. m.), teils communes, beiden Zwecken dienlich (vadimonia). Nach Umfang und Stärke waren sie entweder einfache Versprechen in Stipulationsform (repromissio) oder mit einer Sicherstellung verknüpft (satisdatio). Dem Gegenstande nach waren sie poenales, wenn sie eine Strafe bezweckten (sponsio und restipulatio tertiae partis bei der actio certae creditae pecuniae), praeiudiciales, wenn sie eine richterliche Entscheidung hervorrufen sollten (actio in rem per sponsionem praeiudicialem), poenales et praeiudiciales, wenn sie beiden Zwecken dienten (Interdiktsprozeß).

Die restitutio in integrum, Wiedereinsetzung in den vorigen Stand, war Wiederherstellung des früheren Rechtszustandes durch Aufhebung einer Rechtswirkung kraft Imperiums; eine Verfügung des Gerichtsherren, durch die ein kraft rechtens eingetretener Nachteil aus Billigkeitsgründen behoben wurde. Sie fand regelmäßig nur causa cognita, nach kontradiktorischer Prüfung des Sachverhaltes, aus triftigen Gründen (iusta causa), innerhalb bestimmter Frist und nur zum Schutze gegen erheblichen Nachteil statt.

Sie wurde gewährt ob aetatem Minderjährigen unter fünfundzwanzig Jahren gegen eigene Rechtsgeschäfte und gegen solche ihrer gesetzlichen Vertreter, sofern nicht ohnedies die lex Plaetoria Platz griff; Großjährigen ob absentiam, falls ihre oder ihres Gegners Abwesenheit die Unterbrechung einer Ersitzung oder die Geltendmachung einer Klage verhindert hatte, ob capitis deminutionem, ob errorem, ob vim et metum, ob dolum.

Die Frist war ein annus utilis. Die Wiedereinsetzung setzte den Mangel eines ordentlichen Rechtsmittels voraus, das

Abhilfe gewähren würde. Sie erfolgte teils in personam, gegenüber einem bestimmten, oder in rem, gegenüber allen Beteiligten. Ihre Wirkung war zunächst regelmäßig bloß Vernichtung des angefochtenen Geschehnisses. Sache der Partei war es dann, sich im Wege des ordentlichen Verfahrens (iudicium restitutorium) den Erfolg der Wiedereinsetzung durch entsprechende Klage (actio restitutoria, actio rescissoria: actio rescissa acceptilatione, actio Publiciana rescissa alienatione u. a. m.) nutzbar zu machen.

Die Interdikte endlich waren zwar ebenfalls Aufträge eines mit imperium ausgestatteten Beamten, die auf Begehren der einen Partei gegen die andere erlassen wurden, um teils positive Handlungen (interdicta restitutoria, exhibitoria), teils negative Handlungen, Unterlassungen (i. prohibitoria) vorzuschreiben. Auch war der unbestritten uralte Interdiktsschutz unter der Herrschaft des Legisaktionenprozesses zweifellos „ein vom Magistrat auf dem gesetzfreien Gebiet von sich aus gewährter Rechtsschutz". In der Zeit des Formularprozesses nahm er dagegen die Formen des ordentlichen Verfahrens an und wurde als eine Abart davon regelmäßig auch zum ius ordinarium gerechnet. Was ihn davon unterschied, war einmal der tatsächliche Umstand, daß das Verfahren hier häufiger als sonst schon in iure seine Erledigung fand, sodann die rechtliche Besonderheit, daß die sonst von den Parteien, allerdings mit Genehmigung des Gerichtsherrn ausgesprochene Prozeßformel hier durch den Ausspruch des Magistrates als bedingter Befehl oder bedingtes Verbot fixiert wurde.

Die Interdikte waren ihrer Form nach teils exhibitorisch (exhibeas), teils restitutorisch (restituas), teils prohibitorisch (vim fieri veto); bald simplicia, wenn eine Partei Kläger, die andere Beklagter war, bald duplicia, wenn beide Parteien beide Rollen spielten (uti possidetis, utrubi; de superficie). In sachlicher Hinsicht hatten sie teils sakralen (ne quid in loco sacro fiat u. a. m.), teils profanen Charakter, waren sie Popular- (ne quid in loco publico fiat u. a. m.) oder Privatinterdikte, zeitlich beschränkt oder unbeschränkt, vererblich oder unvererblich, Besitzinterdikte (adipiscendae, recuperandae, retinendae possessionis) oder auf andere Zwecke gerichtet.

Das Interdikt wurde vom Beamten mündlich unter der Bedingung erlassen, daß sich die Behauptung des Klägers als wahr erwies. Wie die actio setzte es Anwesenheit beider Parteien in iure, also auch in ius vocatio voraus und zog demnach auch die Folgen unterlassener defensio nach sich. Ließ der Gegner das Interdikt unwidersprochen, leistete er dem Gebote Folge, so war das Verfahren zu Ende. Anderenfalls kam es zum ordentlichen Verfahren per sponsionem oder per formulam arbitrariam.

Das Verfahren per sponsionem bestand darin, daß der Kläger den Beklagten innerhalb einer bestimmten (Jahres-) Frist seit Erlaß des Interdiktes in iure durch sponsio wahrscheinlich zur Zahlung des durch seinen Eid zu bestimmenden Wertes des Streitgegenstandes verpflichtete, falls er sich mit dem Interdikt in Widerspruch befinde, sich selbst durch restipulatio für den entgegengesetzten Fall. Die sponsio war poenalis. An die Sponsionsklage schloß der siegreiche Kläger eine Schadenersatzklage (iudicium secutorium) auf Ersatz des eidlich bestimmten Schadens an, falls der Beklagte ihn nicht befriedigte. Im Ganzen also drei Prozesse. Handelte es sich um ein interdictum duplex, so fanden zwei sponsiones und restipulationes statt, wurde der Besitz für die Dauer des Verfahrens provisorisch durch Versteigerung der Partei zugewiesen, die durch Verbalvertrag der anderen den größeren Betrag für den Fruchtgenuß der Zwischenzeit (fructuum licitationis summa) zusicherte, falls sie unterliegen sollte. Daran reihte sich auch hier das iudicium secutorium (Cascellianum) auf Schadenersatz mangels Befriedigung. Hinderte eine Partei den Fortgang des Verfahrens (cetera ex interdicto), so scheint ein besonderes Interdikt (interdictum secundarium) dem anderen Teil auf sein Begehren jedenfalls den Besitz gesichert zu haben. Wegen der damit verbundenen Strafen galt dieses Verfahren als ein solches cum poena, cum periculo.

Das Verfahren per formulam arbitrariam war dagegen sine poena, sine periculo. Es war jedoch nur zulässig auf Grund eines exhibitorischen oder restitutorischen Interdiktes, falls der Beklagte alsbald nach Erlaß des Interdiktes vom Magistrat die Ernennung eines arbiter begehrte. Die Formel war in factum konzipiert und auf die Frage abgestellt, ob auf Seite des Klägers die Voraussetzungen des Interdiktes vorliegen. Sie wies zur condemnatio des Beklagten an, falls er nicht der verlangten Vorweisung oder Herausgabe entsprechen sollte. Dieser arbitratus wurde auch hier durch das drohende ius iurandum ad litem des Klägers unterstützt.

Namenregister.

Sachregister.

Sammlung Göschen

Jeder Band in Leinw. geb. **80 Pf.**

Verzeichnis der bis jetzt erschienenen Bände.

Abwässer. **Wasser und Abwässer.** Ihre Zusammensetzung, Beurteilung u. Untersuchung von Professor Dr. Emil Haselhoff, Vorsteher der landw. Versuchsstation in Marburg in Hessen. Nr. 473.

Ackerbau- u. Pflanzenbaulehre v. Dr. Paul Rippert i. Essen u. Ernst Langenbeck, Gr.-Lichterfelde. Nr. 232.

Agrarwesen und Agrarpolitik von Prof. Dr. W. Wygodzinski in Bonn. 2 Bändchen. **I:** Boden u. Unternehmung. Nr. 592.

— — **II:** Kapital u. Arbeit in der Landwirtschaft. Verwertung der landwirtschaftl. Produkte. Organisation des landwirtschaftl. Berufsstandes. Nr. 593.

Agrikulturchemie I: Pflanzenernährung v. Dr. Karl Grauer. Nr. 329.

Agrikulturchemische Kontrollwesen, Das, v. Dr. Paul Krische in Leopoldshall-Staßfurt. Nr. 304.

— **Untersuchungsmethoden** von Prof. Dr. Emil Haselhoff, Vorsteher der landwirtschaftl. Versuchsstation in Marburg in Hessen. Nr. 470.

Akkumulatoren, Die, für Elektrizität v. Kais. Reg.-Rat Dr.-Ing. Richard Albrecht in Berlin-Zehlendorf. Mit 52 Figuren. Nr. 620.

Akustik. **Theoret. Physik I: Mechanik u. Akustik.** Von Dr. Gustav Jäger, Prof. an d. Techn. Hochschule in Wien. Mit 19 Abb. Nr. 76.

— **Musikalische,** von Professor Dr. Karl L. Schäfer in Berlin. Mit 36 Abbild. Nr. 21.

Algebra. **Arithmetik und Algebra** von Dr. H. Schubert, Professor an der Gelehrtenschule des Johanneums in Hamburg. Nr. 47.

Algebra. **Beispielsammlung z. Arithmetik und Algebra** von Dr. Herm. Schubert, Prof. a. d. Gelehrtenschule d. Johanneums i. Hamburg. Nr. 48.

Algebraische Kurven v. Eugen Beutel. Oberreallehrer in Vaihingen-Enz, **I:** Kurvendiskussion. Mit 57 Fig. im Text. Nr. 435.

— — **II:** Theorie u. Kurven dritter u. vierter Ordnung. Mit 52 Fig. im Text. Nr. 436.

Alpen, Die, von Dr. Rob. Sieger, Professor an der Universität Graz. Mit 19 Abb. u. 1 Karte. Nr. 129.

Althochdeutsche Literatur mit Grammatik, Übersetzung u. Erläuterungen v. Th. Schauffler, Prof. am Realgymnasium in Ulm. Nr. 28.

Alttestamentl. Religionsgeschichte von D. Dr. Max Löhr, Professor an der Universität Königsberg. Nr. 292.

Amphibien. **Das Tierreich III: Reptilien u. Amphibien** v. Dr. Franz Werner, Prof. an der Universität Wien. Mit 48 Abbild. Nr. 383.

Analyse, Techn.-Chem., von Dr. G. Lunge, Prof. a. d. Eidgen. Polytechnischen Schule in Zürich. Mit 16 Abb. Nr. 195.

Analysis, Höhere, I: Differentialrechnung. Von Dr. Frdr. Junker, Rektor des Realgymnasiums u. der Oberrealschule in Göppingen. Mit 68 Figuren. Nr. 87.

— — **Repetitorium und Aufgabensammlung zur Differentialrechnung** von Dr. Frdr. Junker, Rektor d. Realgymnas. u. d. Oberrealsch. in Göppingen. Mit 46 Fig. Nr. 146.

Analysis, Höhere, II: Integralrechnung. Von Dr. Friedr. Junker, Rektor des Realgymnasiums u. d. Oberrealschule in Göppingen. Mit 89 Figuren. Nr. 88.

— — **Repetitorium und Aufgabensammlung zur Integralrechnung** von Dr. Friedr. Junker, Rektor des Realgymnasiums und der Oberrealschule in Göppingen. Mit 50 Figuren. Nr. 147.

— **Niedere,** von Prof. Dr. Benedikt Sporer in Ehingen. Mit 5 Fig. Nr. 53.

Arbeiterfrage, Die gewerbliche, von Werner Sombart, Prof. an der Handelshochschule Berlin. Nr. 209.

Arbeiterversicherung siehe: Sozialversicherung.

Archäologie von Dr. Friedrich Koepp, Prof. an der Universität Münster i. W. 3 Bändchen. M. 28 Abb. im Text u. 40 Tafeln. Nr. 538/40.

Arithmetik u. Algebra von Dr. Herm. Schubert, Prof. a. d. Gelehrtenschule des Johanneums in Hamburg. Nr. 47.

— — **Beispielsammlung zur Arithmetik und Algebra** von Dr. Herm. Schubert, Prof. a. d. Gelehrtenschule des Johanneums in Hamburg. Nr. 48.

Armeepferd, Das, und die Versorgung der modernen Heere mit Pferden v. Felix von Damnitz, General der Kavallerie z. D. u. ehemal. Preuß. Remonteinspekteur. Nr. 514.

Armenwesen und Armenfürsorge. Einführung in d. soziale Hilfsarbeit v. Dr. Adolf Weber, Prof. an der Handelshochschule in Köln. Nr. 346.

Ästhetik, Allgemeine, von Prof. Dr. Max Diez, Lehrer a. d. Kgl. Akademie d. bild. Künste in Stuttgart. Nr. 300.

Astronomie. Größe, Bewegung u. Entfernung der Himmelskörper v. A. F. Möbius, neu bearb. von Dr. Herm. Kobold, Prof. an der Universität Kiel. **I:** Das Planetensystem. Mit 33 Abbildungen. Nr. 11.

— — **II:** Kometen, Meteore u. das Sternsystem. Mit 15 Figuren und 2 Sternkarten. Nr. 529.

Astronomische Geographie von Dr. Siegm. Günther, Professor an der Technischen Hochschule in München. Mit 52 Abbildungen. Nr. 92.

Astrophysik. Die Beschaffenheit der Himmelskörper v. Prof. W. F. Wislicenus. Neu bearbeitet von Dr. H. Ludendorff in Potsdam. Mit 15 Abbild. Nr. 91.

Ätherische Öle und Riechstoffe von Dr. F. Rochussen in Miltitz. Mit 9 Abbildungen. Nr. 446.

Aufsatzentwürfe v. Oberstudienrat Dr. L. W. Straub, Rektor des Eberhard-Ludwigs-Gymnas. i. Stuttg. Nr. 17.

Ausgleichungsrechnung nach der Methode der kleinsten Quadrate von Wilh Weitbrecht, Prof. der Geodäsie in Stuttgart. 2 Bändchen. Mit 15 Fig. u. 2 Taf. Nr. 302 u. 641.

Außereuropäische Erdteile, Länderkunde der, von Dr. Franz Heiderich, Professor an der Exportakademie in Wien. Mit 11 Textkärtchen und Profilen. Nr. 63.

Australien. Landeskunde u. Wirtschaftsgeographie des Festlandes Australien von Dr. Kurt Hassert, Prof. d. Geographie an d. Handels-Hochschule in Köln. Mit 8 Abb., 6 graph. Tab. u. 1 Karte. Nr. 319.

Autogenes Schweiß- und Schneidverfahren von Ingen. Hans Niese in Kiel. Mit 30 Figuren. Nr. 499.

Bade- u. Schwimmanstalten, Öffentliche, v. Dr. Karl Wolff, Stadtoberbaur., Hannover. M. 50 Fig. Nr. 380.

Baden. Badische Geschichte von Dr. Karl Brunner, Prof. am Gymnas. in Pforzheim u. Privatdozent der Geschichte an der Technischen Hochschule in Karlsruhe. Nr. 230.

— **Landeskunde von Baden** von Prof. Dr. O. Kienitz i. Karlsruhe. Mit Profil., Abb. u. 1 Karte. Nr. 199.

Bahnhöfe. Hochbauten der Bahnhöfe v. Eisenbahnbauinspekt. C. Schwab, Vorstand d. Kgl. E.-Hochbausektion Stuttgart II. **I:** Empfangsgebäude. Nebengebäude. Güterschuppen. Lokomotivschuppen. Mit 91 Abbildungen. Nr. 515.

Balkanstaaten. Geschichte d. christlichen Balkanstaaten (Bulgarien, Serbien, Rumänien, Montenegro, Griechenland) von Dr. K. Roth in Kempten. Nr. 331.

Bankwesen. Technik des Bankwesens von Dr. Walter Conrad, stellvert. Vorsteher der statist. Abteilung der Reichsbank in Berlin. Nr. 484.

Bauführung. Kurzgefaßtes Handbuch über das Wesen der Bauführung v. Archit. Emil Beutinger, Assistent an d. Techn. Hochschule in Darmstadt. M. 25 Fig. u. 11 Tabell. Nr. 399.

Baukunst, Die, des Abendlandes v. Dr. K. Schäfer, Assist. a. Gewerbemuseum, Bremen. Mit 22 Abb. Nr. 74.

— **des Schulhauses** v. Prof. Dr.-Ing. Ernst Vetterlein, Darmstadt. **I:** Das Schulhaus. M. 38 Abb. Nr. 443.

— — **II:** Die Schulräume — Die Nebenanlagen. M. 31 Abb. Nr. 444.

Bausteine. Die Industrie der künstlichen Bausteine und des Mörtels von Dr. G. Rauter in Charlottenburg. Mit 12 Tafeln. Nr. 234.

Baustoffkunde, Die, v. Prof. H. Haberstroh, Oberl. a. d. Herzogl. Baugewerkschule Holzminden. Mit 36 Abbildungen. Nr. 506.

Bayern. Bayerische Geschichte von Dr. Hans Ockel in Augsburg. Nr. 160.

— **Landeskunde des Königreichs Bayern** v. Dr. W. Götz, Prof. a. d. Kgl. Techn. Hochschule München. M. Profil., Abb. u. 1 Karte. Nr. 176.

Befestigungswesen. Die geschichtliche Entwicklung des Befestigungswesens vom Aufkommen der Pulvergeschütze bis zur Neuzeit von Reuleaux, Major b. Stabe d. 1. Westpreuß. Pionierbataill. Nr. 17. Mit 30 Bildern. Nr. 569.

Beschwerderecht. Das Disziplinar- u. Beschwerderecht für Heer u. Marine v. Dr. Max E. Mayer, Prof. a. d. Univ. Straßburg i. E. Nr. 517.

Betriebskraft, Die zweckmäßigste, von Friedr. Barth, Oberingen. in Nürnberg. 1. Teil: Einleitung. Dampfkraftanlagen. Verschied. Kraftmaschinen. M. 27 Abb. Nr. 224.

— — **II:** Gas-, Wasser- u. Wind-Kraftanlagen. M. 31 Abb. Nr. 225.

— — **III:** Elektromotoren. Betriebskostentabellen. Graph. Darstell. Wahl d. Betriebskraft. M. 27 Abb. Nr. 474.

Bewegungsspiele v. Dr. E. Kohlrausch, Prof. am Kgl. Kaiser Wilhelms-Gymn. zu Hannover. M. 15 Abb. Nr. 96.

Bleicherei. Textil-Industrie III: Wäscherei, Bleicherei, Färberei und ihre Hilfsstoffe v. Dr. Wilh. Massot, Prof. a. d. Preuß. höh. Fachschule für Textilindustrie in Krefeld. Mit 28 Fig. Nr. 186.

Blütenpflanzen, Das System der, mit Ausschluß der Gymnospermen von Dr. R. Pilger, Kustos am Kgl. Botanischen Garten in Berlin-Dahlem Mit 31 Figuren. Nr. 393.

Bodenkunde von Dr. P. Vageler in Königsberg i. Pr. Nr. 455.

Brandenburgisch - Preußische Geschichte von Prof. Dr. M. Thamm, Dir. des Kaiser Wilhelms-Gymnasiums in Montabaur. Nr. 600.

Brasilien. Landeskunde der Republik Brasilien von Bel Rodolpho von Ihering. Mit 12 Abbildungen und 1 Karte. Nr. 373.

Brauereiwesen I: Mälzerei von Dr. Paul Dreverhoff, Dir. der Brauer- u. Mälzerschule zu Grimma. Mit 16 Abbildungen. Nr. 303.

Britisch-Nordamerika. Landeskunde von Britisch-Nordamerika v. Prof. Dr. A. Oppel in Bremen. Mit 13 Abb. und 1 Karte. Nr. 284.

Buchführung in einfachen u. doppelten Posten v. Prof. Rob. Stern, Oberl. d. Öffentl. Handelslehranst. u. Doz. d. Handelshochschule zu Leipzig. M. vielen Formul. Nr. 115.

Buddha von Professor Dr. Edmund Hardy. Nr. 174.

Burgenkunde, Abriß der, von Hofrat Dr. Otto Piper in München. Mit 30 Abbildungen. Nr. 119.

Bürgerliches Gesetzbuch siehe: Recht des BGB.

Byzantinisches Reich. Geschichte des byzantinischen Reiches von Dr. K. Roth in Kempten. Nr. 190.

Chemie, Allgemeine u. physikalische, von Dr. Max Rudolphi, Prof. an der Techn. Hochschule in Darmstadt. Mit 22 Figuren. Nr. 71.

— **Analytische,** von Dr. Johannes Hoppe in München. **I:** Theorie und Gang der Analyse. Nr. 247.

— — **II:** Reaktion der Metalloide und Metalle. Nr. 248.

— **Anorganische,** von Dr. Jos. Klein in Mannheim. Nr. 37.

Chemie, Geschichte der, von Dr. Hugo Bauer, Assist. am chemischen Laboratorium der Kgl. Techn. Hochschule Stuttgart. **I:** Von den ältesten Zeiten bis z. Verbrennungstheorie von Lavoisier. Nr. 264.

— — **II:** Von Lavoisier bis zur Gegenwart. Nr. 265.

— **der Kohlenstoffverbindungen** von Dr. Hugo Bauer, Assistent am chem. Laboratorium d. Kgl. Techn. Hochschule Stuttgart. **I. II:** Aliphatische Verbindungen. 2 Teile. Nr. 191. 192.

— — **III:** Karbocyklische Verbindungen. Nr. 193.

— — **IV:** Heterocyklische Verbindungen. Nr. 194.

— **Organische,** von Dr. Jos. Klein in Mannheim. Nr. 38.

— **Pharmazeutische,** von Privatdozent Dr. E. Mannheim in Bonn. 3 Bändchen. Nr. 543/44 u. 588.

— **Physiologische,** von Dr. med. A. Legahn in Berlin. **I:** Assimilation. Mit 2 Tafeln. Nr. 240.

— — **II:** Dissimilation. M. 1 Tafel. Nr. 241.

— **Toxikologische,** von Privatdozent Dr. E. Mannheim in Bonn. Mit 6 Abbildungen. Nr. 465.

Chemische Industrie, Anorganische, von Dr. Gust. Rauter in Charlottenburg. **I:** Die Leblancsodaindustrie und ihre Nebenzweige. Mit 12 Tafeln. Nr. 205.

— — **II:** Salinenwesen, Kalisalze, Düngerindustrie u. Verwandtes. Mit 6 Tafeln. Nr. 206.

— — **III:** Anorganische chemische Präparate. M. 6 Taf. Nr. 207.

Chemische Technologie, Allgemeine, von Dr. Gust. Rauter in Charlottenburg. Nr. 113.

Chemisch-Technische Analyse von Dr. G. Lunge, Prof. an der Eidgen. Polytechnischen Schule in Zürich. Mit 16 Abbild. Nr. 195.

Christlichen Literaturen des Orients, Die, von Dr. Anton Baumstark. **I:** Einleitung. — Das christlich-aramäische u. d. koptische Schrifttum. Nr. 527.

— — **II:** Das christl.-arab. und das äthiop. Schrifttum. — Das christl. Schrifttum d. Armenier und Georgier. Nr. 528.

Dampfkessel, Die. Kurzgefaßtes Lehrbuch mit Beispielen für das Selbststudium u. den praktischen Gebrauch von Oberingenieur Friedr. Barth in Nürnberg. **I:** Kesselsysteme und Feuerungen. Mit 43 Fig. Nr. 9.

— — **II:** Bau und Betrieb der Dampfkessel. M. 57 Fig. Nr. 521.

Dampfmaschinen, Die. Kurzgefaßtes Lehrbuch mit Beispielen für das Selbststudium und den praktischen Gebrauch von Friedr. Barth, Oberingenieur in Nürnberg. 2 Bdchn. **I:** Wärmetheoretische und dampftechnische Grundlagen. Mit 64 Fig. Nr. 8.

— — **II:** Bau und Betrieb der Dampfmaschinen. Mit 109 Fig. Nr. 572.

Dampfturbinen, Die, ihre Wirkungsweise u. Konstruktion von Ingen. Herm. Wilda, Prof. a. staatl. Technikum in Bremen. Mit 104 Abb. Nr. 274.

Desinfektion von Dr. M. Christian, Stabsarzt a. D. in Berlin. Mit 18 Abbildungen. Nr. 546.

Determinanten von P. B. Fischer, Oberl. a. d. Oberrealsch. z. Groß-Lichterfelde. Nr. 402.

Deutsche Altertümer von Dr. Franz Fuhse, Dir. d. städt. Museums in Braunschweig. M. 70 Abb. Nr 124.

Deutsche Fortbildungsschulwesen, Das, nach seiner geschichtlichen Entwicklung u. in seiner gegenwärt. Gestalt von H. Sierds, Revisor gewerbl. Fortbildungsschulen in Schleswig. Nr. 392.

Deutsches Fremdwörterbuch von Dr. Rud. Kleinpaul in Leipzig. Nr. 273.

Deutsche Geschichte von Dr. F. Kurze, Prof. a. Kgl. Luisengymnas. in Berlin. **I: Mittelalter** (bis 1519). Nr. 33.

— — **II: Zeitalter der Reformation und der Religionskriege** (1517 bis 1648). Nr. 34.

— — **III: Vom Westfälischen Frieden bis zur Auflösung des alten Reichs** (1648—1806). Nr. 35.

— — siehe auch: Quellenkunde

Deutsche Grammatik und kurze Geschichte der deutschen Sprache von Schulrat Prof. Dr. O. Lyon in Dresden. Nr. 20.

Deutsche Handelskorrespondenz von Prof. Th. de Beaux, Officier de l'Instruction Publique. Nr. 182.

Deutsches Handelsrecht von Dr. Karl Lehmann, Prof. an der Universität Göttingen. 2 Bde. Nr. 457 u. 458.

Deutsche Heldensage, Die, von Dr. Otto Luitpold Jiriczek, Prof. an d. Universität Würzburg. Nr. 32.

Deutsches Kolonialrecht von Prof. Dr. H. Edler von Hoffmann, Studiendirektor der Akademie für kommunale Verwaltung in Düsseldorf. Nr. 318.

Deutsche Kolonien. I: Togo und Kamerun von Prof. Dr. K. Dove. Mit 16 Tafeln u. 1 lithogr. Karte. Nr. 441.

— **II: Das Südseegebiet und Kiautschou** von Prof. Dr. K. Dove. Mit 16 Tafeln u. 1 lith. Karte. Nr. 520.

— **III: Ostafrika** von Prof. Dr. K. Dove. Mit 16 Tafeln u. 1 lithogr. Karte. Nr. 567.

Deutsche Kulturgeschichte von Dr. Reinh. Günther. Nr. 56.

Deutsches Leben im 12. u. 13. Jahrhundert. Realkommentar zu den Volks- u. Kunstepen u. zum Minnesang. Von Prof. Dr. Jul. Dieffenbacher in Freiburg i. B. **I:** Öffentliches Leben. Mit zahlreichen Abbildungen. Nr. 93.

— — **II:** Privatleben. Mit zahlreichen Abbildungen. Nr. 328.

Deutsche Literatur des 13. Jahrhunderts. Die Epigonen d. höfischen Epos. Auswahl a. deutschen Dichtungen des 13. Jahrhunderts von Dr. Viktor Junk, Aktuarius der Kaiserlichen Akademie der Wissenschaften in Wien. Nr. 289.

Deutsche Literaturdenkmäler des 14. u. 15. Jahrhunderts. Ausgewählt und erläutert von Dr. Hermann Jantzen, Direktor d. Königin Luise-Schule in Königsberg i. Pr. Nr. 181.

— **16. Jahrhunderts. I: Martin Luther u. Thom. Murner.** Ausgewählt u. mit Einleitungen u. Anmerkungen versehen von Prof. G. Berlit, Oberlehrer am Nikolaigymnasium zu Leipzig. Nr. 7.

— — **II: Hans Sachs.** Ausgewählt u. erläut. v. Prof. Dr. J. Sahr. Nr. 24.

Deutsche Literaturdenkmäler des 16. Jahrhunderts. III: Von Brant bis Rollenhagen: Brant, Hutten, Fischart, sowie Tierepos u. Fabel. Ausgew. u. erläut. von Prof. Dr. Julius Sahr. Nr. 36.

— **des 17. und 18. Jahrhunderts bis Klopstock. I:** Lyrik von Dr. Paul Legband in Berlin. Nr. 364.

— — **II:** Prosa v. Dr. Hans Legband in Kassel. Nr. 365.

Deutsche Literaturgeschichte von Dr. Max Koch, Prof. an der Universität Breslau. Nr. 31.

— **der Klassikerzeit** v. Carl Weitbrecht, durchgesehen u. ergänzt v. Karl Berger. Nr. 161.

— **des 19. Jahrhunderts** von Carl Weitbrecht, neu bearbeitet von Dr. Rich. Weitbrecht in Wimpfen. I. II. Nr. 134. 135.

Deutschen Mundarten, Die, von Prof. Dr. H. Reis in Mainz. Nr. 605.

Deutsche Mythologie. Germanische Mythologie von Dr. Eugen Mogk, Prof. a. d. Univers. Leipzig. Nr. 15.

Deutschen Personennamen, Die, v. Dr. Rud. Kleinpaul i. Leipzig. Nr. 422.

Deutsche Poetik von Dr. K. Borinski, Prof. a. d. Univ. München. Nr. 40.

Deutsche Rechtsgeschichte v. Dr. Richard Schröder, Prof. a. d. Univers. Heidelberg. **I:** Bis z. Mittelalter. Nr. 621.

Deutsche Redelehre von Hans Probst, Gymnasialprof. i. Bamberg. Nr. 61.

Deutsche Schule, Die, im Auslande von Hans Amrhein, Seminaroberlehrer in Rheydt. Nr. 259.

Deutsches Seerecht v. Dr. Otto Brandis, Oberlandesgerichtsrat in Hamburg. **I:** Allgem. Lehren: Personen u. Sachen d. Seerechts. Nr. 386.

— — **II:** Die einz. seerechtl. Schuldverhältnisse: Verträge des Seerechts u. außervertragliche Haftung. Nr. 387.

Deutsche Stadt, Die, und ihre Verwaltung. Eine Einführung i. d. Kommunalpolitik d. Gegenw. Herausgeg. v. Dr. Otto Most, Beigeordn. d. Stadt Düsseldorf. **I:** Verfassung u. Verwaltung im allgemeinen; Finanzen und Steuern; Bildungs- und Kunstpflege; Gesundheitspflege. Nr. 617.

Deutsche Stammeskunde v. Dr. Rud. Much, a. o. Prof. a. d. Univ. Wien. Mit 2 Kart. u. 2 Taf. Nr. 126.

Deutsches Unterrichtswesen. Geschichte des deutschen Unterrichtswesens v. Prof. Dr. Friedrich Seiler, Direktor des Kgl. Gymnasiums zu Luckau. **I:** Von Anfang an bis zum Ende des 18. Jahrhunderts. Nr. 275.

— — **II:** Vom Beginn d. 19. Jahrh. bis auf die Gegenwart. Nr. 276.

Deutsche Urheberrecht, Das, an literarischen, künstlerischen u. gewerblichen Schöpfungen, mit besonderer Berücksichtigung der internat. Verträge v. Dr. Gust. Rauter, Patentanwalt in Charlottenburg. Nr. 263.

Deutsche Volkslied, Das, ausgewählt u. erläutert von Prof. Dr. Jul. Sahr. 2 Bändchen. Nr. 25 u. 132.

Deutsche Wehrverfassung von Karl Endres, Geheimer Kriegsrat u. vortragender Rat im Kriegsministerium in München. Nr. 401.

Deutsches Wörterbuch v. Dr. Richard Loewe. Nr. 64.

Deutsche Zeitungswesen, Das, von Dr. Robert Brunhuber in Köln a. Rh. Nr. 400.

Deutsches Zivilprozeßrecht von Prof. Dr. Wilhelm Kisch in Straßburg i. E. 3 Bände. Nr. 428—430.

Dichtungen aus mittelhochdeutscher Frühzeit. In Ausw. mit Einltg. u. Wörterb. herausgeg. v. Dr. Herm. Jantzen, Direktor d. Königin Luise-Schule i. Königsberg i. Pr. Nr. 137.

Dietrichepen. Kudrun und Dietrichepen. Mit Einleitung u. Wörterbuch von Dr. O. L. Jiriczek, Prof. a. d. Universität Würzburg. Nr. 10.

Differentialrechnung von Dr. Friedr. Junker, Rektor d. Realgymnasiums u. der Oberrealschule in Göppingen. Mit 68 Figuren. Nr. 87.

— **Repetitorium u. Aufgabensammlung zur Differentialrechnung** von Dr. Friedr. Junker, Rektor d. Realgymnasiums u. d. Oberrealschule in Göppingen. Mit 46 Fig. Nr. 146.

Drogenkunde von Rich. Dorstewitz in Leipzig und Georg Ottersbach in Hamburg. Nr. 413.

Druckwasser- und Druckluft-Anlagen. Pumpen, Druckwasser- u. Druckluft-Anlagen von Dipl.-Ingen. Rudolf Vogdt, Regierungsbaumstr. a. D. in Aachen. Mit 87 Fig. Nr. 290.

Eddalieder mit Grammatik, Übersetzg. u. Erläuterungen von Dr. Wilhelm Ranisch, Gymnasialoberlehrer in Osnabrück. Nr. 171.

Eisenbahnbau. Die Entwicklung des modernen Eisenbahnbaues v. Dipl. Ing. Alfred Birk, o. ö. Prof. a. d. k. k. Deutschen Techn. Hochschule in Prag. Mit 27 Abbild. Nr. 553.

Eisenbahnen, Die Linienführung der, von H. Wegele, Professor an der Techn. Hochschule in Darmstadt. Mit 52 Abbildungen. Nr. 623.

Eisenbahnfahrzeuge von H. Hinnenthal, Regierungsbaumeister u. Oberingen. in Hannover. **I:** Die Lokomotiven. Mit 89 Abbild. im Text und 2 Tafeln. Nr. 107.

— — **II:** Die Eisenbahnwagen und Bremsen. Mit Anh.: Die Eisenbahnfahrzeuge im Betrieb. Mit 56 Abb. im Text u. 3 Taf. Nr. 108.

Eisenbahnpolitik. Geschichte d. deutschen Eisenbahnpolitik v. Betriebsinspektor Dr. Edwin Kech in Karlsruhe i. B. Nr. 533.

Eisenbahnverkehr, Der, v. Kgl. Eisenbahn-Rechnungsdirektor Th. Wilbrand in Berlin-Friedenau. Nr. 618.

Eisenbetonbau, Der, v. Reg.-Baumstr. Karl Rößle. Mit 75 Abbildungen. Nr. 349.

Eisenbetonbrücken von Dr.-Ing. K. W. Schaechterle in Stuttgart. Mit 104 Abbildungen. Nr. 627.

Eisenhüttenkunde von A. Krauß, dipl. Hütteningenieur. **I:** Das Roheisen. Mit 17 Fig. u. 4 Taf. Nr. 152.

— — **II:** Das Schmiedeisen. M. 25 Fig. u. 5 Taf. Nr. 153.

Eisenkonstruktionen im Hochbau von Ingen. Karl Schindler in Meißen. Mit 115 Figuren. Nr. 322.

Eiszeitalter, Das, v. Dr. Emil Werth in Berlin-Wilmersdorf. Mit 17 Abbildungen und 1 Karte. Nr. 431.

Elastizitätslehre für Ingenieure I: Grundlagen und Allgemeines über Spannungszustände, Zylinder, Ebene Platten, Torsion, Gekrümmte Träger. Von Dr.-Ing. Max Enßlin, Prof. a. d. Kgl. Baugewerkschule Stuttgart und Privatdozent a. d. Techn. Hochschule Stuttgart. Mit 60 Abbild. Nr. 519.

Elektrischen Meßinstrumente, Die, von J. Herrmann, Prof. an der Techn. Hochschule in Stuttgart. Mit 195 Figuren. Nr. 477.

Elektrische Telegraphie, Die, von Dr. Lud. Rellstab. Mit 19 Fig. Nr. 172.

Elektrizität. Theoret. Physik III: Elektrizität u. Magnetismus von Dr. Gust. Jäger, Prof. a. d. Techn. Hochschule in Wien. Mit 33 Abbildgn. Nr. 78.

Elektrochemie von Dr. Heinr. Danneel in Genf. **I:** Theoretische Elektrochemie u. ihre physikalisch-chemischen Grundlagen. Mit 16 Fig. Nr. 252.

— — **II:** Experiment. Elektrochemie, Meßmethoden, Leitfähigkeit, Lösungen. Mit 26 Fig. Nr. 253.

Elektromagnet. Lichttheorie. Theoret. Physik IV: Elektromagnet. Lichttheorie u. Elektronik von Professor Dr. Gust. Jäger in Wien. Mit 21 Figuren. Nr. 374.

Elektrometallurgie von Dr. Friedrich Regelsberger, Kaiserl. Reg.-Rat in Steglitz-Berlin. M. 16 Fig. Nr. 110.

Elektrotechnik. Einführung in die Starkstromtechnik v. J. Herrmann, Prof. d. Elektrotechnik an der Kgl. Techn. Hochschule Stuttgart. **I:** Die physikalischen Grundlagen. Mit 95 Fig. u. 16 Taf. Nr. 196.

— — **II:** Die Gleichstromtechnik. Mit 118 Fig. und 16 Taf. Nr. 197.

— — **III:** Die Wechselstromtechnik. Mit 147 Fig. u. 16 Taf. Nr. 198.

Elektrotechnik. Die Materialien des Maschinenbaues und der Elektrotechnik von Ingenieur Prof. Hermann Wilda in Bremen. Mit 3 Abbildgn. Nr. 476.

Elsaß-Lothringen, Landeskunde von, v. Prof. Dr. R. Langenbeck in Straßburg i. E. Mit 11 Abbild. u. 1 Karte. Nr. 215.

Englisch-deutsches Gesprächsbuch von Prof. Dr. E. Hausknecht in Lausanne. Nr. 424.

Englische Geschichte v. Prof. L. Gerber, Oberlehrer in Düsseldorf. Nr. 375.

Englische Handelskorrespondenz von E. E. Whitfield, M. A., Oberlehrer an King Edward VII Grammar School in King's Lynn. Nr. 237.

Englische Literaturgeschichte von Dr. Karl Weiser in Wien. Nr. 69.

— — **Grundzüge und Haupttypen d. englischen Literaturgeschichte** von Dr. Arnold M. M. Schröer, Prof. an der Handelshochschule in Köln. 2 Teile. Nr. 286, 287.

Englische Phonetik mit Lesestücken von Dr. A. C. Dunstan, Lektor an der Univers. Königsberg i. Pr. Nr. 601.

Entwicklungsgeschichte der Tiere von Dr. Johannes Meisenheimer, Prof. der Zoologie an der Universität Jena. **I:** Furchung, Primitivanlagen, Larven, Formbildung, Embryonalhüllen. Mit 48 Figuren. Nr. 378.

— — **II:** Organbildung. Mit 46 Fig. Nr. 379.

Epigonen, Die, des höfischen Epos. Auswahl aus deutschen Dichtungen des 13. Jahrhunderts von Dr. Viktor Junk, Aktuarius der Kaiserlichen Akademie der Wissenschaften in Wien. Nr. 289.

Erdbau von Reg.-Baum. Erwin Link in Stuttgart. Mit vielen Abbild. Nr. 630.

Erdmagnetismus, Erdstrom u. Polarlicht von Dr. A. Nippoldt, Mitglied des Königl. Preußischen Meteorologischen Instituts in Potsdam. Mit 7 Tafeln und 16 Figuren. Nr. 175.

Erdteile, Länderkunde der außereuropäischen, von Dr. Franz Heiderich, Professor an der Exportakademie in Wien. Mit 11 Textkärtchen und Profilen. Nr. 63.

Ernährung und Nahrungsmittel von Oberstabsarzt Professor H. Bischoff in Berlin. Mit 4 Abbild. Nr. 464.

Ethik von Prof. Dr. Thomas Achelis in Bremen. Nr. 90.

Europa, Länderkunde von, von Dr. Franz Heiderich, Prof. a. d. Exportakademie in Wien. Mit 14 Textkärtchen u. Diagrammen u. einer Karte der Alpeneinteilung. Nr. 62.

Exkursionsflora von Deutschland zum Bestimmen d. häufigeren i. Deutschland wildwachsenden Pflanzen von Dr. W. Migula, Prof. an der Forstakademie Eisenach. 2 Teile. Mit je 50 Abbildungen. Nr. 268 und 269.

Experimentalphysik v. Prof. R. Lang in Stuttgart. I: Mechanik der festen, flüssigen und gasigen Körper. Mit 125 Figuren. Nr. 611.

Explosivstoffe. Einführung in d. Chemie der explosiven Vorgänge von Dr. H. Brunswig in Steglitz. Mit 6 Abbild. und 12 Tab. Nr. 333.

Familienrecht. Recht d. Bürgerlichen Gesetzbuches. Viertes Buch: Familienrecht von Dr. Heinrich Titze, Prof. a. d. Univ. Göttingen. Nr. 305.

Färberei. Textil-Industrie III: Wäscherei, Bleicherei, Färberei und ihre Hilfsstoffe von Dr. Wilhelm Massot, Prof. an der Preußischen höheren Fachschule f. Textilindustrie in Krefeld. Mit 28 Fig. Nr. 186.

Feldgeschütz, Das moderne, v. Oberstleutnant W. Heydenreich, Militärlehrer a. d. Militärtechn. Akademie in Berlin. I: Die Entwicklung des Feldgeschützes seit Einführung des gezogenen Infanteriegewehrs bis einschl. der Erfindung des rauchl. Pulvers, etwa 1850 bis 1890. Mit 1 Abbild. Nr. 306.

— — II: Die Entwicklung d. heutigen Feldgeschützes auf Grund der Erfindung des rauchlosen Pulvers, etwa 1890 bis zur Gegenwart. Mit 11 Abbild. Nr. 307

Fernsprechwesen, Das, von Dr. Ludwig Rellstab in Berlin. Mit 47 Fig. und 1 Tafel. Nr. 155.

Festigkeitslehre v. W. Hauber, Dipl.-Ingenieur. Mit 56 Fig. Nr. 288.

— **Aufgabensammlung zur Festigkeitslehre mit Lösungen** von R. Haren, Diplom-Ingenieur in Mannheim. Mit 42 Fig. Nr. 491.

Fette, Die, und Öle sowie die Seifen- u. Kerzenfabrikat. u. d. Harze, Lacke, Firnisse m. ihren wicht. Hilfsstoffen von Dr. Karl Braun in Berlin. I: Einf. in d. Chemie, Besprech. einiger Salze u. d. Fette u. Öle. Nr. 335.

— — II: Die Seifenfabrikation, die Seifenanalyse und die Kerzenfabrikation. Mit 25 Abbild. Nr. 336.

— — III: Harze, Lacke, Firnisse. Nr. 337.

Feuerwaffen. Geschichte d. gesamten Feuerwaffen bis 1850. Die Entwicklung der Feuerwaffen v. ihrem ersten Auftreten bis zur Einführung der gezogenen Hinterlader, unter besonderer Berücksichtig. d. Heeresbewaffnung von Major a. D. W. Gohlke, Steglitz-Berlin. Mit 105 Abbildungen. Nr. 530.

Filzfabrikation. Textil-Industrie II: Weberei, Wirkerei, Posamentiererei, Spitzen- und Gardinenfabrikation und Filzfabrikation von Professor Max Gürtler, Geh. Regierungsr. im Kgl. Landesgewerbeamt zu Berlin. Mit 29 Fig. Nr. 185.

Finanzsysteme der Großmächte, Die, (Internat. Staats- und Gemeinde-Finanzwesen) v. O. Schwarz, Geh. Oberfinanzrat in Berlin. 2 Bändchen. Nr. 450 und 451.

Finanzwissenschaft von Präsident Dr. R. van der Borght in Berlin. I: Allgemeiner Teil. Nr. 148.

— — II: Besonderer Teil (Steuerlehre). Nr. 391.

Finnisch-ugrische Sprachwissenschaft von Dr. Josef Szinnyei, Prof. an der Universität Budapest. Nr. 463.

Finnland. Landeskunde des Europäischen Rußlands nebst Finnlands von Prof. Dr. A. Philippson in Halle a. S. Nr. 359.

Firnisse. Harze, Lacke, Firnisse von Dr. Karl Braun in Berlin. (Fette und Öle III.) Nr. 337.

Fische. Das Tierreich IV: Fische von Prof. Dr. Max Rauther in Neapel. Mit 37 Abbild. Nr. 356.

Fischerei und Fischzucht von Dr. Karl Eckstein, Prof. a. d. Forstakademie Eberswalde, Abteilungsdirigent bei der Hauptstation des forstlichen Versuchswesens. Nr. 159.

Flora. Exkursionsflora von Deutschland zum Bestimmen der häufigeren in Deutschland wildwachsenden Pflanzen v. Dr. W. Migula, Prof. a. d. Forstakademie Eisenach. 2 Teile. Mit je 50 Abbild. Nr. 268, 269.

Flußbau von Regierungsbaumeister Otto Rappold in Stuttgart. Mit 103 Abbildungen. Nr. 597.

Forensische Psychiatrie von Professor Dr. W. Weygandt, Dir. d. Irrenanstalt Friedrichsberg i. Hamburg. 2 Bändchen. Nr. 410 u. 411.

Forstwissenschaft v. Dr. Ad. Schwappach, Prof. a. d. Forstakademie Eberswalde, Abteilungsdirig. bei d. Hauptstation d. forstl. Versuchswesens. Nr. 106.

Fortbildungsschulwesen, Das deutsche, nach seiner geschichtl. Entwicklung u. i. sein. gegenwärt. Gestalt v. H. Sierds, Revisor gewerbl. Fortbildungsschulen in Schleswig. Nr. 392.

Franken. Geschichte Frankens v. Dr. Christ. Meyer, Kgl. preuß. Staatsarchivar a. D., München. Nr. 434.

Frankreich. Französische Geschichte v. Dr. R. Sternfeld, Prof. an der Universität Berlin. Nr. 85.

Frankreich. Landesk. v. Frankreich v. Dr. Rich. Neuse, Direkt. d. Oberrealschule in Spandau. 1. Bändch. M. 23 Abb. im Text u. 16 Landschaftsbild. auf 16 Taf. Nr. 466.

— — 2. Bändchen. Mit 15 Abb. im Text, 18 Landschaftsbild. auf 16 Tafeln u. 1 lithogr. Karte. Nr. 467.

Französisch-deutsches Gesprächsbuch von C. Francillon, Lektor am orientalisch. Seminar u. an d. Handelshochschule in Berlin. Nr. 596.

Französische Handelskorrespondenz v. Prof. Th. de Beaux, Officier de l'Instruction Publique. Nr. 183.

Fremdwort, Das, im Deutschen v. Dr. Rud. Kleinpaul, Leipzig. Nr. 55.

Fremdwörterbuch, Deutsches, von Dr. Rud. Kleinpaul, Leipzig. Nr. 273.

Fuge. Erläuterung u. Anleitung zur Komposition derselben v. Prof. Stephan Krehl in Leipzig. Nr. 418.

Funktionentheorie, Einleitung in die, (Theorie der komplexen Zahlenreihen) v. Max Rose, Oberlehrer an der Goetheschule in Deutsch-Wilmersdorf. Mit 10 Fig. Nr. 581.

Fußartillerie, Die, ihre Organisation, Bewaffnung u. Ausbildg. v. Splett, Oberleutnant im Lehrbataillon der Fußartillerie-Schießschule u. Viermann, Oberleutnant in der Versuchsbatter. d. Artillerie-Prüfungskommission. Mit 35 Fig. Nr. 560.

Gardinenfabrikation. Textilindustrie II: Weberei, Wirkerei, Posamentiererei, Spitzen- u. Gardinenfabrikation u. Filzfabrikation von Prof. Max Gürtler, Geh. Reg.-Rat im Kgl. Landesgewerbeamt zu Berlin. Mit 29 Figuren. Nr. 185.

Gas- und Wasserinstallationen mit Einschluß der Abortanlagen von Prof. Dr. phil. und Dr.-Ingen. Eduard Schmitt in Darmstadt. Mit 119 Abbildungen. Nr. 412.

Gaskraftmaschinen, Die, v. Ing. Alfred Kirschke in Kiel. 2 Bändchen. Mit vielen Figuren. Nr. 316 u. 651.

Gasthäuser und Hotels von Architekt Max Wöhler in Düsseldorf. **I: Die** Bestandteile u. die Einrichtung des Gasthauses. Mit 70 Fig. Nr. 525.

— — **II:** Die verschiedenen Arten von Gasthäusern. Mit 82 Figuren. Nr. 526.

Gebirgsartillerie. Die Entwicklung der Gebirgsartillerie von **Klußmann,** Oberst u. Kommandeur der 1. Feld-Art.-Brigade in **Königsberg** i. Pr. Mit 78 Bildern und Übersichtstafeln. Nr. 531.

Genossenschaftswesen, Das, in Deutschland v. Dr. Otto Lindecke in Düsseldorf. Nr. 384.

Geodäsie von Prof. Dr. C. Reinhertz in Hannover. Neubearbeitet von Dr. G. Förster, Observator a. Geodätisch. Institut Potsdam. Mit 68 Abbildungen. Nr. 102.

— **Vermessungskunde** v. Diplom-Ing. P. Werkmeister, Oberlehrer an der Kais. Techn. Schule i. Straßburg i. E. **I:** Feldmessen u. Nivellieren. Mit 146 Abb. **II:** Der Theodolit. Trigonometrische und barometr. Höhenmessung. Tachymetrie. Mit 109 Abbildungen. Nr. 468, 469.

Geographie, Geschichte der, von Prof. Dr. Konrad Kretschmer i. Charlottenburg. Mit 11 Kart. im Text. Nr. 624.

Geologie in kurzem Auszug f. Schulen u. zur Selbstbelehrung zusammengestellt v. Prof. Dr. Eberh. Fraas in Stuttgart. Mit 16 Abbild. u. 4 Tafeln mit 51 Figuren. Nr. 13.

Geometrie, Analytische, der Ebene v. Prof. Dr. M. Simon in Straßburg. Mit 52 Figuren. Nr. 65.

— — **Aufgabensammlung zur Analytischen Geometrie der Ebene** von O. Th. Bürklen, Professor am Kgl. Realgymnasium in Schwäb.-Gmünd. Mit 32 Fig. Nr. 256.

— — **des Raumes** von Prof. Dr. M. Simon in Straßburg. Mit 28 Abbildungen. Nr. 89.

Hygiene des Städtebaus, Die, von Prof. H. Chr. Nußbaum in Hannover. Mit 30 Abb. Nr. 348.

— **des Wohnungswesens, Die,** von Prof. H. Chr. Nußbaum in Hannover. Mit 5 Abbild. Nr. 363.

Iberische Halbinsel. Landeskunde der Iberischen Halbinsel von Dr. Fritz Regel, Prof. a. d. Univ. Würzburg. M. 8 Kärtchen u. 8 Abb. im Text u. 1 Karte in Farbendruck. Nr. 235.

Indische Religionsgeschichte von Prof. Dr. Edmund Hardy. Nr. 83.

Indogerman. Sprachwissenschaft von Dr. R. Meringer, Professor an der Univers. Graz. M. 1 Tafel. Nr. 59.

Industrielle u. gewerbliche Bauten (Speicher, Lagerhäuser u. Fabriken) von Architekt Heinr. Salzmann in Düsseldorf. **I:** Allgemeines üb. Anlage u. Konstruktion d. industriellen u. gewerblichen Bauten. Nr. 511.

— — **II:** Speicher und Lagerhäuser. Mit 123 Figuren. Nr. 512.

Infektionskrankheiten, Die, und ihre Verhütung von Stabsarzt Dr. W. Hoffmann in Berlin. Mit 12 vom Verfasser gezeichneten Abbildungen und einer Fiebertafel. Nr. 327.

Insekten. Das Tierreich V: Insekten von Dr. J. Groß in Neapel (Stazione Zoologica). Mit 56 Abbildungen. Nr. 594.

Instrumentenlehre v. Musikdir. Franz Mayerhoff in Chemnitz. **I:** Text. Nr. 437.

— — **II:** Notenbeispiele. Nr. 438.

Integralrechnung von Dr. Friedr. Junker, Rekt. d. Realgymnasiums u. d. Oberrealschule in Göppingen. Mit 89 Figuren. Nr. 88.

— **Repetitorium u. Aufgabensammlung zur Integralrechnung** von Dr. Friedr. Junker, Rekt. d. Realgymnasiums u. der Oberrealschule in Göppingen. M. 52 Fig. Nr. 147.

Israel. Geschichte Israels bis auf die griechische Zeit von Lic. Dr. J. Benzinger. Nr. 231.

Italienische Handelskorrespondenz v. Prof. Alberto de Beaux, Oberlehrer am Königl. Institut S. S. Annunziata in Florenz. Nr. 219.

Italienische Literaturgeschichte von Dr. Karl Voßler, Professor an der Universität München. Nr. 125.

Kalkulation, Die, im Maschinenbau von Ingen. H. Bethmann, Dozent am Technikum Altenburg. Mit 63 Abbildungen. Nr. 486.

Kältemaschinen. Die thermodynamischen Grundlagen der Wärmekraft- und Kältemaschinen von M. Röttinger, Dipl.-Ing. in Mannheim. Mit 73 Figuren. Nr. 2.

Kamerun. Die deutschen Kolonien I: Togo und Kamerun von Prof. Dr. Karl Dove. Mit 16 Tafeln und einer lithogr. Karte. Nr. 441.

Kanal- und Schleusenbau von Regierungsbaumeister Otto Rappold in Stuttgart. Mit 78 Abb. Nr. 585.

Kant, Immanuel. (Geschichte der Philosophie Bd. 5) von Dr. Bruno Bauch, Prof. a. d. Univ. Jena Nr. 536.

Kartell u. Trust v. Dr. S. Tschierschky in Düsseldorf. Nr. 522.

Kartenkunde von Dr. M. Groll, Kartograph in Berlin. 2 Bändchen. **I:** Die Projektionen. Mit 56 Fig. Nr. 30.

— — **II:** Der Karteninhalt und das Messen auf Karten. Mit 39 Fig. Nr. 599.

Kartographische Aufnahmen u. geograph. Ortsbestimmung auf Reisen von Dr.-Ing. R. Hugershoff, Prof. an der Forstakademie zu Tharandt. Mit 73 Figuren. Nr 607.

Kaufmännische Rechtskunde. I: Das Wechselwesen v. Rechtsanwalt Dr. Rud. Mothes in Leipzig. Nr. 103.

— **II:** Der Handelsstand v. Rechtsanwalt Dr. jur. Bruno Springer, Leipzig. Nr. 545.

Kaufmännisches Rechnen von Prof. Richard Just, Oberlehrer a. d. Öffentl. Handelslehranstalt d. Dresdener Kaufmannschaft. I. II. III Nr. 139, 140, 187.

Keramische Industrie. Die Industrie der Silikate, der künstlichen Bausteine und des Mörtels von Dr. Gust. Rauter. **I:** Glas- u. keram. Industrie. Mit 12 Taf. Nr. 233.

Kerzenfabrikation. Die Seifenfabrikation, die Seifenanalyse und die Kerzenfabrikation von Dr. Karl Braun in Berlin. (Die Fette u. Öle II.) Mit 25 Abb. Nr. 336.

Kiautschou. Die deutschen Kolonien II: Das Südseegebiet und Kiautschou v. Prof. Dr. K. Dove. Mit 16 Taf. u. 1 lithogr. Karte. Nr. 520.

Kinematik von Dipl.-Ing. Hans Polster, Assist. a. d. Kgl. Techn. Hochschule Dresden. M. 76 Abb. Nr. 584.

Kirchenrecht v. Dr. E. Sehling, ord. Prof. d. Rechte in Erlangen. Nr. 377.

Klima und Leben (Bioklimatologie) von Dr. Wilh. R. Eckardt, Assist. an der öffentl. Wetterdienststelle in Weilburg. Nr. 629.

Klimakunde I: Allgemeine Klimalehre von Prof. Dr. W. Köppen, Meteorologe der Seewarte Hamburg. Mit 7 Taf. u. 2 Figuren. Nr. 114.

Kolonialgeschichte von Dr. Dietrich Schäfer, Professor der Geschichte an der Universität Berlin. Nr. 156.

Kolonialrecht, Deutsches, von Prof. Dr. H. Edler von Hoffmann, Studiendirektor d. Akademie für kommunale Verwaltung in Düsseldorf. Nr. 318.

Kometen. Astronomie. Größe, Bewegung u. Entfernung d. Himmelskörper v. A. F. Möbius, neu bearb. v. Dr. Herm. Kobold, Prof. an der Univ. Kiel. **II:** Kometen, Meteore u. das Sternsystem. Mit 15 Fig. u. 2 Sternkarten. Nr. 529

Kommunale Wirtschaftspflege von Dr. Alfons Rieß, Magistratsassessor in Berlin. Nr. 534.

Kompositionslehre. Musikalische Formenlehre v. Steph. Krehl. I. II. M. viel. Notenbeispiel. Nr. 149. 150.

Kontrapunkt. Die Lehre von der selbständigen Stimmführung v. Steph. Krehl in Leipzig. Nr. 390.

Kontrollwesen, Das agrikulturchemische, von Dr. Paul Krische in Leopoldshall-Staßfurt. Nr. 304.

Koordinatensysteme v. Paul B. Fischer, Oberl. a. d. Oberrealschule zu Groß-Lichterfelde. Mit 8 Fig. Nr. 507.

Körper, Der menschliche, sein Bau und seine Tätigkeiten von E. Rebmann, Oberschulrat in Karlsruhe. Mit Gesundheitslehre v. Dr. med. H. Seiler. Mit 47 Abb. u. 1 Tafel. Nr. 18.

Kostenanschlag siehe: Veranschlagen.

Kriegsschiffbau. Die Entwicklung des Kriegsschiffbaues vom Altertum bis zur Neuzeit. Von Tjard Schwarz, Geh. Marinebaurat und Schiffbau-Direktor. I. Teil: Das Zeitalter der Ruderschiffe u. der Segelschiffe für die Kriegsführung zur See vom Altertum bis 1840. Mit 32 Abbildungen. Nr. 471.

— — II. Teil: Das Zeitalter der Dampfschiffe für die Kriegsführung zur See von 1840 bis zur Neuzeit. Mit 81 Abbildungen. Nr. 472.

Kriegswesens, Geschichte des, von Dr. Emil Daniels in Berlin. **I:** Das antike Kriegswesen. Nr. 488.

— — **II:** Das mittelalterliche Kriegswesen. Nr. 498.

— — **III:** Das Kriegswesen der Neuzeit. Erster Teil. Nr. 518.

— — **IV:** Das Kriegswesen der Neuzeit. Zweiter Teil. Nr. 537.

— — **V:** Das Kriegswesen der Neuzeit. Dritter Teil. Nr. 568.

Kristallographie v. Dr. W. Bruhns, Prof. a. d. Bergakademie Clausthal. Mit 190 Abbild. Nr. 210.

Kristalloptik, Einführung in die, von Dr. Eberhard Buchwald i. München. Mit 124 Abbildungen. Nr. 619.

Kudrun und Dietrichepen. Mit Einleitung und Wörterbuch von Dr. O. L. Jiriczek, Professor an der Universität Würzburg. Nr. 10.

Kultur, Die, der Renaissance. Gesittung, Forschung, Dichtung v. Dr. Robert F. Arnold, Professor an der Universität Wien. Nr. 189.

Kulturgeschichte, Deutsche, von Dr. Reinh. Günther. Nr. 56.

Kurvendiskussion. Algebraische Kurven von Eug. Beutel, Oberreallehrer in Vaihingen-Enz. **I:** Kurvendiskussion. Mit 57 Fig. im Text. Nr. 435.

Kurzschrift siehe: Stenographie.

Küstenartillerie. Die Entwicklung der Schiffs- und Küstenartillerie bis zur Gegenwart v. Korvettenkapitän Huning. Mit Abbildungen und Tabellen. Nr. 606.

Lacke. Harze, Lacke, Firnisse von Dr. Karl Braun in Berlin. (Die Fette und Öle III.) Nr. 337.

Lagerhäuser. Industrielle und gewerbliche Bauten. (Speicher, Lagerhäuser u. Fabriken) von Architekt Heinrich Salzmann, Düsseldorf. **II:** Speicher u. Lagerhäuser. Mit 123 Fig. Nr. 512.

Länder- und Völkernamen von Dr. Rud. Kleinpaul in Leipzig. Nr. 478.

Landstraßenbau von Kgl. Oberlehrer A. Liebmann, Betriebsdirekt. a. D. i. Magdeburg. Mit 44 Fig. Nr. 598.

Landwirtschaftliche Betriebslehre v. E. Langenbeck in Groß-Lichterfelde. Nr. 227.

Landwirtschaftlichen Maschinen, Die, von Karl Walther, Diplom.-Ing. in Mannheim. 3 Bändchen. Mit vielen Abbildgn. Nr. 407—409.

Lateinische Grammatik. Grundriß der latein. Sprachlehre v. Prof. Dr. W. Votsch in Magdeburg. Nr. 82.

— **Sprache. Geschichte der lateinischen Sprache** von Dr. Friedrich Stolz, Professor an der Universität Innsbruck. Nr. 492.

Licht. Theoretische Physik II. Teil: Licht und Wärme. Von Dr. Gust. Jäger, Prof. an der Techn. Hochschule in Wien. M. 47 Abb. Nr. 77.

Logarithmen. Vierstellige Tafeln und Gegentafeln für logarithmisches u. trigonometrisches Rechnen in zwei Farben zusammengestellt von Dr. Herm. Schubert, Prof. an der Gelehrtenschule des Johanneums in Hamburg. Nr. 81.

— **Fünfstellige,** von Professor August Adler, Direktor der k. k. Staatsoberrealschule in Wien. Nr. 423.

Logik. Psychologie und Logik zur Einführung in die Philosophie von Professor Dr. Th. Elsenhans. Mit 13 Figuren. Nr. 14.

Lokomotiven. Eisenbahnfahrzeuge von H. Hinnenthal. **I:** Die Lokomotiven. Mit 89 Abb. im Text u. 2 Tafeln. Nr. 107.

Lothringen. Geschichte Lothringens von Dr. Herm. Derichsweiler, Geh. Regierungsrat in Straßburg. Nr. 6.

— **Landeskunde v. Elsaß-Lothringen** v. Prof. Dr. R. Langenbeck in Straßburg i. E. Mit 11 Abb. u. 1 Karte. Nr. 215.

Lötrohrprobierkunde. Qualitative Analyse mit Hilfe des Lötrohrs von Dr. Mart. Henglein in Freiberg i. Sa. Mit 10 Figuren. Nr. 483.

Lübeck. Landeskunde d. Großherzogtümer Mecklenburg u. der Freien u. Hansestadt Lübeck v. Dr. Sebald Schwarz, Direktor der Realschule zum Dom in Lübeck. Mit 17 Abbildungen und Karten im Text und 1 lithographischen Karte. Nr. 487.

Luftsalpeter. Seine Gewinnung durch den elektrischen Flammenbogen von Dr. G. Brion, Prof. an der Kgl. Bergakademie in Freiberg. Mit 50 Figuren. Nr. 616.

Luft- und Meeresströmungen von Dr. Franz Schulze, Direktor der Navigationsschule zu Lübeck. Mit 27 Abbildungen und Tafeln. Nr. 551.

Lüftung. Heizung und Lüftung von Ing. Johannes Körting in Düsseldorf. **I:** Das Wesen und die Berechnung d. Heizungs- u. Lüftungsanlagen. Mit 34 Fig. Nr. 342.

— — **II:** Die Ausführung der Heizungs- und Lüftungsanlagen. Mit 191 Figuren. Nr. 343.

Luther, Martin, und Thom. Murner. Ausgewählt und mit Einleitungen u. Anmerkungen versehen v. Prof. G. Berlit, Oberlehrer am Nikolaigymnasium zu Leipzig. Nr. 7.

Magnetismus. Theoretische Physik III. Teil: Elektrizität u. Magnetismus. Von Dr. Gustav Jäger, Prof. an der Technischen Hochschule Wien. Mit 33 Abbildungen. Nr. 78.

Mälzerei. Brauereiwesen I: Mälzerei von Dr. P. Dreverhoff, Direktor d. Öffentlichen und 1. Sächs. Versuchsstation für Brauerei und Mälzerei, sowie der Brauer- und Mälzerschule zu Grimma. Nr. 303.

Maschinenbau, Die Kalkulation im, von Ingenieur H. Bethmann, Doz. am Technikum Altenburg. Mit 63 Abbildungen. Nr. 486.

— **Die Materialien des Maschinenbaues und der Elektrotechnik** von Ingenieur Prof. Hermann Wilda. Mit 3 Abbildungen. Nr. 476.

Maschinenelemente, Die. Kurzgefaßtes Lehrbuch mit Beispielen für das Selbststudium u. d. praktischen Gebrauch von Fr. Barth, Oberingen. in Nürnberg. Mit 86 Fig. Nr. 3.

Maschinenzeichnen, Praktisches, von Ing. Richard Schiffner in Warmbrunn. **I:** Grundbegriffe, Einfache Maschinenteile bis zu den Kuppelungen. Mit 60 Tafeln. Nr. 589.
— — **II:** Lager, Riemen- und Seilscheiben, Zahnräder, Kolbenpumpe. Mit 51 Tafeln. Nr. 590.
Maßanalyse von Dr. Otto Röhm in Darmstadt. Mit 14 Fig. Nr. 221.
Maß-, Münz- und Gewichtswesen von Dr. August Blind, Professor an der Handelsschule in Köln. Nr. 283.
Materialprüfungswesen. Einführung in die moderne Technik d. Materialprüfung von K. Memmler, Dipl.-Ingenieur, ständ. Mitarbeiter am Kgl. Material-Prüfungsamte zu Groß-Lichterfelde. **I:** Materialeigenschaften.— Festigkeitsversuche. — Hilfsmittel für Festigkeitsversuche. Mit 58 Figuren. Nr. 311.
— — **II:** Metallprüfung und Prüfung von Hilfsmaterialien d. Maschinenbaues. — Baumaterialprüfung. — Papierprüfung. — Schmiermittelprüfung. — Einiges über Metallographie. Mit 31 Fig. Nr. 312.
Mathematik, Geschichte der, von Dr. A. Sturm, Prof. am Obergymnasium in Seitenstetten. Nr. 226.
Mathematische Formelsammlung und Repetitorium der Mathematik, enthaltend die wichtigsten Formeln u. Lehrsätze d. Arithmetik, Algebra, algebraischen Analysis, ebenen Geometrie, Stereometrie, ebenen und sphärischen Trigonometrie, math. Geographie, analyt. Geometrie der Ebene und des Raumes, der Differential- und Integralrechnung von O. Th. Bürklen, Professor am Kgl. Realgymnasium in Schw.-Gmünd. Mit 18 Figuren. Nr. 51.
Maurer- und Steinhauerarbeiten von Prof. Dr. phil. und Dr.-Ing. Ed. Schmitt in Darmstadt. 3 Bändchen Mit vielen Abbild. Nr. 419—421.
Mechanik. Theoret. Physik I. Teil: Mechanik und Akustik. Von Dr. Gust. Jäger, Prof. an der Technischen Hochschule in Wien. Mit 19 Abbildungen. Nr. 76.
Mechanische Technologie von Geh. Hofrat Professor A. Lüdicke in Braunschweig. 2 Bändchen. Nr. 340, 341.
Mecklenburg. Landeskunde d. Großherzogtümer Mecklenburg u. der Freien u. Hansestadt Lübeck von Dr. Sebald Schwarz, Direktor der Realschule zum Dom in Lübeck. Mit 17 Abbild. im Text, 16 Taf. und 1 Karte in Lithographie. Nr. 487.
Mecklenburgische Geschichte von Oberlehrer Otto Vitense in Neubrandenburg i. M. Nr. 610.
Meereskunde, Physische, von Prof. Dr. Gerhard Schott, Abteilungsvorsteher bei d. Deutschen Seewarte in Hamburg. Mit 39 Abbildungen im Text und 8 Tafeln. Nr. 112.
Meeresströmungen. Luft- u. Meeresströmungen v. Dr. Franz Schulze, Dir. d. Navigationsschule zu Lübeck. Mit 27 Abbildungen und Tafeln. Nr. 551.
Menschliche Körper, Der, sein Bau u. seine Tätigkeiten von E. Rebmann, Oberschulrat in Karlsruhe. Mit Gesundheitslehre v. Dr. med. H. Seiler. Mit 47 Abb. u. 1 Tafel. Nr. 18.
Metallographie. Kurze, gemeinfaßliche Darstellung der Lehre von den Metallen u. ihren Legierungen unter besond. Berücksichtigung der Metallmikroskopie v. Prof. E. Heyn u. Prof. O. Bauer a. Kgl. Materialprüfungsamt (Gr.-Lichterfelde) d. K. Techn. Hochschule zu Berlin. **I:** Allgem. Teil. Mit 45 Abb. im Text und 5 Lichtbildern auf 3 Tafeln. Nr. 432.
— — **II:** Spez. Teil. Mit 49 Abbildungen im Text und 37 Lichtbildern auf 19 Tafeln. Nr. 433.
Metallurgie von Dr. August Geitz in Kristiansand (Norwegen). I. II. Mit 21 Figuren. Nr. 313, 314.
Meteore. Astronomie. Größe, Bewegung u. Entfernung der Himmelskörper von A. F. Möbius, neu bearbeitet von Dr. Herm. Kobold, Prof. a. d. Univ. Kiel. **II:** Kometen, Meteore u. das Sternensystem. Mit 15 Fig. u. 2 Sternkarten. Nr. 529.
Meteorologie v. Dr. W. Trabert, Prof. an der Universität Wien. Mit 49 Abbild. u. 7 Tafeln. Nr. 54.
Militärische Bauten von Reg.-Baumeister R. Lang in Stuttgart. Mit zahlreich. Abb. Nr. 626.
Militärstrafrecht von Dr. Max Ernst Mayer, Prof. an d. Univ. Straßburg i. E. 2 Bde. Nr. 371, 372.

Öle. Die Fette u. Öle sowie d. Seifen- u. Kerzenfabrikation u. d. Harze, Lacke, Firnisse mit ihren wichtigsten Hilfsstoffen von Dr. Karl Braun in Berlin. I: Einführung in d. Chemie, Besprechung einiger Salze u. der Fette und Öle. Nr. 335.

Öle und Riechstoffe, Ätherische, von Dr. F. Rochussen in Miltitz. Mit 9 Abbildungen. Nr. 446.

Optik. Einführung in d. geometrische Optik von Dr. W. Hinrichs in Wilmersdorf-Berlin. Nr. 532.

Orientalische Literaturen. Die Literaturen des Orients von Dr. M. Haberlandt, Privatdoz. an d. Universität Wien. **I:** Die Literaturen Ostasiens und Indiens. Nr. 162.

— — **II:** Die Literaturen d. Perser, Semiten und Türken. Nr. 163.

— **Die christlichen Literaturen des Orients** von Dr. Ant. Baumstark. **I:** Einleitg. — Das christl.-aramäische u. d. kopt. Schrifttum. Nr. 527.

— — **II:** Das christlich-arabische und das äthiopische Schrifttum. — Das christliche Schrifttum der Armenier und Georgier. Nr. 528.

Ortsnamen im Deutschen, Die, ihre Entwicklung u. ihre Herkunft von Dr. Rudolf Kleinpaul in Leipzig-Gohlis. Nr. 573.

Ostafrika. (Die deutsch. Kolonien III) von Prof. Dr. K. Dove. Mit 16 Taf. u. 1 lithogr. Karte. Nr. 567.

Österreich. Österreichische Geschichte von Prof. Dr. Franz v. Krones, neubearb. von Dr. Karl Uhlirz, Prof. a. d. Univ Graz. **I:** Von d. Urzeit b. z. Tode König Albrechts II. (1439). Mit 11 Stammtaf. Nr. 104.

— — **II:** Vom Tode König Albrechts II. bis z. Westf. Frieden (1440—1648). Mit 3 Stammtafeln. Nr. 105.

— **Landeskunde v. Österreich-Ungarn** von Dr. Alfred Grund, Prof. an d. Universität Prag. Mit 10 Textillustrationen u. 1 Karte. Nr. 244.

Ovidius Naso, Die Metamorphosen des. In Auswahl mit einer Einleit. u. Anmerk. herausgeg. v. Dr. Jul. Ziehen in Frankfurt a.M. Nr. 442.

Pädagogik im Grundriß von Professor Dr. W. Rein, Direktor d. Pädagog. Seminars a. d. Univ. Jena. Nr. 12.

— **Geschichte der,** von Oberlehrer Dr. H. Weimer in Wiesbaden. Nr. 145.

Paläogeographie. Geolog. Geschichte der Meere und Festländer von Dr. Franz Kossmat in Wien. Mit 6 Karten. Nr. 406.

Paläoklimatologie von Dr. Wilh. R. Eckardt i. Weilburg (Lahn). Nr. 482.

Paläontologie von Dr. Rud. Hoernes, Professor an der Universität Graz. Mit 87 Abbildungen. Nr. 95.

— **und Abstammungslehre** von Dr. Karl Diener, Prof. an der Univers. Wien. Mit 9 Abbild. Nr. 460.

Palästina. Landes- und Volkskunde Palästinas von Lic. Dr. Gustav Hölscher in Halle. Mit 8 Vollbildern und 1 Karte. Nr. 345.

Parallelperspektive. Rechtwinklige u. schiefwinklige Axonometrie v. Prof. J. Vonderlinn in Münster. Mit 121 Figuren. Nr. 260.

Personennamen, Die deutschen, v. Dr. Rud. Kleinpaul in Leipzig. Nr. 422.

Petrographie v. Dr. W. Bruhns, Prof. an der Bergakademie Clausthal. Mit 15 Abbildungen. Nr. 173.

Pflanze, Die, ihr Bau und ihr Leben von Prof. Dr. E. Dennert. Mit 96 Abbildungen. Nr. 44.

Pflanzenbaulehre. Ackerbau- und Pflanzenbaulehre von Dr. Paul Rippert in Essen u. Ernst Langenbeck in Groß-Lichterfelde. Nr. 232.

Pflanzenbiologie v. Dr. W. Migula, Professor an d. Forstakademie Eisenach. **I:** Allgemeine Biologie. Mit 43 Abbildungen. Nr. 127.

Pflanzenernährung. Agrikulturchemie **I:** Pflanzenernährung v. Dr. Karl Grauer. Nr. 329.

Pflanzengeographie von Professor Dr. Ludwig Diels in Marburg (Hessen). Nr. 389.

Pflanzenkrankheiten von Dr. Werner Friedr. Bruck, Privatdoz. i. Gießen. Mit 1 farb. Tafel und 45 Abbildgn. Nr. 310.

Pflanzenmorphologie. Morphologie u. Organographie d. Pflanzen von Prof. Dr. M. Nordhausen in Kiel. Mit 123 Abbildungen. Nr. 141.

Pflanzenphysiologie von Dr. Adolf Hansen, Prof. an der Universität Gießen. Mit 43 Abbild. Nr. 591.

Pflanzenreichs, Die Stämme des, von Privatdoz. Dr. Rob. Pilger, Kustos am Kgl. Botan. Garten in Berlin-Dahlem. Mit 22 Abb. Nr. 485.

Pflanzenwelt, Die, der Gewässer von Dr. W. Migula, Prof. a. d. Forstak. Eisenach. Mit 50 Abb. Nr. 158.

Pflanzenzellenlehre. Zellenlehre und Anatomie der Pflanzen von Prof. Dr. H. Miehe in Leipzig. Mit 79 Abbildungen. Nr. 556.

Pharmakognosie. Von Apotheker F. Schmitthenner, Assist. a. Botan. Institut d. Techn. Hochschule Karlsruhe. Nr. 251.

Pharmazeutische Chemie von Privatdozent Dr. E. Mannheim in Bonn. 3 Bändchen. Nr. 543/44 u. 588.

Philologie, Geschichte d. klassischen, v. Dr. Wilh. Kroll, ord. Prof. a. d. Univ. Münster in Westf. Nr. 367.

Philosophie, Einführung in die, von Dr. Max Wentscher, Professor an der Universität Bonn. Nr. 281.

Philosophie, Geschichte d., IV: Neuere Philosophie bis Kant von Dr. B. Bauch, Professor an der Universität Jena. Nr. 394.

— — **V: Immanuel Kant** von Dr. Bruno Bauch, Professor an d. Universität Jena. Nr. 536.

— — **VI: Die Philosophie im ersten Drittel des 19. Jahrhunderts** von Arthur Drews, Prof. der Philosophie an der Techn. Hochschule in Karlsruhe. Nr. 571.

— **Hauptprobleme der,** v. Dr. Georg Simmel, Professor an der Universität Berlin. Nr. 500.

— **Psychologie und Logik** zur Einf. in d. Philosophie von Prof. Dr. Th. Elsenhans. Mit 13 Fig. Nr. 14.

Photographie, Die. Von H. Keßler, Prof. an d. k. k. Graphischen Lehr- und Versuchsanstalt in Wien. Mit 3 Taf. und 42 Abbild. Nr. 94.

Physik, Theoretische, von Dr. Gustav Jäger, Prof. der Physik an der Techn. Hochschule in Wien. I. Teil: Mechanik und Akustik. Mit 24 Abbildungen. Nr. 76.

— — II. Teil: Licht u. Wärme. Mit 47 Abbildungen. Nr. 77.

— — III. Teil: Elektrizität u. Magnetismus. Mit 33 Abbild. Nr. 78.

— — IV. Teil: Elektromagnet. Lichttheorie und Elektronik. Mit 21 Fig. Nr. 374.

Physik, Geschichte der, von Prof. A. Kistner in Wertheim a. M. I: Die Physik bis Newton. Mit 13 Fig. Nr. 293.

— — II: Die Physik von Newton bis z. Gegenwart. Mit 3 Fig. Nr. 294.

Physikalisch-Chemische Rechenaufgaben von Prof. Dr. R. Abegg und Privatdozent Dr. O. Sackur, beide an der Univ. Breslau. Nr. 445.

Physikalische Aufgabensammlung von G. Mahler, Prof. der Mathematik u. Physik am Gymnasium in Ulm. Mit den Resultaten. Nr. 243.

Physikalische Formelsammlung von G. Mahler, Prof. am Gymnasium in Ulm. Mit 65 Fig. Nr. 136.

Physikalische Messungsmethoden von Dr. Wilh. Bahrdt, Oberlehrer an d. Oberrealschule in Groß-Lichterfelde. Mit 49 Figuren. Nr. 301.

Physiologische Chemie von Dr. med. A. Legahn in Berlin. I: Assimilation. Mit 2 Tafeln. Nr. 240.

— — II: Dissimilation. Mit 1 Taf. Nr. 241.

Physische Geographie von Dr. Siegm. Günther, Prof. an der Kgl. Techn. Hochschule in München. Mit 32 Abbildungen. Nr. 26.

Physische Meereskunde von Prof. Dr. Gerh. Schott, Abteilungsvorst. b. d. Deutschen Seewarte in Hamburg. Mit 39 Abbildungen im Text und 8 Tafeln. Nr. 112.

Pilze, Die. Eine Einführung in die Kenntnis ihrer Formenreihen von Prof. Dr. G. Lindau in Berlin. Mit 10 Figurengruppen i. Text. Nr. 574.

Planetensystem. Astronomie (Größe, Bewegung u. Entfernung d. Himmelskörper) von A. F. Möbius, neu bearb. von Dr. Herm. Kobold, Prof. a. d. Univ. Kiel. **I:** Das Planetensystem. Mit 33 Abbild. Nr. 11.

Plastik, Die, des Abendlandes von Dr. Hans Stegmann, Direktor des Bayer. Nationalmuseums in München. Mit 23 Tafeln. Nr. 116.

— **Die, seit Beginn des 19. Jahrhunderts** von A. Heilmeyer in München. Mit 41 Vollbildern. Nr. 321.

Plattdeutsche Mundarten von Dr. Hub. Grimme, Professor an der Universität Münster i. W. Nr. 461.

Poetik, Deutsche, v. Dr. K. Borinski, Prof. a. d. Univ. München. Nr. 40.

Polarlicht. Erdmagnetismus, Erdstrom u. Polarlicht von Dr. A. Nippoldt, Mitglied des Kgl. Preuß. Meteorolog. Instituts zu Potsdam. Mit 7 Taf. u. 16 Figuren. Nr. 175.

Polnische Geschichte von Dr. Clemens Brandenburger in Posen. Nr. 338.

Pommern. Landeskunde von Pommern von Dr. W. Deecke, Prof. an der Universität Freiburg i. B. Mit 10 Abb. und Karten im Text und 1 Karte in Lithographie. Nr. 575.

Portugiesische Geschichte v. Dr. Gustav Diercks in Berlin-Steglitz. Nr. 622.

Portugiesische Literaturgeschichte von Dr. Karl von Reinhardstoettner, Professor an der Kgl. Techn. Hochschule München. Nr. 213.

Posamentiererei. Textil-Industrie II: Weberei, Wirkerei, Posamentiererei, Spitzen- und Gardinenfabrikation und Filzfabrikation v. Prof. Max Gürtler, Geh. Regierungsrat im Kgl. Landesgewerbeamt zu Berlin. Mit 29 Fig. Nr. 185.

Postrecht von Dr. Alfred Wolcke, Postinspektor in Bonn. Nr. 425.

Preßluftwerkzeuge, Die, von Diplom-Ing. P. Iltis, Oberlehrer an der Kais. Techn. Schule in Straßburg. Mit 82 Figuren. Nr. 493.

Preußische Geschichte. Brandenburgisch-Preußische Geschichte v. Prof. Dr. M. Thamm, Direktor d. Kaiser Wilhelms-Gymnasiums in Montabaur. Nr. 600.

Preußisches Staatsrecht von Dr. Fritz Stier-Somlo, Prof. an der Univ. Bonn. 2 Teile. Nr. 298, 299.

Psychiatrie, Forensische, von Professor Dr. W. Weygandt, Dir. der Irrenanstalt Friedrichsberg in Hamburg. 2 Bändchen. Nr. 410 und 411.

Psychologie und Logik zur Einführung in d. Philosophie v. Prof. Dr. Th. Elsenhans. Mit 13 Fig. Nr. 14.

Psychophysik, Grundriß der, v. Prof. Dr. G. F. Lipps in Zürich. Mit 3 Figuren. Nr. 98.

Pumpen, Druckwasser- und Druckluft-Anlagen. Ein kurzer Überblick von Dipl.-Ing. Rudolf Vogdt, Regierungsbaumeister a. D. in Aachen. Mit 87 Abbildungen. Nr. 290

Quellenkunde d. deutschen Geschichte von Dr. Carl Jacob, Prof. an der Universität Tübingen. 1. Band. Nr. 279.

Radioaktivität von Dipl.-Ing. Wilh. Frommel. Mit 21 Abbildungen. Nr. 317.

Rechnen, Das, in der Technik u. seine Hilfsmittel (Rechenschieber, Rechentafeln, Rechenmaschinen usw.) von Ing. Joh. Eug. Mayer in Freiburg i. Br. Mit 30 Abbild. Nr. 405.

— **Kaufmännisches,** von Prof. Richard Just, Oberlehrer an der Öffentlichen Handelslehranstalt der Dresdener Kaufmannschaft. I. II. III. Nr. 139, 140, 187.

Recht des Bürgerlichen Gesetzbuchs. Erstes Buch: Allg. Teil. I: Einleitung — Lehre v. d. Personen u. v. d. Sachen v. Dr. P. Oertmann, Prof. a. d. Univ. Erlangen. Nr. 447.

— — II: Erwerb u. Verlust, Geltendmachung u. Schutz der Rechte von Dr. Paul Oertmann, Professor an der Universität Erlangen. Nr. 448.

— Zweites Buch: Schuldrecht. I. Abteilung: Allgemeine Lehren von Dr. Paul Oertmann, Professor an der Universität Erlangen. Nr. 323.

— — II. Abt.: Die einzelnen Schuldverhältnisse v. Dr. Paul Oertmann, Prof. an der Universität Erlangen. Nr. 324.

— Drittes Buch: Sachenrecht von Dr. F. Kretzschmar, Oberlandesgerichtsrat in Dresden. I: Allgem. Lehren. Besitz und Eigentum. Nr. 480.

— — II: Begrenzte Rechte. Nr. 481.

— Viertes Buch: Familienrecht von Dr. Heinrich Titze, Professor an der Universität Göttingen. Nr. 305.

Rechtsschutz, Der internationale gewerbliche, von J. Neuberg, Kaiserl. Regierungsrat, Mitglied d. Kaiserl. Patentamts zu Berlin. Nr. 271.

Rechtswissenschaft, Einführung in die, von Dr. Theodor Sternberg in Berlin. **I:** Methoden- und Quellenlehre. Nr. 169.

— — **II:** Das System. Nr. 170.

Redelehre, Deutsche, v. Hans Probst, Gymnasialprof. in Bamberg. Nr. 61.

Redeschrift siehe: Stenographie.

Reichsfinanzen, Die Entwicklung der, von Präsident Dr. R. van der Borght in Berlin. Nr. 427.

Religion, Die Entwicklung der christlichen, innerhalb des Neuen Testaments von Professor Dr. Lic. Carl Clemen. Nr. 388.

— **Die, des Judentums** im Zeitalter des Hellenismus u. d. Römerherrschaft von Lic. Dr. W. Staerk (Neutestamentl. Zeitgeschichte II.) Mit einer Planskizze. Nr. 326.

Religionen der Naturvölker, Die, von Dr. Th. Achelis, Professor in Bremen. Nr. 449.

Religionswissenschaft, Abriß der vergleichenden, von Professor Dr. Th. Achelis in Bremen. Nr. 208.

Renaissance. Die Kultur der Renaissance. Gesittung, Forschung, Dichtung v. Dr. Robert F. Arnold, Prof. a. d. Univers. Wien. Nr. 189.

Reptilien. Das Tierreich III: Reptilien und Amphibien. Von Dr. Franz Werner, Prof. a. d. Univers. Wien. Mit 48 Abb. Nr. 383.

Rheinprovinz, Landeskunde der, von Dr. V. Steinecke, Direktor d. Realgymnasiums in Essen. Mit 9 Abb., 3 Kärtchen und 1 Karte. Nr. 308.

Riechstoffe. Ätherische Öle und Riechstoffe von Dr. F. Rochussen in Miltitz. Mit 9 Abb. Nr. 446.

Roman. Geschichte des deutschen Romans von Dr. Hellm. Mielke. Nr. 229.

Romanische Sprachwissenschaft von Dr. Adolf Zauner, Prof. a. d. Univ. Graz. 2 Bände. Nr. 128, 250.

Römische Altertumskunde von Dr. Leo Bloch in Wien. M. 8 Vollb. Nr. 45.

Römische Geschichte von Realgymnasial-Direktor Dr. Jul. Koch in Grunewald. Nr. 19.

Römische Literaturgeschichte von Dr. Herm. Joachim in Hamburg. Nr. 52.

Römische und griechische Mythologie von Professor Dr. Hermann Steuding, Rektor des Gymnasiums in Schneeberg. Nr. 27.

Römische Rechtsgeschichte, von Dr. Robert von Mayr, Prof. an der Deutschen Univers. Prag. 1. Buch: Die Zeit d. Volksrechtes. 1. Hälfte: Das öffentliche Recht. Nr. 577.

— — 2. Hälfte: Das Privatrecht. Nr. 578.

Rußland. Russische Geschichte von Dr. Wilh. Reeb, Oberlehrer am Ostergymnasium in Mainz. Nr. 4.

— **Landeskunde des Europäischen Rußlands nebst Finnlands** von Professor Dr. A. Philippson in Halle a. S. Nr. 359.

Russisch-Deutsches Gesprächsbuch von Dr. Erich Berneker, Professor an der Universität München. Nr. 68.

Russische Grammatik von Dr. Erich Berneker, Professor an der Universität München. Nr. 66.

Russische Handelskorrespondenz von Dr. Theodor von Kawraysky in Leipzig. Nr. 315.

Russisches Lesebuch mit Glossar von Dr. Erich Berneker, Professor an der Universität München. Nr. 67.

Russische Literatur von Dr. Erich Boehme, Lektor a. d. Handelshochschule Berlin. I. Teil: Auswahl moderner Prosa u. Poesie mit ausführlichen Anmerkungen u. Akzentbezeichnung. Nr. 403.

— — II. Teil: Всеволодъ Гаршинъ, Разсказы. Mit Anmerkungen und Akzentbezeichnungen. Nr. 404.

Russische Literaturgeschichte von Dr. Georg Polonskij in München. Nr. 166.

Russisches Vokabelbuch, Kleines, von Dr. Erich Boehme, Lektor an der Handelshochschule Berlin. Nr. 475.

Sachenrecht. Recht d. Bürgerl. Gesetzbuches. Drittes Buch: Sachenrecht von Dr. F. Kretzschmar, Oberlandesgerichtsrat i. Dresden. **I:** Allgemeine Lehren. Besitz u. Eigentum.

— — **II:** Begrenzte Rechte. Nr. 480, 481.

Sachs, Hans. Ausgewählt u. erläut. v. Prof. Dr. Julius Sahr. Nr 24.

Sachsen. Sächsische Geschichte v. Prof. Otto Kaemmel, Rektor d. Nikolaigymnasiums zu Leipzig. Nr. 100.

— **Landeskunde des Königreichs Sachsen** v. Dr. J. Zemmrich, Oberlehrer am Realgymnas. in Plauen. Mit 12 Abb. u. 1 Karte. Nr. 258.

Säugetiere. Das Tierreich I: Säugetiere von Oberstudienrat Prof. Dr. Kurt Lampert, Vorsteher des Kgl. Naturalienkabinetts in Stuttgart. Mit 15 Abbildungen. Nr. 282.

Schattenkonstruktionen von Professor J. Vonderlinn in Münster. Mit 114 Figuren. Nr. 236.

Schiffs- und Küstenartillerie bis zur Gegenwart, Die Entwicklung der, von Korvettenkapitän Huning. Mit Abbild. und Tabellen. Nr. 606.

Schleswig-Holstein. Landeskunde von Schleswig-Holstein, Helgoland u. der freien und Hansestadt Hamburg von Dr. Paul Hambruch, Abteilungsvorsteher am Museum für Völkerkunde in Hamburg. Mit Abb., Plänen, Profilen und 1 Karte in Lithographie. Nr. 563.

Schleusenbau. Kanal- u. Schleusenbau von Regierungsbaumeister Otto Rappold in Stuttgart. Mit 78 Abbildungen. Nr. 585.

Schmalspurbahnen (Klein-, Arbeits- u. Feldbahnen) v. Dipl.-Ing. Aug. Boshart in Nürnberg. Mit 99 Abbildungen. Nr. 524.

Schmarotzer und Schmarotzertum in der Tierwelt. Erste Einführung in die tierische Schmarotzerkunde von Dr. Franz v. Wagner, a.o. Prof. a. d. Univ. Graz. Mit 67 Abb. Nr. 151.

Schreiner-Arbeiten. Tischler- (Schreiner-) Arbeiten I: Materialien, Handwerkszeuge, Maschinen, Einzelverbindungen, Fußböden, Fenster, Fensterladen, Treppen, Aborte von Prof. E. Viehweger, Architekt in Köln. Mit 628 Fig. auf 75 Tafeln. Nr. 502.

Schuldrecht. Recht des Bürgerl. Gesetzbuches. Zweites Buch: Schuldrecht. I. Abteilung: Allgemeine Lehren von Dr. Paul Oertmann, Prof. a.d. Univ. Erlangen. Nr. 323.

— — II. Abteilung: Die einzelnen Schuldverhältnisse von Dr. Paul Oertmann, Professor a. d. Universität Erlangen. Nr. 324.

Schule, die deutsche, im Auslande von Hans Amrhein, Seminar-Oberlehrer in Rheydt. Nr. 259.

Schulhaus. Die Baukunst des Schulhauses von Prof. Dr.-Ing. Ernst Vetterlein in Darmstadt. I: Das Schulhaus. Mit 38 Abbild. II: Die Schulräume — Die Nebenanlagen. Mit 31 Abbild. Nr. 443 und 444.

Schulpraxis. Methodik d. Volksschule von Dr. R. Seyfert, Seminardirektor in Zschopau. Nr. 50.

Schweiß- und Schneidverfahren, Das autogene, von Ingenieur Hans Niese in Kiel. Mit 30 Fig. Nr. 499.

Schweiz. Schweizerische Geschichte von Dr. K. Dändliker, Professor an der Universität Zürich. Nr. 188.

— **Landeskunde der Schweiz** von Prof. Dr. H. Walser in Bern. Mit 16 Abb. und 1 Karte. Nr. 398.

Schwimmanstalten. Öffentl. Bade- und Schwimmanstalten von Dr. Karl Wolff, Stadt-Oberbaurat in Hannover. Mit 50 Fig. Nr. 380.

Seemacht, Die, in der deutschen Geschichte von Wirkl. Admiralitätsrat Dr. Ernst von Halle, Professor an der Universität Berlin. Nr. 370.

Seerecht, Das deutsche, von Dr. Otto Brandis, Oberlandesgerichtsrat in Hamburg. **I:** Allgemeine Lehren: Personen und Sachen des Seerechts. Nr. 386.

— — **II:** Die einzelnen seerechtlichen Schuldverhältnisse: Verträge des Seerechts und außervertragliche Haftung. Nr. 387.

Seifenfabrikation, Die, die Seifenanalyse und d. Kerzenfabrikation v. Dr. Karl Braun in Berlin. (Die Fette u. Öle II.) Mit 25 Abbildgn. Nr. 336.

Semitische Sprachwissenschaft von Dr. C. Brockelmann, Professor an der Univers. Königsberg. Nr. 291.

Silikate. Industrie der Silikate, der künstlichen Bausteine und des Mörtels von Dr. Gustav Rauter in Charlottenburg. I: Glas u. keramische Industrie. M. 12 Taf. Nr. 233.

— — **II:** Die Industrie der künstlichen Bausteine und des Mörtels. Mit 12 Tafeln. Nr. 234.

Simplicius Simplicissimus von Hans Jakob Christoffel v. Grimmelshausen. In Auswahl herausgeg. von Prof. Dr. F. Bobertag, Dozent an der Universität Breslau. Nr. 138.

Skandinavien, Landeskunde von, (Schweden, Norwegen u. Dänemark) von Heinrich Kerp, Kreisschulinspektor in Kreuzburg. Mit 11 Abb. und 1 Karte. Nr. 202.

Slavische Literaturgeschichte von Dr. Josef Karásek in Wien. **I:** Ältere Literatur bis zur Wiedergeburt. Nr. 277.

— — **II:** Das 19. Jahrh. Nr. 278

Stilkunde v. Prof. Karl Otto Hartmann in Stuttgart. Mit 7 Vollbild. u. 195 Textillustrationen. Nr. 80.

Stöchiometrische Aufgabensammlung von Dr. Wilh. Bahrdt, Oberl. an d. Oberrealschule in Groß-Lichterfelde. Mit den Resultaten. Nr. 452.

Straßenbahnen von Dipl.-Ing. Aug. Boshart in Nürnberg. Mit 72 Abbildungen. Nr. 559.

Strategie von Löffler, Major im Kgl. Sächs. Kriegsmin. i. Dresd. Nr. 505.

Ströme und Spannungen in Starkstromnetzen v. Jos. Herzog, Dipl.-Elektroing. in Budapest u. Clarence Feldmann, Prof. d. Elektotechnik in Delft. Mit 68 Abb. Nr. 456.

Südamerika, Das spanische. Geschichte Chiles, Argentiniens u. d. kleineren Staaten von Dr. Hermann Lufft in Berlin. Nr. 632.

Südseegebiet. Die deutschen Kolonien II: Das Südseegebiet und Kiautschou v. Prof. Dr. K. Dove. M. 16 Taf. u. 1 lith. Karte. Nr. 520.

Talmud. Die Entstehung des Talmuds von Dr. S. Funk in Boskowitz. Nr. 479.

Talmudproben von Dr. S. Funk in Boskowitz. Nr. 583.

Technisch-Chemische Analyse von Dr. G. Lunge, Prof. a. d. Eidgenöss. Polytechn. Schule in Zürich. Mit 16 Abbildungen. Nr. 195.

Technische Tabellen und Formeln von Dr.-Ing. W. Müller, Dipl.-Ing. am Kgl. Materialprüfungsamt zu Groß-Lichterfelde. Mit 106 Figuren. Nr. 579.

Technisches Wörterbuch, enthaltend die wichtigsten Ausdrücke d. Maschinenbaues, Schiffbaues u. d. Elektrotechnik von Erich Krebs in Berlin. I. Teil: Dtsch.-Engl. Nr. 395.
— — II. Teil: Engl.-Dtsch. Nr. 396.
— — III. Teil: Dtsch.-Franz. Nr. 453.
— — IV. Teil: Franz.-Dtsch. Nr. 454.

Technologie, Allgemeine chemische, v. Dr. Gust. Rauter in Charlottenburg Nr. 113.

— **Mechanische,** v. Geh. Hofrat Prof. A. Lüdicke in Braunschweig. Nr. 340, 341.

Teerfarbstoffe, Die, mit bes. Berücksichtig. der synthetisch. Methoden v. Dr. Hans Bucherer, Prof. a. d. Kgl. Techn. Hochschule, Dresd. Nr. 214.

Telegraphenrecht v. Postinspektor Dr. jur. Alfred Wolcke in Bonn. I: Einleitung. Geschichtliche Entwicklung. Die Stellung d. deutsch. Telegraphenwesens im öffentl. Rechte, allgemeiner Teil. Nr. 509.

— — II: Die Stellung d. deutsch. Telegraphenwesens im öffentl. Rechte, besonderer Teil. Das Telegraphen-Strafrecht. Rechtsverhältnis d. Telegraphie z. Publikum. Nr. 510.

Telegraphie, Die elektrische, v. Dr. Lud. Rellstab. Mit 19 Fig. Nr. 172.

Testament. Die Entstehung des Alten Testaments v. Lic. Dr. W. Staerk, Prof. a. d. Univ. Jena. Nr. 272.

— **Die Entstehung des Neuen Testaments** v. Prof. Lic. Dr. Carl Clemen in Bonn. Nr. 285.

Textilindustrie. I: Spinnerei und Zwirnerei v. Prof. Max Gürtler, Geh. Reg.-Rat im Kgl. Landesgewerbeamt, Berlin. Mit 39 Figuren. Nr. 184.

— **II: Weberei, Wirkerei, Posamentiererei, Spitzen- und Gardinenfabrikation und Filzfabrikation** v. Prof. M. Gürtler, Geh. Regierungsrat i. Kgl. Landesgewerbeamt zu Berlin. M. 29 Fig. Nr. 185.

— **III: Wäscherei, Bleicherei, Färberei und ihre Hilfsstoffe** von Dr. Wilh. Massot, Prof. a. d. Preuß. höheren Fachschule f. Textilindustr. in Krefeld. Mit 28 Fig. Nr. 186.

Thermodynamik (Technische Wärmelehre) v. K. Walther u. M. Röttinger, Dipl.-Ing. M. 54 Fig. Nr. 242.

— **Die thermodynamischen Grundlagen der Wärmekraft- und Kältemaschinen** v. M. Röttinger, Dipl.-Ing. in Mannheim. Nr. 2.

Thüringische Geschichte v. Dr. Ernst Devrient in Leipzig. Nr. 352.

Tierbiologie. Abriß der Biologie der Tiere v. Dr. Heinrich Simroth, Prof a. d. Univ. Leipzig. Nr. 131.

Tiere, Entwicklungsgeschichte der, von Dr. Johs. Meisenheimer, Prof. der Zoologie a. d. Universität Jena. **I:** Furchung, Primitivanlagen, Larven, Formbildung, Embryonalhüllen. Mit 48 Fig. Nr. 378.

— — **II:** Organbildung. Mit 46 Figuren. Nr. 379.

Tiergeographie v. Dr. Arnold Jacobi, Professor der Zoologie a. d. Kgl. Forstakademie zu Tharandt. Mit 2 Karten. Nr. 218.

Tierkunde von Dr. Franz v. Wagner, Prof. a. d. Universität Graz. Mit 78 Abbildungen. Nr. 60.

Tierreich, Das, I: Säugetiere v. Oberstudienr. Prof. Dr. Kurt Lampert, Vorst. d. Kgl. Naturalienkabinetts in Stuttgart. M. 15 Abb. Nr. 282.

— **III: Reptilien und Amphibien** von Dr. Franz Werner, Prof. a. d. Univ. Wien. Mit 48 Abb. Nr. 383.

— **IV: Fische** von Prof. Dr. Max Rauther in Neapel. Nr. 356.

— **V: Insekten** von Dr. J. Groß in Neapel (Stazione Zoologica). Mit 56 Abbildungen. Nr. 594.

— **VI: Die wirbellosen Tiere** von Dr. Ludw. Böhmig, Prof. d. Zool. a. d. Univ. Graz. I: Urtiere, Schwämme, Nesseltiere, Rippenquallen und Würmer. Mit 74 Fig. Nr. 439.

— — II: Krebse, Spinnentiere, Tausendfüßer, Weichtiere, Moostierchen, Armfüßer, Stachelhäuter und Manteltiere. M. 97 Fig. Nr. 440.

Tierzuchtlehre, Allgemeine und spezielle, von Dr. Paul Rippert in Essen. Nr. 228.

Tischler- (Schreiner-) Arbeiten I: Materialien, Handwerkszeuge, Maschinen, Einzelverbindungen, Fußböden, Fenster, Fensterladen, Treppen, Aborte von Prof. E. Viehweger, Architekt in Köln. Mit 628 Figuren auf 75 Tafeln. Nr. 502.

Togo. Die deutschen Kolonien I: Togo und Kamerun von Prof. Dr. Karl Dove. Mit 16 Tafeln und einer lithographischen Karte. Nr. 441.

Toxikologische Chemie von Privatdozent Dr. E. Mannheim in Bonn. Mit 6 Abbildungen. Nr. 465.

Trigonometrie, Ebene und sphärische, von Prof. Dr. Gerh. Hessenberg in Breslau. Mit 70 Fig. Nr. 99.

Tropenhygiene v. Medizinalrat Prof. Dr. Nocht, Direktor des Instituts für Schiffs- und Tropenkrankheiten in Hamburg. Nr. 369.

Trust. Kartell und Trust von Dr. S. Tschierschky in Düsseldorf. Nr. 522.

Turnen, Das deutsche, v. Dr. Rudolf Gasch, Professor am König-Georg-Gymnasium in Dresden. Mit 87 Abbildungen. Nr. 628.

Turnkunst, Geschichte der, von Dr. Rudolf Gasch, Prof. a. König Georg-Gymnasium Dresden. Mit 17 Abbildungen. Nr. 504.

Ungarn. Landeskunde von Österreich-Ungarn von Dr. Alfred Grund, Prof. an der Universität Prag. Mit 10 Textillustr. u. 1 Karte. Nr. 244.

Ungarische Literatur, Geschichte der, von Prof. Dr. Ludwig Katona und Dr. Franz Szinnyei, beide an der Universität Budapest. Nr. 550.

Ungarische Sprachlehre v. Dr. Josef Szinnyei, o. ö. Prof. an der Universität Budapest. Nr. 595.

Unterrichtswesen. Geschichte d. deutschen Unterrichtswesens von Prof. Dr. Friedrich Seiler, Direktor des Kgl. Gymnasiums zu Luckau. I. Teil: Von Anfang an bis zum Ende d. 18. Jahrh. Nr. 275.

— — **II.** Teil: Vom Beginn des 19. Jahrhunderts bis auf die Gegenwart. Nr. 276.

Untersuchungsmethoden, Agrikulturchemische, von Prof. Dr. Emil Haselhoff, Vorsteher der landwirtschaftlichen Versuchsstation in Marburg in Hessen. Nr. 470.

Urgeschichte der Menschheit von Dr. Moritz Hoernes, Professor an der Universität Wien. Mit 85 Abbild. Nr. 42.

Urheberrecht, Das, an Werken der Literatur und der Tonkunst, das Verlagsrecht und das Urheberrecht an Werken d. bildenden Künste u. Photographie v. Staatsanw. Dr. J. Schlittgen in Chemnitz. Nr. 361.

— **Das deutsche,** an literarischen, künstlerischen u. gewerbl. Schöpfungen, mit besonderer Berücksichtigung der internationalen Verträge von Dr. Gustav Rauter, Patentanwalt in Charlottenburg. Nr. 263.

Urzeit. Kultur der Urzeit von Dr. Moritz Hoernes, o. ö. Prof. an der Univ. Wien. 3 Bändch. **I:** Steinzeit. Mit 40 Bildergrupp. Nr. 564.

— — **II:** Bronzezeit. Mit 36 Bildergruppen. Nr. 565.

— — **III:** Eisenzeit. Mit 35 Bildergruppen. Nr. 566.

Vektoralanalysis v. Dr. Siegfr. Valentiner, Prof. an der Bergakademie in Clausthal. Mit 16 Fig. Nr. 354.

Veranschlagen, Das, im Hochbau. Kurzgefaßtes Handbuch üb. d. Wesen d. Kostenanschlags v. Architekt Emil Beutinger, Assistent an der Technischen Hochschule in Darmstadt. Mit vielen Fig. Nr. 385.

Vereinigte Staaten. Landeskunde der Vereinigten Staaten von Nordamerika von Professor Heinrich Fischer, Oberlehrer am Luisenstädt. Realgymnasium in Berlin. I. Teil: Mit 22 Karten und Figuren im Text und 14 Tafeln. Nr. 381.

— — II. Teil: Mit 3 Karten im Text, 17 Taf. u. 1 lith. Karte. Nr. 382.

Vergil. Die Gedichte des P. Vergilius Maro. In Auswahl mit einer Einleitung u. Anmerkungen herausgeg. von Dr. Julius Ziehen. I: Einleitung und Aeneis. Nr. 497.

Vermessungskunde von Dipl.-Ing. P. Werkmeister, Oberlehrer an der Kais. Techn. Schule in Straßburg i. E. I: Feldmessen und Nivellieren. Mit 146 Abb. Nr. 468.

— — II: Der Theodolit. Trigonometrische u. barometr. Höhenmessung. Tachymetrie. Mit 109 Abbildungen. Nr. 469.

Versicherungsmathematik von Dr. Alfred Loewy, Professor an der Universität Freiburg i. B. Nr. 180.

Versicherungswesen, Das, von Dr. iur. Paul Moldenhauer, Professor der Versicherungswissenschaft an der Handelshochschule Köln. I: Allgemeine Versicherungslehre. Nr. 262.

— — II: Die einzelnen Versicherungszweige. Nr. 636.

Völkerkunde v. Dr. Michael Haberlandt, k. u. k. Kustos d. ethnogr. Sammlung d. naturhist. Hofmuseums u. Privatdozent a. d. Univ. Wien. Mit 56 Abbild. Nr. 73.

Völkernamen. Länder- u. Völkernamen von Dr. Rudolf Kleinpaul in Leipzig. Nr. 478.

Volksbibliotheken (Bücher- u. Lesehallen), ihre Einrichtung u. Verwaltung v. Emil Jaeschke, Stadtbibliothekar in Elberfeld. Nr. 332.

Volkslied, Das deutsche, ausgewählt und erläutert von Prof. Dr. Jul. Sahr. 2 Bändchen. Nr. 25, 132.

Volkswirtschaftslehre von Dr. Carl Johs. Fuchs, Professor an der Universität Tübingen. Nr. 133.

Volkswirtschaftspolitik v. Präsident Dr. R. van der Borght, Berlin. Nr. 177.

Waffen, Die blanken, und die Schutzwaffen, ihre Entwicklung von der Zeit der Landsknechte bis zur Gegenwart m. besonderer Berücksichtigung der Waffen in Deutschland, Österreich-Ungarn und Frankreich von W. Gohlke, Feuerwerks-Major a. D. in Berlin-Steglitz. Mit 115 Abbildungen. Nr. 631.

Wahrscheinlichkeitsrechnung von Dr. Franz Hack, Professor am Eberhard-Ludwigs-Gymnasium in Stuttgart. Mit 15 Fig. im Text. Nr. 508.

Waldeck. Landeskunde des Großherzogtums Hessen, der Provinz Hessen-Nassau und des Fürstentums Waldeck von Professor Dr. Georg Greim in Darmstadt. Mit 13 Abbildungen und 1 Karte. Nr. 376.

Waltharilied, Das, im Versmaße der Urschrift übersetzt u. erläutert von Prof. Dr. H. Althof, Oberlehrer am Realgymnas. in Weimar. Nr. 46.

Walther von der Vogelweide, mit Auswahl a. Minnesang u. Spruchdichtung. Mit Anmerkgn. u. einem Wörterbuch v. Otto Güntter, Prof. a. d. Oberrealschule und an der Techn. Hochsch. in Stuttgart. Nr.23.

Walzwerke. Die, Einrichtung und Betrieb. Von Dipl.-Ing. A. Holverscheid, Oberlehrer a. d. Kgl. Maschinenbau- u. Hüttenschule in Duisburg. Mit 151 Abbild. Nr. 580.

Warenkunde von Dr. Karl Hassack, Prof. u. Leiter der k. k. Handelsakademie in Graz. I. Teil: Unorganische Waren. M. 40 Abb. Nr. 222.

— — II. Teil: Organische Waren. Mit 36 Abbildungen. Nr. 223.

Warenzeichenrecht, Das. Nach dem Gesetz z. Schutz d. Warenbezeichnungen v. 12. Mai 1894. Von Reg.-Rat J. Neuberg, Mitglied des Kais. Patentamts zu Berlin. Nr. 360.

Wärme. Theoretische Physik II. T.: Licht u. Wärme. Von Dr. Gustav Jäger, Prof. a. d. Techn. Hochschule Wien. Mit 47 Abbildgn. Nr. 77.

Wärmekraftmaschinen. Die thermodynamischen Grundlagen der Wärmekraft- u. Kältemaschinen von M. Röttinger, Diplom-Ing. in Mannheim. M. 73 Fig. Nr. 2.
Wärmelehre, Technische, (Thermodynamik) v. K. Walther u. M. Röttinger, Dipl.-Ing. Mit 54 Figuren. Nr. 242.
Wäscherei. Textilindustrie III: Wäscherei, Bleicherei, Färberei und ihre Hilfsstoffe von Dr. Wilh. Massot, Prof. an der Preuß. höh. Fachschule für Textilindustrie in Krefeld. Mit 28 Figuren. Nr. 186.
Wasser, Das, und seine Verwendung in Industrie und Gewerbe v. Dr Ernst Leher, Dipl.-Ing. in Saalfeld. Mit 15 Abbildungen. Nr. 261.
Wasser und Abwässer. Ihre Zusammensetzung, Beurteilung u. Untersuchung v. Prof. Dr. Emil Haselhoff, Vorst. d. landwirtsch. Versuchsstation in Marburg in Hessen. Nr. 473.
Wasserinstallationen. Gas- und Wasserinstallationen mit Einschluß der Abortanlagen v. Prof. Dr. phil. u. Dr.-Ing. Eduard Schmitt in Darmstadt. Mit 119 Abbild. Nr. 412.
Wasserturbinen, Die, von Dipl.-Ing. P. Holl in Berlin. **I:** Allgemeines. Die Freistrahlturbinen. Mit 113 Abbildungen. Nr. 541.
— — **II:** Die Überdruckturbinen. Die Wasserkraftanlagen. Mit 102 Abbildungen. Nr. 542.
Wasserversorgung der Ortschaften v. Dr.-Ing. Robert Weyrauch, Prof. an der Kgl. Technischen Hochschule Stuttgart. Mit 85 Fig. Nr. 5.
Weberei. Textilindustrie II: Weberei, Wirkerei, Posamentiererei, Spitzen- u. Gardinenfabrikation und Filzfabrikation von Prof. Max Gürtler, Geh. Regierungsrat im Königl. Landesgewerbeamt zu Berlin. Mit 29 Figuren. Nr. 185.
Wechselstromerzeuger von Ing. Karl Pichelmayer, Prof. an der k. k. Technischen Hochschule in Wien. Mit 40 Figuren. Nr. 547.
Wechselwesen, Das, v. Rechtsanw. Dr. Rudolf Mothes in Leipzig. Nr. 103.
Wehrverfassung, Deutsche, von Geh. Kriegsrat Karl Endres, vortr. Rat i. Kriegsminist. i. München. Nr. 401.
Werkzeugmaschinen für Holzbearbeitung, Die, von Ing. Professor Hermann Wilda in Bremen. Mit 125 Abbildungen. Nr. 582.
Werkzeugmaschinen für Metallbearbeitung, Die, von Ing. Prof. Hermann Wilda in Bremen. **I:** Die Mechanismen der Werkzeugmaschinen. Die Drehbänke. Die Fräsmaschinen. Mit 319 Abb. Nr. 561.
— — **II:** Die Bohr- und Schleifmaschinen. Die Hobel-, Shaping- u. Stoßmaschinen. Die Sägen u. Scheren. Antrieb u. Kraftbedarf. Mit 199 Abbild. Nr. 562.
Westpreußen. Landeskunde der Provinz Westpreußen von Fritz Braun, Oberlehrer am Kgl. Gymnasium in Graudenz. Mit 16 Tafeln, 7 Textkarten u. 1 lith. Karte. Nr. 570.
Wettbewerb, Der unlautere, von Rechtsanwalt Dr. Martin Wassermann in Hamburg. **I:** Generalklausel, Reklameauswüchse, Ausverkaufswesen, Angestelltenbestechung. Nr. 339.
— — **II:** Kreditschädigung, Firmen- u. Namenmißbrauch, Verrat v. Geheimnissen, Ausländerschutz. Nr. 535.
Wirbellose Tiere. Das Tierreich VI: Die wirbellosen Tiere von Dr. Ludwig Böhmig, Prof. d. Zoologie an der Univ. Graz. **I:** Urtiere, Schwämme, Nesseltiere, Rippenquallen u. Würmer. Mit 74 Fig. Nr. 439.
— — **II:** Krebse, Spinnentiere, Tausendfüßer, Weichtiere, Moostierchen, Armfüßer, Stachelhäuter u. Manteltiere. Mit 97 Fig. Nr. 440.
Wirkerei. Textilindustrie II: Weberei, Wirkerei, Posamentiererei, Spitzen- u. Gardinenfabrikation und Filzfabrikation von Prof. Max Gürtler, Geh. Regierungsrat im Königl. Landesgewerbeamt zu Berlin. Mit 29 Figuren. Nr. 185.
Wirtschaftlichen Verbände, Die, v. Dr. Leo Müffelmann in Rostock. Nr. 586.
Wirtschaftspflege. Kommunale Wirtschaftspflege von Dr. Alfons Rieß, Magistratsass. in Berlin. Nr. 534.
Wohnungsfrage, Die, v. Dr. L. Pohle, Prof. der Staatswissenschaften zu Frankfurt a. M. **I:** Das Wohnungswesen i. d. mod. Stadt. Nr. 495.

Wohnungsfrage, Die, v. Dr. L. Pohle, Prof. der Staatswissenschaften zu Frankfurt a. M. **II:** Die städtische Wohnungs- und Bodenpolitik. Nr. 496.

Wolfram von Eschenbach. Hartmann v. Aue, Wolfram v. Eschenbach und Gottfried von Straßburg. Auswahl aus dem höf. Epos mit Anmerkungen und Wörterbuch von Dr. K. Marold, Prof. am Königl. Friedrichskollegium zu Königsberg i. Pr. Nr. 22.

Wörterbuch nach der neuen deutschen Rechtschreibung von Dr. Heinrich Klenz. Nr. 200.

— **Deutsches,** von Dr. Richard Loewe in Berlin. Nr. 64.

— **Technisches,** enthaltend die wichtigsten Ausdrücke des Maschinenbaues, Schiffbaues und der Elektrotechnik von Erich Krebs in Berlin. I. Teil: Deutsch-Englisch. Nr. 395.

— — II. Teil: Engl.-Dtsch. Nr. 396.

— — III. Teil: Dtsch.-Franz. Nr. 453.

— — IV. Teil: Franz.-Dtsch. Nr. 454.

Württemberg. Württembergische Geschichte v. Dr. Karl Weller, Prof. a. Karlsgymn. i. Stuttgart. Nr. 462.

— **Landeskunde des Königreichs Württemberg** von Dr. K. Hassert, Professor der Geographie an der Handelshochschule in Köln. Mit 16 Vollbildern u. 1 Karte. Nr. 157.

Zeichenschule von Prof. K. Kimmich in Ulm. Mit 18 Tafeln in Ton-, Farben- und Golddruck und 200 Voll- und Textbildern. Nr. 39.

Zeichnen, Geometrisches, von H. Becker, Architekt und Lehrer an der Baugewerkschule in Magdeburg, neu bearbeitet von Prof. J. Vonderlinn, Direktor der königl. Baugewerkschule zu Münster. Mit 290 Fig. u. 23 Taf. im Text. Nr. 58.

Zeitungswesen, Das deutsche, von Dr. R. Brunhuber, Köln a. Rh. Nr. 400.

Zeitungswesen, Das moderne, (Syst. d. Zeitungslehre) von Dr. Robert Brunhuber in Köln a. Rh. Nr. 320.

Zeitungswesen, Allgemeine Geschichte des, von Dr. Ludwig Salomon in Jena. Nr. 351.

Zellenlehre und Anatomie der Pflanzen von Prof. Dr. H. Miehe in Leipzig. Mit 79 Abbild. Nr. 556.

Zentral-Perspektive von Architekt Hans Freyberger, neu bearbeitet von Professor J. Vonderlinn, Direktor der Königl. Baugewerkschule in Münster i. Westf. Mit 132 Fig. Nr. 57.

Zimmerarbeiten von Carl Opitz, Oberlehrer an der Kais. Techn. Schule in Straßburg i. E. **I:** Allgemeines, Balkenlagen, Zwischendecken und Deckenbildungen, hölz. Fußböden, Fachwerkswände, Hänge- und Sprengwerke. Mit 169 Abbildungen. Nr. 489.

— — **II:** Dächer, Wandbekleidungen, Simsschalungen, Block-, Bohlen- und Bretterwände, Zäune, Türen, Tore, Tribünen und Baugerüste. Mit 167 Abbildungen. Nr. 490.

Zivilprozeßrecht, Deutsches, von Prof. Dr. Wilhelm Kisch in Straßburg i. E. 3 Bände. Nr. 428—430.

Zoologie, Geschichte der, von Prof. Dr. Rud. Burckhardt. Nr. 357.

Zündwaren von Direktor Dr. Alfons Bujard, Vorstand des Städtischen Chem. Laboratoriums Stuttgart. Nr. 109.

Zwangsversteigerung, Die, und die Zwangsverwaltung von Dr. F. Kretzschmar, Oberlandesgerichtsrat in Dresden. Nr. 523.

Zwirnerei. Textilindustrie I: Spinnerei und Zwirnerei von Prof. Max Gürtler, Geh. Regierungsrat im Königl. Landesgewerbeamt zu Berlin. Mit 39 Figuren. Nr. 184.

Weitere Bände sind in Vorbereitung.

Soeben erschien:

Grundriß einer Philosophie des Schaffens als Kulturphilosophie

Einführung in die Philosophie als Weltanschauungslehre

Von

Dr. Otto Braun

Privatdozent der Philosophie in Münster i. W.

Broschiert M. 4.50, gebunden M. 5.—

Der Verfasser findet das Wesen der Philosophie darin, daß sie Gesamtwissenschaft, d. h. Weltanschauungslehre ist: sie erhebt sich auf dem Fundament aller übrigen Wissenschaften und sucht (induktiv) zu einem Weltbilde vorzudringen, dessen „Wahrheit" durch seine personale Einheitlichkeit bedingt ist. Nachdem der Verfasser sich eine erkenntnistheoretische Basis geschaffen — es wird ein Real-Idealismus vertreten —, sucht er an ein Grunderlebnis anzuknüpfen, das er durch den Begriff „Schaffen" bezeichnet. Dieses Schaffen führt zur Entwicklung einer Kulturphilosophie — die Formen und Stoffe des Schaffens werden untersucht und dann die Hauptgebiete des Kulturlebens in den Grundzügen dargestellt: Wissenschaft, Kunst, Religion, soziales Leben, Staat, Recht, Sitte, Ethik finden ihre Würdigung. So wird der Versuch gemacht, aus dem Wesen des modernen Geistes heraus eine systematische Weltanschauung zu gewinnen, wobei der kulturimmanente Standpunkt ausschlaggebend ist, wenn auch eine kosmisch-metaphysische Vertiefung sich als notwendig zeigt, der Begriff des Schaffens wird durch einen geschichtsphilosophischen Überblick über das 19. Jahrhundert als notwendig und berechtigt erwiesen.

Die Reichsversicherungsordnung

Handausgabe mit gemeinverständlichen Erläuterungen
in vier Bänden

Dr. Manes von Dr. Mentzel
Professor — Regierungsrat
Dozent der Handelshochschule Berlin — Mitglied des Reichsversicherungsamts

Dr. Schulz
Regierungsrat
Mitglied des Reichsversicherungsamts

Band 1: Die für alle Versicherungszweige geltenden Bestimmungen der Reichsversicherungsordnung nebst Einleitung und Einführungsgesetz.
Band 2: Die Krankenversicherung.
Band 3: Die Unfallversicherung.
Band 4: Die Invaliden- und Hinterbliebenenversicherung.

In vier Leinenbände gebunden M. 20.—

Jeder Band ist auch einzeln zu haben. Preis für Band 1 gebunden M. 7.—; Band 2 geb. M. 4.80; Band 3 geb. M. 6.—; Band 4 geb. M. 4.20.

Kommentar zum Versicherungsgesetz für Angestellte

Handausgabe mit ausführlichen Erläuterungen
von

Dr. Alfred Manes und Dr. Paul Königsberger
Professor — Landrichter

In Leinwand gebunden M. 12.—

Praktikum des Zivilprozeßrechtes

von

Dr. Wilhelm Kisch
Professor an der Universität Straßburg i. E.

In Leinwand gebunden M. 4.80

Roßberg'sche Buchdruckerei, Leipzig

FSC
www.fsc.org
MIX
Papier | Fördert
gute Waldnutzung
FSC® C083411

Kolibri 360 GmbH
Ferdinand-Jühlke-Straße 7
99095 Erfurt, Deutschland
produktsicherheit@kolibri360.de